san martín de porres

décima edición

**Fray Salvador
Velasco, O. P.**

san martín de porres

décima edición

EDIBESA. Plaza Concilio de Trento, s/n 37001 Salamanca

Nihil obstat: Fr. José M.ª Díaz Conde, Fr. Rafael García, O.P.
Imprimi potest: Fray Segismundo Cascón, O.P., provincial.
Imprimatur: Lic. Juan Ollo, vic. general.

Título: SAN MARTÍN DE PORRES

© Salvador Velasco

© SAN ESTEBAN EDITORIAL-EDIBESA 2004
© EDIBESA 2004

Sede social y ediciones:
Plaza de Concilio de Trento s/n
37001 Salamanca
Tfno.: 923 26 47 81
E-mail: publicaciones@sanestebaneditorial.com

Administración y comercialización:
c/ Juan de Urbieta, 51
28007 Madrid
Tfno.: 913 45 19 92 - Email info@edibesa.com

ISBN: 978-84-85803-13-2
Depósito Legal: M. 4.422-2004

Imprime: Kadmos
IMPRESO EN ESPAÑA – PRINTED IN SPAIN

Cualquier forma de reproducción o comunicación pública o transformación de esta obra solo puede ser realizada con la autorización de sus titulares, salvo excepción prevista por la ley. Diríjase a CEDRO (Centro Español de Derechos Reprográficos, www.cedro.org) si necesita fotocopiar o escanear algún fragmento de esta obra.

PRÓLOGO

*Cuando en 1941 el padre **Salvador Velasco** publicaba su «Vida del Beato Martín de Porres», apenas era conocido fray Martín entre los católicos españoles. Aquella publicación, que fue el germen de esta que ahora se reedita, constituyó un buen punto de partida en la postguerra española para dar a conocer —y querer— a fray Martín, el hermano dominico que apareció como lo que fue en vida: modelo de amor, de sencillez, de alegría y de vida de oración.*

Palencia y Barcelona han sido y son importantes centros de propagación martiniana. Se ha trabajado y se trabaja con acierto para que la figura del dominico peruano, hijo de padre español, esté presente en la vida cristiana. Los promotores estaban convencidos de que bastaba con dar a conocer a fray Martín. Porque quien lo ha conocido no puede dejar de admirarlo, de quererlo, de sentir su amistad, de imitar sus virtudes evangélicas y de ponerlo como amigo e intercesor ante el Señor.

*Desde **Palencia**, el benemérito **fray Benigno de la Cruz** fue pionero en la propagación de la devoción a fray Martín desde el **Secretariado de San Martín de Porres**, ubicado en el convento dominicano de San Pablo. A través de todo tipo de objetos, publicaciones impresas y audivisuales, el secretariado, posteriormente dirigido por **fray Daniel Díaz**, ha sido definitivo en la divulgación de la figura y el mensaje de San Martín por España y* *por todo el mundo. La revista «Amigos de Fray Martín», dirigida por el padre **José Luis Gago,** es un excelente medio de divulgación mensual.*

*El otro punto de irradiación es el centro **«Solaz»**, radicado en el convento de los dominicos de **Barcelona,** en la calle de Bailén, 10. Alma de «Solaz» —centro de propaganda, de producción de material impreso, de discos y objetos martinianos, y de la revista que llevaba el mismo nombre— fue el padre **Antonio Huguet,** al que han sucedido otros frailes dominicos con la ayuda de seglares. Los primeros martes de mes son ya famosos en toda Barcelona y poblaciones cercanas, desde donde acuden multitudes a la iglesia de los dominicos para contemplar en San Martín un modelo de vida cristiana, contarle sus problemas y agradecerle sus favores. San Martín es buen amigo de sus amigos.*

Además de los centros de Palencia y Barcelona, todo convento e iglesia de dominicos, y, sobre todo, todo monasterio de monjas dominicas, han sido y son centros de irradiación de devoción a San Martín. Quien se acerca a San Martín no queda indiferente. Se hace amigo del santo mulato y, de su mano, se acerca más a Jesucristo, el Señor, el único que puede llenar la vida del hombre.

La labor de los centros de divulgación martiniana, sin contar con grandes medios de difusión, se vio desbordada por dos acontecimientos en el campo de los medios de comunicación social. Uno fue el serial que le dedicó la cadena SER durante más de un año, a base de una hora diaria de dramatización de la vida de fray Martín. Y el otro, la acertadísima y conmovedora película «Fray Escoba», interpretada por el actor cubano René Muñoz.

Serial y película crearon el clima adecuado para el gran triunfo eclesial y popular del fraile dominico. Fue el día 6 de mayo de 1962, fecha histórica de la canonización de San Martín de Porres. Hubo que esperar cuatro siglos para que la

Iglesia reconociera oficialmente la santidad del humilde fray Martín. Pero valió la pena. Así fue un Papa sencillo, alegre y santo —Juan XXIII—, quien canonizó al fraile sencillo, alegre y servicial.

La canonización no fue punto de partida en la propagación de la devoción a San Martín. Fue un relanzamiento universal, que llevó el nombre, la figura y el mensaje del santo dominico a todos los rincones del mundo. Y de todos los puntos del planeta surgieron iniciativas en torno a San Martín.

La Orden Dominicana, que vio siempre en fray Martín un estupendo regalo de Dios, propuso al santo como patrono de los hermanos cooperadores: los dominicos que, como fray Martín, no se sienten llamados al sacerdocio. Multitud de iglesias, parroquias, colegios, conventos, una provincia y alguna congregación dominicana tienen como titular a San Martín de Porres.

En las principales ciudades y en muchos pueblos se han dedicado calles, plazas y parroquias a San Martín. Y distintos gremios y profesiones de todo el mundo han visto en fray Martín el modelo de su trabajo y el mejor intercesor ante Dios como patrono celestial: barberos, peluqueros, barrenderos, farmacéuticos, practicantes, dentistas, asistentes sociales, etc. Clínicas, hospitales, albergues, encuentran en San Martín el titular más adecuado.

Cuando la «Perestroika» abría las puertas de la antigua URSS a la religión, fue noticia la entronización de una imagen de San Martín de Porres en la parroquia católica de Moscú. La Iglesia volvía a Rusia con buen pie.

¿Quién no ha oído hablar de fray Escoba? ¿Quién no sonríe al decir o escuchar el nombre de San Martín de Porres? Es una de las más claras encarnaciones de las virtudes genuinamente evangélicas. Por eso se propaga prodigiosamente su nombre, su devoción, su mensaje. Y este libro ha sido decisivo en los países de habla española.

*El padre **Salvador Velasco**, conocedor de todo lo que se ha escrito sobre San Martín y buceador acertado de las declaraciones de los testigos de la vida y virtudes de fray Martín en el proceso de beatificación, puso, en esta obra, con su estilo ágil, sugestivo y popular, los elementos idóneos para acercar a San Martín de Porres a todos. Por eso han ido agotándose las sucesivas ediciones. Y ahora EDIBESA se honra en incluir entre sus libros esta vida de San Martín de Porres del padre **Salvador Velasco**.*

Es un libro para leer y releer. Es un libro para divulgar y para regalar. Es un libro que penetra como pocos en el corazón de fray Martín e invita a seguir las huellas de quien fue tan amigo de Jesús y tan fiel servidor de los hombres, a quienes quiere barrer con su escoba las dificultades que se encuentran en el camino hacia Dios.

José A. Martínez Puche, O. P.
Madrid, 8 agosto, 1992.

CAPÍTULO I

UNA FE DE BAUTISMO

SUMARIO: EL NOTARIO CURADO. UNA PARTIDA DE BAUTISMO. SEMBLANZA MORAL DE LOS COLONIZADORES ESPAÑOLES: SUS OBJETIVOS. DON JUAN DE PORRES Y DOÑA ANA VELÁZQUEZ. NACIMIENTO DE MARTÍN Y JUANA. LIMA. FERVOR Y CARIDAD DE MARTÍN.

Una tarde de finales de junio del año 1660 entraba en su casa de Lima el notario público de la Audiencia Arzobispal de Lima don Francisco Blanco, joven apuesto de veintisiete años de edad.

Hacía un mes que había sido nombrado por el padre fray Antonio de Estrada notario del proceso de beatificación que había iniciado el mencionado religioso en nombre de su Orden.

Don Francisco Blanco había estado durante el día tomando nota de los informes de los testigos. Y, concluída la jornada, regresaba a su casa.

Al entrar, doña Juana de Ortega, viuda, que se hallaba a su servicio, le saludó:

—Buenas tardes tenga su merced, don Francisco. Creo notar en su andar alguna dificultad. ¿Le sucede algo?

—Así es, doña Juana —replicó él—. Tengo un pique metido en uno de los dedos del pie izquierdo que me causa alguna desazón.

—Si vuestra merced no tiene inconveniente, yo se lo puedo sacar.

—Que me place, y le guardaré reconocimiento por ello.

Tomó asiento, se descalzó el zapato, fino y ajustado, y se dispuso a la extracción del parásito. Doña Juana, con habilidad, se lo sacó sin causarle apenas molestia.

—¡Válgame el cielo, señor don Francisco, y qué metido lo tenía su merced! ¿No le causaba dolor?

—Alguna molestia me ocasionaba y mucha picazón.

—Malos bichos son éstos, que se meten dentro de la carne, donde engordan chupando. Véalo su merced.

Y le enseñó la nigua —especie de garrapata— y la pisó después.

Le lavó la llaga producida por la extracción del pique, y don Francisco se volvió a calzar agradeciendo a la buena mujer su atención.

Pasaron algunos días, durante los cuales la herida supuraba. Por fin llegó a secarse. El ama quiso ver cómo había quedado y el notario se lo enseñó. La piel estaba seca y al menor tirón se cayó. Debajo quedaba la carne viva, pero no le dieron importancia.

El descuido fue ocasión de que al cabo de un par de días se le incrustara en el mismo lugar otro parásito. Su extracción fue mucho más dolorosa por haber entrado el pique en carne viva. Sobrevino una infección que se extendió al pie, a la pierna y hasta la ingle con la aparición de un bulto que le causaba gran malestar.

El mal crecía hasta el punto de no poder andar ni poder calzarse.

En estas circunstancias le llega un aviso diciendo que al siguiente día debe personarse en el palacio donde residía el ilustrísimo señor don fray Juan de Arguinao, arzobispo electo de Santa Fe de Nueva Granada.

No le era posible moverse, menos andar el largo trecho que separaba su casa de la residencia del Prelado.

En esta perplejidad, decidió acostarse. En la habitación colindante se hallaba doña Juana de Ortega por si necesitaba de sus servicios.

Mientras se iba desvistiendo trabajosamente, comenzó a invocar a san Martín de Porres.

—¡Oh fray Martín, bien sabes de la manera que me hallo, que no puedo andar por mi pie a causa de lo que tú sabes que padezco. Y tampoco tengo medio de ir al palacio del arzobispo, al que he de examinar en lo tocante a tu causa. Bien sabes, fray Martín, que es el testigo de más crédito de cuantos informan en el proceso. Dame, pues, fuerzas para ir a examinarle. Que no se vaya sin declarar, pues está a punto de partir para su arzobispado. Pídele a Dios Nuestro Señor que entre los favores y mercedes que te concede para otras personas, me lo conceda a mí, aunque tan gran pecador.

Según hablaba se había desnudado, se había acostado y se dispuso a descansar. Al momento quedó dormido. Era la primera noche que reconciliaba el sueño desde que había contraído la dolencia.

Al despertar a la mañana siguiente, advirtió que el mal había desaparecido por completo. Lleno de gozo, exclamó:

—¡Doña Juana, doña Juana, venga su merced!

Entró ésta:

—¿Qué le ocurre, don Francisco?

—Que estoy completamente curado. ¿Qué le parece a su merced el caso?

Y le enseñó el pie y la pierna.

Doña Juana no salía de su asombro. Le vio vestirse y calzarse sin esfuerzo, pasear y comportarse en todo normalmente como si no hubiese tenido enfermedad alguna.

Poco después, rebosando contento, don Francisco Blanco se dirigía al palacio donde residía el arzobispo y le tomó declaración sobre la vida y virtudes de san Martín de Porres (1).

Era el día 28 de junio de 1660.

El mismo don Francisco refirió como testigo, su milagrosa curación el día 12 de julio del mismo año (2).

Algún tiempo antes, y en virtud de su mismo oficio, se había dirigido a la iglesia parroquial de San Sebastián para copiar el acta de la fe de bautismo del santo. Se presentó al teniente cura de la iglesia notificándole el motivo de su venida. Don Cristóbal de Riaño le presentó el libro parroquial de bautismos. Era un libro a medio pliego por hoja, forrado en pergamino, cuyo rótulo decía: "Libro del Bautismo de esta iglesia del Señor San Sebastián, hecho en el mes de noviembre del año 1561".

El notario hojeó el libro con detención. Por fin se detuvo en el folio cincuenta y tres, en el que halló lo que buscaba. Inmediatamente tomó asiento, sacó pluma y tintero y copió la partida de bautismo que tenía delante, corrigiendo las deficiencias ortográficas o abreviaturas para que quedase bien en claro. Concluida la transcripción, leyó antes de firmarla:

"Miércoles nueve de noviembre de mil y quinientos y setenta y nueve bauticé a Martín hijo de padre no conocido y de Ana Velázquez, horra. Fueron padrinos Juan de Briviesca y Ana de Escarcena. Y firmélo.

                        Juan Antonio Polanco".

Después de asegurarse de que la copia concordaba con el original, salvas las elementales correcciones, entregó de nuevo al licenciado don Cristóbal de Riaño el libro de Bautismos, junto con un pliego firmado por él, don Francisco Blanco, en el que constaba haber recibido y devuelto el libro parroquial.

Era el 21 de mayo de 1660.

Cuando don Francisco Blanco copió la frase "Martín, hijo de padre no conocido", sabía perfectamente que no era desconocido el padre del santo sino muy conocido, pues varios testigos a quienes él había ido tomando declaración a lo largo del proceso, habían dado claros informes de él, lo mismo que de la madre Ana Velázquez.

Uno de los testigos, el reverendo padre fray Francisco de Arce, dice al fin de su informe que "sabe por pública voz y fama que fray Martín de Porres fue hijo natural de don Juan de Porres, caballero de la orden de calatrava, y de Ana Velázquez, negra libre, natural de Panamá en el Reino de Tierra Firme" (3).

Completando estos breves datos, haremos de cada uno de ellos una breve semblanza biográfica:

Era el primero un caballero español natural de Burgos, de noble alcurnia, de la orden militar de Alcántara, que se dirigió a la recién conquistada y colonizada América en busca de fortuna con que dar más realce a su casa solariega.

Su padre, don Martín de Porres, casado con doña Isabel de la Peña, tuvo tres hijos —dos y una—. Y, al morir el mayor, joven, quedó don Juan de primogénito. Más adelante, de vuelta de América y ya en edad avanzada el padre, éste otorgó a su hijo el mayorazgo de Valdeporres.

En la zona de Burgos colindante con la provincia de Santander hay una comarca que comprende varios pueblecillos, denominada Valdeporres, vecina de otra llamada Valdevodres. Cada uno de esos valles forma un ayuntamiento. Responden probablemente a denominaciones de la época feudal, y serían, con toda probabilidad, señoríos.

En uno de los pueblos de Valdeporres hay un castillo en bastante buen estado, que debió de pertenecer a la casa solariega de los Porres.

El curioso apellido, de sabor onomatopéyico, de origen franco según dicen, tuvo un principio similar al de Vargas Machuca, que leemos en las gestas del rey san Fernando. Parece que fue una muestra de gratitud del rey franco Clodoveo a uno de sus leudes, por haber salido vencedor en un singular combate (año 486) contra un reyezuelo númida o moro, al que derribó en tierra con una maza o "porra".

Nada hay en esto de extraño, porque otros muchos gloriosos apellidos heráldicos han tenido parecidos orígenes a lo largo de la Edad Media.

Lo que no acertamos a saber es cómo emigró a España el apellido. Tal vez fue uno de tantos nobles caballeros franceses que, atraídos por el sabor de cruzada que tenía en España la Reconquista, vinieron en auxilio de los reyes castellanos, sobre todo en los siglos XII y XIII.

El apellido "Porres" atravesaba, pues, los siglos cargado de gestas y de gloria. En España proliferó exuberante. Y cuando llegamos al padre de san Martín, don Juan es un caballero que "dio honra a su padre. Sirvió con amor a su Rey. Y, por mejor servirle, se fue a Indias, y allí acrecentó dignidades y honor".

Así, pues, aunque había ido en busca de fortuna, ésta no era sólo riquezas sino también títulos y honras. Tenía capacidad para el mando y sentía dentro de sí la ambición de subir. Aspiraba a elevados puestos en aquel mundo que se abría a sus nobles aspiraciones de aristócrata español.

Uno de los aspectos omitidos en los detractores de la obra española en América es precisamente éste, que tanta nobleza imprime a la gesta sin igual que realizó España en Indias desde su descubrimiento a su conquista y colonización.

Los españoles no iban sólo al Nuevo Mundo en busca de riquezas —la "auri sacra fames" de los motejadores—. Les guiaban más altos ideales, que ellos resumían en tres palabras: fe, servicio y honra. Fe, su Fe Católica que se proponían extender. Por eso cada capitán y aún cada soldado se convertía, llegado el caso, en catequista.

Servicio al Rey que era lo mismo que sentimiento patriótico de engrandecimiento de España. Por eso todo el afán de conquista iba marcado con el deseo de extender a las nuevas tierras los nombres geográficos de la madre patria.

Y honra, ese ideal caballeresco, tan característico del espíritu español, que plasmaba en el ansia de perpetuar su nombre con gestas heroicas, con fundaciones de ciudades. Ningún gran capitán consideraba haber hecho cosa de provecho si no erigía una villa, establecía un municipio y creaba un foco de civilidad, al que poder atraer a vecinos que prolongasen en las nuevas tierras la vida y costumbres de España. A la vez que era un medio de atraer a los nativos para convertirlos en súbditos de la Católica Majestad.

Y no hay duda de que también iban buscando riquezas, que muchos de los llegados a Indias, sobre todo en los primeros años, eran gente humilde que acudían con la esperanza de salir de pobreza a la vez que daban cauce a sus ansias de aventuras.

Pero ese afán primario pronto derivaba a más

altas aspiraciones de señorío, de mando, de ser personaje en aquel mundo que se abría a sus múltiples ambiciones.

Un modo de llegar a serlo, y en forma duradera, era ser "amo", con toda la fuerza que esta palabra tenía para la mentalidad española de aquella época de señorío, de prestancia, de pisar fuerte, propio de quienes vivían el comienzo de una era imperial en el mundo que habría de prolongarse mucho tiempo.

Por eso, inevitablemente, surgió el "encomendero".

También esta figura de la colonización española sufrió los efectos de la deformación intencionada de quienes tenían interés en desfigurar la epopeya española de América. El encomendero, con todos los defectos inherentes a quien tiene que ejercer mando con mano dura para llevar a cabo una empresa civilizadora, eficaz por continuada, era imprescindible en aquel mundo nuevo en formación, si habría de salir de su estado primitivo y llegar a entrar en la corriente de la civilización.

El encomendero reducía al nativo a "servidumbre". Pero, a menudo, esta servidumbre consistía en obligarle a salir de su apatía, de su selva, y a darle una norma ordenada de vida a la que aquél no estaba acostumbrado.

El elemento eclesiástico —frailes, clérigos, misioneros— sirvió de freno a los excesos de algunos encomenderos. Pero éstos llenaron una necesidad en aquellos primeros duros tiempos de formación de núcleos urbanos y asentamientos de masas indígenas de la población.

Los encomenderos españoles eran los colonos que dieron base firme, junto con los otros elementos: municipio, universidad, parroquia, convento, a la obra civilizadora.

Que la hipérbole intervino en buena parte en lo que se dijo de imaginarios genocidios, se ve en que actualmente en la América española el indígena sigue siendo el elemento étnico más numeroso, sin contar el mestizaje en sus variadas formas.

Sin embargo, como desde la Metrópoli, los reyes presionaban constantemente para que a los indios se les tratara con mimo, como a súbditos de su Majestad Católica —esto ya desde Isabel I— los conquistadores y colonizadores empezaron a prescindir del indígena para ciertos trabajos más duros, por no considerarle apto. Y hubieron de acudir a la gente de color —los negros— en calidad de mano de obra barata. A los negros traídos de Africa se les compraba en calidad de esclavos. Pero, en la práctica, y más conforme pasaban los años, el trato que recibían de parte de los españoles era de siervos remunerados, que acababan por alcanzar la libertad.

Esto fue el motivo de la presencia de negros en los dominios españoles de América. Y muy pronto, por su número, pasaron a constituir un elemento característico del ambiente colonial.

Guiados los españoles por su ausencia de prejuicios raciales —su honda fe cristiana igualitaria en lo esencial se lo impedía— pronto mezclaron su sangre con la negra. Y surgió el mulato.

En este ambiente, brevemente esbozado, de la América incipiente del siglo XVI hay que entender el hecho de la presencia de don Juan de Porres en el Nuevo mundo y de sus relaciones con Ana Velázquez.

Era, pues, don Juan uno de tantos nobles caballeros que habían ido a Indias estimulados por aspiraciones de mayor grandeza y honra, con la cual servir al rey y satisfacer sus ambiciones de mando.

¿Cuál era su fisonomía moral?

Un moderno biógrafo de san Martín de Porres,

de habla inglesa, hace del padre del santo una semblanza casi de caricatura, presentándolo como un calavera y dominador "donjuanesco".

Este retrato no responde al que nos hacen quienes personalmente le conocieron. En efecto:

Los testimonios, sobrios, concisos, que tenemos de sus contemporáneos referentes a don Juan de Porres lo retratan como un "caballero de muchas partes y calidad. Y por tal era conocido" (4).

Una española diría de él más adelante:

"Fue un caballero de mucha nobleza y virtud y muy querido y estimado de todas las personas que le trataban y comunicaban" (5).

Hacia el año 1579 le hallamos en Lima, capital fundada por el conquistador del Perú Francisco Pizarro y convertida ya en cabeza de virreinato.

Antes don Juan de Porres había estado en Panamá, acaso dueño de alguna encomienda, pero insatisfecho se había dirigido a la Ciudad de los Reyes, en busca del gobierno de alguna provincia de las muchas que abarcaba el virreinato del Perú.

¿Y quién era Ana Velázquez?

Las referencias que tenemos de ella son más sobrias. Sin embargo, también los testimonios le son favorables. Más adelante iremos diciendo lo que de su persona dejaron declarado quienes la conocieron.

Sabemos que había nacido en Panamá hacia el año 1560. Todos los testigos —y no son pocos— precisan que era negra.

Juan de Porres le prometió hacerla su esposa y se la llevó consigo a Lima. Era Ana Velázquez una joven socialmente de condición libre y cristiana.

Con gusto siguió al caballero acariciada por el dulce sueño de ser su prometida.

Alguien ha sugerido que esta muchacha negra había sido una esclava del mismo Juan de Porres, que la habría manumitido concediéndole la libertad. Con ello se quiere explicar el carácter de sus relaciones. Ello cabe dentro del marco de la época y del lugar. Circunstancia que se dio parecida en otras grandes figuras de nuestros descubridores y conquistadores de América.

Sin embargo, no hay datos que confirmen semejante hipótesis. Lo que nos consta es que don Juan de Porres había dado a su prometida palabra de casamiento. Y no hace falta suponer que fuese una mera fórmula de entretenimiento y dilación. El caballero consideraba su palabra sagrada. Y cuando se comprometió a convertir en esposa a doña Ana Velázquez, lo había hecho con el sincero deseo de cumplirlo.

Mas el tiempo fue pasando. Y los prejuicios de clase, propios de aquellos tiempos de pergaminos, ejecutorias de nobleza y sonoros apellidos, acabaron por entorpecer sus buenos deseos. Y no se decidió a dar el paso definitivo. Aunque tuvo siempre para ella, en lo sucesivo, las consideraciones de respeto que le merecía quien era madre de sus dos hijos.

Cuando Francisco Pizarro hubo consolidado la incorporación del país a la corona de España, creyó llegado el momento de establecer la nueva capital y procedió a su fundación.

Buscando un sitio a propósito, lo halló cerca del mar en la orilla del río Rimac, de donde recibió su actual nombre, en una hermosa vega de clima suave y suelo fértil, situada entre el Pacífico y la cordillera de los Andes. Su posición era también estratégica, de fácil comunicación con el resto del continente y con la Metrópoli.

Ahí, pues, Francisco Pizarro clavó su estandarte fundacional el día 6 de enero de 1535 en nombre del rey de España ante notario y testigos, entre los que se encontraban seis religiosos dominicos. Y comenzó a trazar el plano de la futura ciudad, que apellidó "De los Reyes" en honor de los Magos, cuya festividad se conmemoraba precisamente aquel día. El plano tenía la forma de un triángulo cuya hipotenusa se apoyaba en el río. Luego procedió al reparto de los solares para los nuevos vecinos, doce inicialmente, a los que se fueron añadiendo más.

Y procedió a la colocación de la primera piedra de la catedral, como también del primer convento de los dominicos.

La ciudad surgió rápidamente debido al celo del marqués y al crecimiento de la población; y se organizaron los servicios públicos.

El vecindario aumentaba sin cesar porque la bondad del clima y lo estratégico de su posición atraían multitud de gentes que en ella se asentaban como nuevos vecinos, en tal forma que ya en tiempos del primer virrey don Francisco de Toledo, que dio comienzo a su gobierno en el año 1567, Lima era ya una gran ciudad moderna y bella. Por la fecha en que nació san Martín alcanzaba ya los diez mil habitantes.

En el año 1630 el reverendo padre Buenaventura de Salinas en su "Memorial" hace de la ciudad, como testigo de vista, una viva descripción, que nos importa por ser contemporáneo de nuestro santo.

Trasladémonos, pues, por unos momentos a aquel siglo XVII y, tomando como guía al buen padre Salinas, veamos su situación y belleza:

Ocupa el fondo de un semicírculo formado por los montes que la semienvuelven y, a pesar de estar relativamente cerca del Ecuador, el ambiente es fresco en verano por los aires de los Andes, cubiertos de nieve; y en invierno el mar la calienta. Apenas llueve, pero una casi perpetua neblina da fertilidad al suelo, surcado de acequias y canales para la limpieza de la ciudad y riego de los campos, huertos y jardines. Canales que nacen del río, caudaloso en verano a causa del deshielo de las nieves andinas. Y es este contraste una delicia; porque, mientras se contempla lejano el centelleo de la nieve, la ciudad respira una atmósfera suave.

Tiene gran número de plazas y calles, rectas y anchas, por las que pueden ir juntas cuatro carrozas y aún queda espacio para transeuntes. Todas las avenidas, de buen piso, convergen en la Plaza Mayor, desde la cual puede observarse cómo las calles se alargan hasta dos y tres mil pasos. En el conjunto de las casas, que continuamente se van edificando, se destacan los edificios públicos y multitud de iglesias y conventos.

El marqués de Montesclaros, virrey hacia el año 1607, construyó un magnífico puente de arco para unir a la ciudad el barrio de san Lázaro, surgido en la otra orilla.

El paseo elegante de Lima es la Alameda, adornada con tres hermosas fuentes de pila, de piedra blanca, que siempre manan. Está bordeada, como muchas otras calles, de naranjos, sauces, olivos y nogales, que dan al paseo singular atractivo, punto de reunión de lo más selecto de la sociedad limeña, que acude en carrozas, cuyo número en la ciudad asciende a cuatrocientas, señal de su lujo y riqueza.

Pero el punto vital es la ya mencionada Plaza Mayor, en cuyo centro hay una fuente de Chipre dorado coronada por una estatua de la Fama. Tiene la plaza 170 × 170 pasos: un cuadrado perfecto. Rodeando a la estatua hay leones y serpientes del mismo metal que, enroscándose en el cuerpo de la diosa, arrojan por la boca un perenne caño de agua. Es obra del virrey conde de Salvatierra.

A parte de numerosos conventos hay varias iglesias parroquiales, y otras más hacia las afueras, san Sebastián y santa Ana al poniente.

Tal es la ciudad en donde nació nuestro santo.

En una de las apartadas calles de la ciudad, llamada Malambo, vivía Ana Velázquez; y el caballero español la visitaba con frecuencia. La vivienda era humilde, pobre. La joven se sentía madre y por fin llegó el día del alumbramiento, y nació un niño. Era una mañana del día 9 de diciembre, miércoles, del año 1579. La parturienta se vio cariñosamente atendida por sus vecinas, las cuales notaron la entrada furtiva de un caballero embozado que intentó pasar inadvertido sin lograrlo, dejando tras de sí, al irse, un rumor de cuchicheos.

Pocas horas después, de la pobre casa, por su puerta cuadrada y baja, sale una sencilla y reducida comitiva: Es que llevan a bautizar al recién nacido. Recorre la calle, continúa por la denominada más tarde "Las Cocheras", y entra en la iglesia de san Sebastián, aún sin terminar. En un departamento lateral se asienta la partida en presencia del párroco. Coge al niño, y derramando el agua bautismal sobre él, pronuncia las palabras sacramentales, mientras el agua cae en el ancho tazón de piedra. Y le impone el nombre de Martín. Después, en presencia de los padrinos, pone su firma bajo la partida, escrita de su puño y letra.

Juan de Porres continuó amando a la morena, aunque dando largas al prometido matrimonio; pues, transcurrido algún tiempo, ésta era segunda vez madre, ahora de una niña.

Poco tiempo después, comisionado por el virrey,

marchó a Guayaquil, donde permaneció varios años, dejando a la madre de sus hijos algunos medios para sostenerlos. Los padrinos de los niños, vecinos seguramente, le darían también algún socorro. Pero en medio de apreturas y trabajos se van desarrollando, y despuntan en el niño cualidades sorprendentes y extraordinarias. Ella, buena cristiana, nada descuida para inculcar en los niños los principios elementales de la fe.

Las vecinas comentan gratamente que no le ven rodar por la calle haciendo travesuras como los demás chicuelos; sino, con frecuencia, en un rincón del templo parroquial, con postura devota y mirada refulgente.

Fácilmente concebimos el diálogo de las vecinas con la madre del santo:

—¡Ay, doña Ana! ¡Qué tesoro de niño tiene su merced! Martinico es un santo.

—Yo voy con gusto a misa, incluso a esa iglesia tan pobre como es la de san Sebastián, aunque sólo sea por ver a su hijo en ella. ¡Qué fervor, qué recogimiento manifiesta sentir!

—¡Ay, doña Ana! Si los ángeles pudiesen tener color negro, le diría a su merced que Martinico parece un ángel del cielo, un serafín, que está ayudando al sacerdote en el altar. Al verle con sus manos juntas, con su modestia, me siento enfervorizada. ¡Qué tesoro de hijo tiene su merced!

—¡Ah! Y ha de saber su merced, Ana, amiga, que su hijo ha nacido del todo diferente de los demás niños. Estos se pasan todo el día haciendo travesuras.

—Dígamelo su merced a mí —interviene otra con viveza—, que no ha mucho un grupo de ellos han asaltado mi huerto y me han hurtado no poca fruta.

—No sé qué hace su excelencia el señor virrey

que no pone más orden y policía en la ciudad para impedir estos abusos. En cambio Martinico es bien distinto de ellos. Qué bien hace en no juntarse con ellos.

Alguna vez se les juntaba. Pero era para dar su merienda a los que veía más necesitados.

Tal era el sentir común en el barrio sobre el pequeño mulato, quien iba creciendo en gallardía de cuerpo y en hermosura de alma.

Su madre, al escuchar a sus vecinas, sonreía interiormente y bendecía al Señor por aquel hijo que tales muestras de bondad iba ya dando. A pesar de que, en más de una ocasión, las reservas de la despensa desaparecían de una manera que se diría misteriosa, pero que ella sabía muy bien el cómo: era Martín que se lo daba a los pobres.

Más de una vez le había sorprendido realizando esa buena acción, y simulaba, sin embargo, no haber visto nada. Mas algunas veces tenía que llamarle la atención a fin de poner límite a sus infantiles y santas prodigalidades. El niño no entendía bien el por qué de tales amonestaciones.

Su madre le mandaba por comestibles al mercado, junto a la Plaza Mayor. Aquí pronto desaparecía confundido entre la masa y el barullo del gentío.

¡Qué enjambre de voces y ruido se tendía en la plaza! Rodeando la fuente de piedra, se congregaban los vendedores del mercado —el "catu" indígena—. A veces, atravesando las acequias, cruzan las calles empolvadas y se protegen de los rayos del sol bajo los soportales con columnas de piedra y muchas y muy grandes ventanas y balcones. A un lado de la plaza, ocupado principalmente por botoneros y sederos, la corta el "Callejón", que va a salir —como sale hasta ahora— a la recta de los plateros. Al sur están las tiendas surtidas de todo género de comestibles, adonde los pescadores, campesinos y comerciantes van a vender sus productos, afluyendo de todas las partes de la ciudad.

A esta parte de la plaza se dirige el niño Martín muchos días con su cestita, perdido en la enorme aglomeración de gente de todos los colores, en busca del sustento diario. Y él, más de una vez, ha vuelto a casa con la cesta vacía. Porque no puede ver miserias y necesidades sin que al punto trate de remediarlas. ¡Y tantas encontraba en el camino!...

Su madre le riñe; pero inútil, porque la caridad es en él una pasión invencible.

—¿Cómo vienes sin nada?

—Un niño muy pobre me pidió una limosna y le he dado lo que acababa de comprar en el mercado.

—También nosotros somos pobres.

—Madre, me lo pidió por amor de Dios. ¿Cómo podría negárselo?

—Siempre vienes con lo mismo. Esto no puede seguir así. Voy a tener que castigarte.

Esta escena se daba con frecuencia entre el niño Martín y su madre al volver de hacer los recados que Ana Velázquez le encargara. El niño siente, fuerte, dentro de su alma, la llamada de la caridad que le inclinaba a socorrer a los indigentes.

Pero no es sólo, en el marco sencillo de Martín, rezar con fervor en la iglesia y prodigarse con los necesitados. También le gusta disfrutar de los encantos de la naturaleza, que admira con su madre y hermanita en las salidas que hacen de la ciudad para holgarse.

Años adelante, tal vez recuerde las excursiones de estos primeros años por los alrededores de Lima. Acaso las aficiones de su edad madura por las plantas y los animales tengan su remoto origen en estas primeras observaciones directas de la naturaleza. Porque también, con su madre y su hermanita, ha ido a recrearse más de un domingo y días de fiesta a los cerros "Amancaes", lugares de asueto, los más frecuentados de todos los limeños. Montículos que guardan a Lima en un semicírculo, completamente pelados en verano; mas tamizados en invierno con hierba, cimarrones, berros, manzanilla, zarzamora, hierbabuena, campanillas blancas, azules, "amancaes". La muchedumbre atraviesa la hermosa vega —huertas, olivares, arboledas y viñas—. Después, una calzada se interna hasta llegar a las cumbres, donde algunas fuentes naturales se convierten en punto de reunión para los que acuden a recrearse y a tomar su merienda.

Más de una vez Ana, en grupo con sus buenas amigas y sus dos hijos, toma parte en estas fáciles excursiones, con gusto de Martín, que se queda contemplando la espesa vegetación, refugio de venados, perdices y pájaros, la fértil campiña, luego la ciudad; y, más lejos, la línea purísima del mar.

NOTAS

(1) Proceso: págs. 255-260
(2) " " 330-334
(3) " " 230-231
(4) " " 235
(5) " " 254-255

CAPÍTULO II

PRIMEROS AÑOS

SUMARIO: GUAYAQUIL. CONFIRMACIÓN. BARBERO. INGRESO EN LA ORDEN.

Un día sonaron cascos de caballo y el piafar del noble bruto a la puerta. Luego, unos golpes de nudillos en ella. Se abrió y apareció en el umbral la figura noble y airosa de doña Ana, que reconoció al caballero: era don Juan. Entró éste al punto. Y enseguida se vio rodeado de los dos pequeños, quienes le llamaron, alborozados:

—¡Padre!

—¡Hijos míos! —exclamó éste, dándoles un fuerte abrazo.

Pasados los primeros momentos de efusión, la madre les hizo unas señas y ellos dos se alejaron hacia dentro. Sabía que don Juan quería hablarle a solas. Y comenzó así:

—Señora mía, he tomado la resolución de llevar conmigo, por algún tiempo, a mis dos hijos, que también son de vos. Quiero darles la educación que corresponde a quienes son hijos de un noble español. Tengo extendido el documento de escritura por el que les reconozco hijos míos y les concedo mi apellido. ¿Qué decís vos, señora mía?

—Estoy conforme con lo que su señoría disponga, mi señor. Y agradezco la gran merced que me otorgáis al reconocer como vuestros a mis hijos.

Se detuvo un momento doña Ana, contemplando al caballero con brillo intenso en sus ojos. Luego añadió:

—¿Por qué no me lleváis con vos?

—No es posible por ahora, doña mía —repuso cortésmente don Juan—. Tal vez más adelante sea posible.

La miró detenidamente unos instantes. Y al leer en sus húmedos ojos lo que pasaba por su alma, dijo, poniéndose la mano derecha en el pecho:

—Pensad, señora mía, que os llevo en mi corazón. No me olvido de vos.

Diciendo esto, sacó una bolsa y la dejó en manos de doña Ana, al tiempo que le besaba la mano con afable cortesía.

Dio ésta unas palmadas y aparecieron los dos niños, que se presentaron al momento, al oírse llamar por su madre:

—Martín, Juana, venid.

Don Juan dirigió una mirada de orgullo a sus hijos, que le resultaban cada vez más atractivos.

—Vais a ir con vuestro padre —dijo ella sonriéndoles.

—Sí, os voy a llevar conmigo —explicó él—, pero volveré a traeros para que estéis con vuestra madre.

Se dieron los abrazos de despedida. Luego, don Juan les montó a la grupa de su caballo y volvió a desaparecer. Dejaba detrás de sí, en el barrio, otro rumor de cuchicheos. Se dirigía al Callao para embarcarse allí hacia Guayaquil con una comisión del virrey.

Al llegar, se dirigió con sus dos hijos a casa de su tío el capitán don Diego Marcos de Miranda.

La casa era toda de madera, aunque de muy buen aspecto.

Llamó don Juan y apareció el tío, jefe de la guarnición, quien abrazó efusivamente a su sobrino. Luego, fijando su vista en los dos niños, preguntó extrañado:

—¿Por qué vienes cargado con estos dos mulatos?

—Señor y tío mío: son mis hijos, que tuve de doña Ana Velázquez. Y así los he de alimentar y sustentar, como compete a un caballero.

—Que me place. Y alabo tu propósito. Y aún más os diré, si no habéis en ello inconveniente.

—Hable su señoría.

—Tomo la resolución de hacerme cargo de vuestra hija para que, como a hija mía, la eduque y le dé estado.

—Mucho me honra su señoría con ello.

—Pues, no se hable más.

Don Diego cumplió caballerosamente su palabra. Y no creyó concluida su misión hasta buscar para la niña Juana, ya hecha una mujercita, un buen marido y holgada posición social con abundantes medios económicos.

En cuanto a Martín, su padre cuidó de su educación, que confió a un preceptor, mientras él cumplía con el encargo del virrey.

Por ese tiempo era virrey don Fernán Torres de Portugal, conde de Villardompardo, virrey anciano, que gobernó por espacio de dos años, de 1587 a 1589. Había venido a cubrir un interregno virreinal de cuatro años (1583-1587) durante el cual había gobernado la Real Audiencia, como en otras diversas ocasiones de la historia del virreinato del Perú.

Cuando don Juan llegó al Perú por vez primera ejercía el cargo de virrey el prócer castellano don

Francisco de Toledo, una de las figuras de más relieve del período virreinal peruano.

El fue quien organizó el virreinato con sus célebres ordenanzas. Dividió el país en cincuenta corregimientos o demarcaciones. Estableció cabildos con alcaldes y regidores en los pueblos. Puso a los nativos bajo el gobierno de sus propios "curacas" o caciques, en quienes delegó la función de cobrar los tributos en nombre de la Corona de Castilla. Estableció el trabajo obligatorio en haciendas, minas y fábricas.

De esta manera, todo el territorio entraba en vías de civilización.

Para esta empresa colonizadora organizada y metódica necesitaba colaboradores eficaces. Y esto es, lo que nos hace pensar fundadamente que llamase a su directo servicio, entre otros varios españoles de manifiesta valía, a don Juan de Porres.

Cuando don Francisco de Toledo se retiró, satisfecho de su gestión gubernativa, a España, sin duda que recomendó al sucesor, don Martín Enríquez de Almansa, nuevo virrey llegado de México, a don Juan de Porres como hombre de capacidad para las funciones de gobierno.

El nuevo virrey duró sólo dos años escasos, pues habiendo asumido el cargo el año 1581, falleció en Lima el 13 de marzo de 1583. Después, la pausa de la Audiencia.

El siguiente, ya mencionado conde de Villardompardo, anciano, de transición, siguió utilizando los servicios de don Juan. Vino luego don García Hurtado de Mendoza, que ya le conocía. Y gustoso aceptó sus servicios.

En los sucesivos cambios de gobierno virreinal, el padre del niño Martín había ido adquiriendo influencia, por obra indudable de sus propios méritos.

Ello explica igualmente sus frecuentes viajes de una a otra parte del país con diversas comisiones, que le obligaban a frecuentes salidas de Lima para volver a ella en la primera oportunidad que se le ofrecía. Porque no en vano estaba en la ciudad Ana Velázquez, a la que se sentía fuertemente atraído.

Era don García Hurtado de Mendoza, marqués de Cañete, hijo de don Andrés Hurtado de Mendoza, tercer virrey del Perú. Este envió a su hijo, don García, de capitán general al departamento de Chile, demarcación territorial que dependía por aquella época del virreinato peruano. En aquel territorio hubo de sostener fuertes luchas con los nativos araucanos, gestas cantadas por el soldado y poeta Ercilla en su "Araucana".

Don García Hurtado de Mendoza, nono virrey del Perú, comenzó a ejercer su cargo el año 1589 y concluyó en 1596.

Es el virrey con el que don Juan de Porres mantuvo más estrechas relaciones de amistad y con el que tenía mayor entrada. Las antesalas del palacio virreinal veían al noble español entrar y salir con mucha frecuencia por ellas para tratar asuntos de gobierno con el marqués de Cañete. De él recibió don Juan encargos y comisiones de importancia.

Entre las obras de gobierno que realizó, no la menos importante la de poner en defensa las costas del Perú contra los ataques de los piratas ingleses y holandeses, que por ese tiempo ya comenzaban a merodear los dominios españoles. Obtuvo una gran victoria sobre el pirata inglés Hawking, al que hizo prisionero y remitió a España para ser juzgado por la corte española.

Gobernó por espacio de siete años, al cabo de

los cuales hubo de abandonarlo por causa de su quebrantada salud.

Tales son los motivos por los que don Juan se hallaba en Guayaquil.

Era opinión común en esta ciudad que el niño Martín era hijo natural del noble caballero español. Pero tenía el comentario un sentido más bien de elogio al ver todos los vecinos con qué paternal solicitud cuidaba de él y le mostraba su amor.

De esto tenemos el testimonio de una señora española, residente en Guayaquil, por esta época, y que dice:

"Vi a don Juan con Martín, que era entonces un niño. Y presencié cómo el caballero, con ternura, llamaba al pequeño:

—¡Hijo!

Y Martín se abrazaba a él y le llamaba:

—¡Padre!

Por eso no es de extrañar que, evocando esta escena tan repetida, enternecedora, diga después de él lo que constituye su retrato moral, que ya queda recogido anteriormente (1).

Pasados tres años, don Juan recibe un oficio sellado del virrey, nombrándole gobernador de Panamá, provincia entonces del Perú. Regresa, pues, a Lima para recibir instrucciones, dar gracias al virrey por la merced y ultimar preparativos.

Antes de regresar deja confiada la pequeña a su tío. Y con su hijo, parte para Lima, el año 1590.

Al ir a Panamá habló con Ana para recomendarle con vivo interés lo concerniente a Martín: Que recibiera el sacramento de la confirmación cuanto antes, como hijo de cristianos y de un noble caballero cruzado. Que aprendiese la doctrina cristiana. Que concluyese la instrucción escolar, y que le diera después el oficio de barbero.

Suponemos que a estos encargos añadiría algún socorro en dinero para que pudieran ser cumplidos más fácilmente.

Ana, consciente de sus obligaciones, trata de cumplir estos mandatos del noble castellano, sagrados para ella.

Vive ahora en la calle de "Malambo", al otro lado del río, al norte de la ciudad, cerca de la iglesia parroquial de san Lázaro. Es una casa de buen aspecto, propiedad de doña Francisca Vélez Miguel. Cómo pasó a vivir ahí, no lo sabemos.

Tal vez entrara en la casa de la noble y joven señora en calidad de sirvienta retribuída; recibida por doña Isabel García de Miguel, madre de doña Francisca.

Aquí hallamos a Martín a su regreso de la ciudad ecuatoriana. Tiene once años. Y es por esta fecha cuando recibe la confirmación. Estaba ya bien preparado. Y era para él un verdadero anhelo el momento de recibir en su frente la cruz del santo Oleo, que le había de obligar más a ser un verdadero discípulo de Jesús.

Ese día llegó.

Su madre y él cruzan el puente de madera, que une a san Lázaro con la ciudad, y van a la Plaza Mayor, que hierve de gente: nobles, caballeros, damas, negros, mulatos, indios que van a recibir el sacramento de la confirmación.

Martín ve la fachada del templo metropolitano, frente por frente del palacio del virrey. La puerta principal está entre dos esbeltas columnas de piedra, con finos adornos y dibujos, como si un hada hubiese bordado en seda y plata sus figuras.

Entra con su madre por una de las puertas laterales y ve, al pasar, el coro de cedro que tiene doble hilera de asientos, en los que hay tallados ángeles, follajes y flores entrelazando unos espacios con otros.

De pronto, pasa a su lado el arzobispo con su acompañamiento de canónigos, clérigos y pajes.

A pesar de su majestad pontifical, no sienten miedo de acercarse los indios, negros, mulatos y pobres de toda condición para recibir su bendición. Porque saben que hay en él un corazón de inagotable bondad, y en su semblante una dulzura y gesto amable que infunde confianza. Porque este arzobispo, tan mayestático en su porte es sencillísimo en su trato. Es un santo. El arzobispo se llama Toribio de Mogrovejo. Había sido antes en España un hidalgo castellano, nacido en Mayorga, provincia de Valladolid, y luego inquisidor en Granada. A los cuarenta años —nació en 1538—, el rey Felipe II lo presenta para la mitra de Lima, que acepta soñando con el martirio en tierras de América. Tomó posesión de su sede el año 1581. Tiene ahora cincuenta y tres años. Desde el primer día comienza a recorrer sus inmensos territorios en busca de almas que salvar. ¡Y cuán diferente va de como le vemos ahora pobremente vestido, con un roquete sobre la sotana, solo, descalzo en busca de indígenas!

Ha tomado asiento y comienza el acto solemne de la confirmación. Martín espera lleno de ansiedad. Y por fin le tocó arrodillarse a los pies del arzobispo que dice: "Signo te signo crucis et confirmo te chrismate salutis... in nomine Patris et Filii et Spiritus Sancti... Amen..."

El niño, después de besar, emocionado, el anillo pastoral, se retira, lleno de ideales divinos que ahora, por sus cortos años, apenas entreví. Era el año 1591. Tenía Martín once años.

Poco después —un año acaso— le vemos ejerciendo como aprendiz el oficio de barbero a las órdenes de don Mateo Pastor. Era éste un joven valenciano, llegado a Lima en 1592 y casado luego con doña Francisca Miguel, que ejercía igualmente el oficio de farmacéutico. Su barbería estaba situada en una de las principales calles del barrio de san Lázaro, en plena formación. Martín es aprendiz de barbero a las órdenes de su "maestro", Mateo, porque hace ya pronto un mes que ha iniciado este oficio. Su madre, Ana Velázquez, no ha olvidado el mandato de don Juan de Porres. Quizá doña Francisca Vélez le sugirió poner a Martín a las órdenes de su marido. El trabajo que realizara en la barbería, que es también sala quirúrgica, sería el pago de su enseñanza. Pues, no habiendo propiamente estudios, había que iniciarse en la "escuela" de algún "maestro", trabajar bajo su inspección y estar de aprendiz varios años hasta crearse clientela propia.

Martín, de mañana, debe abrir la barbería y asearla en espera de clientes. Luego, cerrado el establecimiento a determinadas horas del día, Martín aprovéchalas para estudiar y oír las explicaciones orales del maestro. Así va completando sus conocimientos.

Conforme pasan las semanas, crecen sus progresos. Ya muchas mañanas va sirviendo a domicilio con su paquete a la espalda, donde guarda la bacía, brocha, jabón, navajas, hierrillos para rizar el pelo.

Peluquero hábil, es ya también un cirujano de renombre. Su maestro le deja curar bastantes veces. En ello pone toda su alma. Los heridos y ulcerosos gozan cuando el niño pone sus manos en las carnes laceradas.

Después de dos años se ha establecido por su cuenta, aunque siga con su madre viviendo en casa de su protector y antiguo amo.

Mas toda su actividad externa es sólo un destello de su gran vida interior, a pesar de ser un niño todavía. Muy de mañana, cuando apenas amanece, está ya Martín en la iglesia de san Lázaro para asistir a varias misas, a las que procura ayudar.

Aquí, en estas primeras horas, dentro del templo humilde —hoy es el más pobre de Lima—, es feliz. Las escasas personas que acuden a tales horas al templo sienten que aumenta su fervor al verle tan devoto.

Había conseguido de la dueña de la casa una habitación desocupada; ahí tiene largos ratos de oración, y también lee vidas de santos.

Pedía a la señora los restos de vela que ella juzgaba inútiles. "Continuó tanto la petición —dice el padre Juan Meléndez—, que de importunidad de huésped había pasado a demanda de mendigo".

La curiosidad femenina se avivó, deseosa de averiguar el empleo que le daba. Una noche cuando ya la casa dormía en el más profundo silencio, doña Isabel fue acercándose a la puerta, de puntillas, y se puso a mirar por el ojo de la cerradura. Y vio... lo que después supo casi todo el barrio, contado por ella al día siguiente:

—¡Qué felicidad la mía! —comentaba con sus amigas—. He visto una escena de la vida de los santos.

—¿Qué es ello, mujer? —inquirían curiosas.

—He visto a Martín orando. Y ¡cómo oraba!

—¡Cuente su merced, cuente, que nos tiene con el ánimo suspenso!

—Estaba él de rodillas ante el crucifijo de su aposento. Las lágrimas corrían hilo a hilo por sus mejillas y su frente morena se iluminaba con un resplandor que no era el de la vela. ¡Pobrecito! Me pedía cada día un cabo de vela, de lo que no me sirviese. Y yo se lo daba, sin preguntarle para qué. Pero acabé por sospechar. Y anoche, por fin, me arrimé para observarle.

—Pero, ¿no se acuesta el pobrecito?

—No se acuesta, a mi parecer —dice doña Isabel—; porque la cama estaba intacta. Me dio pena de él por haberle dado sólo cabos. Desde hoy le daré velas enteras.

—Y hará vuestra merced muy bien.

—Madre, si vos no habéis en ello inconveniente, deseo esta noche mirar yo también; que me sentiré movida a devoción.

—Mostraos con discreción, hija mía, que a los santos no les gusta ser observados.

Después de ella, sintieron la misma tentación las demás vecinas en días sucesivos.

Pronto conoció él que sus rezos y mortificaciones eran tema de la gente; y se hastía de un vivir en el que entregarse a Dios es una cosa rara.

Un día, después de la misa, movido por un impulso interior, cruza el río, acaso vadeándolo, tal vez siguiendo el provisional puente de madera —el de cal y ladrillo, levantado por el marqués de Cañete, había sido destruido algunos años antes por la corriente—. Apresura el paso y se dirige al convento de santo Domingo, tan familiar para él, porque lo había visto diariamente subir y engrandecerse desde la opuesta orilla del Rimac.

Y, también, por algo más hondo y entrañable, de lo que apenas él se da cuenta cuando se dirige a la portería del convento: es la imagen de la Virgen del Rosario, que más de una vez él ha venerado, y ante la cual muchas veces rezó el rosario solo, con mirada extática, o acompañado de su piadosa madre, que le enseñó tan dulce devoción.

Porque fue ella, doña Ana Velázquez, su madre, quien le enseñó desde muy niño a balbucir las primeras oraciones, entre las que aprendió el modo de honrar a la Reina del cielo, que también tiene su trono en la iglesia del Rosario, de los frailes predicadores, a cuyo convento dirige ahora sus pasos.

Al tomar esta resolución, se lo ha dicho confidencialmente a su madre. Esta, lejos de oponerse, da gracias a Dios por el favor que concede a su hijo y a ella misma, aunque siente la pena de la ausencia. Un secreto presentimiento parece decirle que su hijo llegará muy alto por el camino que conduce a la santidad.

Martín se despide de ella y dirige sus pasos al convento de santo Domingo.

Al llegar, tiró de la cadena y tintineó la campanilla. Durante los breves momentos de espera, contempla una imagen del santo patriarca puesta en un nicho. La imagen parece mirarle con amor. Martín contempla, embelesado, su figura en cuya frente se destaca una estrella.

Le saca de su arrobamiento el portero:

—¿Qué desea vuestra merced?

Martín respetuosamente expone su deseo:

—¿Puedo hablar con el muy reverendo padre superior?

El religioso le abre, afable, la puerta y le dice:
—Pase.

Le conduce a una sala, le ruega que tome asiento y añade:

—Dígnese esperar un momento, que voy a dar aviso.

Y se alejó.

Martín esperó sentado en un sillón de cuero

con gruesos clavos estrellados de metal dorado. Y dirige su vista en torno suyo. La sala nada tiene de particular. Aún no está enriquecida con el lujoso artesano mudéjar que pocos años después hará el muy reverendo padre Salvador de Ribera. Pero en una de las paredes hay un cuadro de gran mérito que representa a Jesús incitando a santo Tomás apóstol a meter su mano en la llaga del costado.

Se abrió la puerta de la sala y entró el muy reverendo padre provincial, fray Juan de Lorenzana, "sujeto —escribe Meléndez— digno de inmortal memoria por su mucha virtud y grandes letras".

Era por este tiempo el padre Juan de Lorenzana una de las figuras más prestigiosas de Lima y de la provincia dominicana de san Juan Bautista del Perú. Era un gran maestro y director de almas. Había sido antes, en España, religioso del convento de san Esteban de Salamanca. Y, al pasar al Perú, intervino activamente en la fundación de la universidad del Perú, radicada, como se dirá después, en el convento del Rosario. Era gran teólogo, religioso muy observante, y catedrático en la misma universidad.

Martín se puso en pie y volvió a sentarse al mandárselo el Provincial con un gesto amable de la mano. Y le dice:

—Hablad, joven. ¿Qué deseáis?

El, tímidamente, dando vueltas un poco azorado a su gorrilla de terciopelo, expone su propósito.

Mientras habla, el padre le observa atento y recuerda los rumores que han llegado al convento procedentes de la calle referentes al muchacho, sobre su santidad, manifestada, sobre todo, en su caridad abnegada y su absoluto desprendimiento y su gran habilidad como cirujano. Y no es más que un niño aún. El religioso siente pena al ver su rostro de mulato. Porque la legislación vigente de la Orden le impedía conceder al muchacho lo que éste merecía por tan relevantes méritos. Era una excelente vocación. Claro que su legislación prohibitiva respondía al criterio general de la Iglesia al ordenar una rigurosa selección del personal entre los nativos de las nuevas tierras evangelizadas. Era una legislación prudente, no exclusivista.

Mas, conforme va Martín exponiendo sus aspiraciones entiende el padre que el joven se da cuenta de su situación, pues sólo desea ser donado en el convento.

Y le admite.

Con el hábito comienza para él una vida nueva. Era el año 1594.

NOTAS

(1) Proceso: págs. 254-255

CAPÍTULO III

ESCLAVO POR AMOR

SUMARIO: DONADO. EL CONVENTO. VIDA INTELECTUAL Y LITÚRGICA. CULTO. RASGO SUBLIME. BARBERO OTRA VEZ. UNA ESCENA. DON JUAN Y SU HIJO. PROFESIÓN RELIGIOSA.

El donado está en consideración de terciario: pertenece a la comunidad como familiar y goza de todas las ventajas de la vida religiosa. Es como un intermedio entre los siervos del convento y los Frailes Cooperadores (*).

Tal es la situación en que, desde ahora, se encuentra fray Martín. Consciente de ella, está dispuesto a servir desde el primer día de su ingreso, tomando por lema estas palabras: "Humildad, obe-

---

(*) Empleamos el término de "Fraile Cooperador", aunque parezca un anacronismo. Lo es sólo en las palabras, no en la realidad. Porque, desde los mismos orígenes de la Orden, lo que entonces hasta hace muy poco se denominaba en las Constituciones "Fratres Conversi" —Frailes Conversos— responde al concepto actual de Fraile Cooperador. La decisión del Capítulo General de Caleruega del año 1958 no hizo más que tener en cuenta y dar vigencia oficial a lo que estaba contenido en el espíritu de la Orden, cuando dice en sus Constituciones que los Frailes conversos están llamados a "*cooperar*" al ministerio de los Padres —sacerdotes.

No es, pues, anacronismo hablar de "Frailes Cooperadores" al referirnos a los mismos religiosos aunque sea en el siglo XVII. Es, así, en cambio, un anquilosamiento prescindir de este título tan honroso, que encierra el hondo respeto y estima que la Orden siente por los Frailes Cooperadores. Título expresivo, que responde a la realidad de su labor y a la nobleza de su misión en la Orden.

diencia, caridad". No está ligado por votos. Pero su afán de seguir las huellas del crucificado le ata del todo a la vida religiosa.

Vamos a seguir sus pasos por el convento, por los sitios que ha santificado con sus pisadas.

Antes, sin embargo, creemos necesario esbozar a grandes rasgos el ambiente en el que le ha tocado vivir, sufrir y santificarse.

Recordemos que, con Francisco Pizarro, fueron a la conquista del Perú varios religiosos dominicos, primeros evangelizadores del Imperio de los Incas, quienes celebran por vez primera los divinos oficios en la ciudad de Lima.

En la distribución de los solares, Pizarro señaló —reservó— uno para el convento de los frailes predicadores. Mientras se construía, vivían en chozas de cañas junto a la catedral.

Concluído el convento con el nombre de "Nuestra Señora del Rosario", resultó el solar insuficiente. Sólo se pudo construír lo principal: iglesia, claustros, dormitorios y noviciado. Pero faltó para las demás dependencias: refectorios, despensas, enfermerías.

Entonces el padre Prior, fray Martín de Esquivel —año 1540— pidió al cabildo de la ciudad más terreno, que le fue concedido. Y se construyó lo restante.

Ese mismo año se erigió el convento en priorato, que coincidió con la creación de la provincia dominicana de san Juan Bautista del Perú, en virtud de Letras Apostólicas de Paulo III, del año 1539.

La importancia que fue adquiriendo el convento se demuestra con el hecho de erigirse en estudio general o universidad para la ciudad de Lima y Virreinato, otorgada por Cédula Real de Carlos V, a instancias del padre provincial fray Tomás de san Martín, año 1551.

Esta universidad, regida por los dominicos, tenía todos los privilegios y exenciones de la universidad de Salamanca.

Más adelante —año 1571— obtiene su confirmación por bula de san Pío V.

Radicó la universidad en el convento desde 1553, en que comenzó, hasta 1577, en que, a petición de los mismos religiosos, fue trasladada fuera, debido a los graves inconvenientes que ocasionaba a la observancia regular. La misma, aunque ahora sea civil, que lleva el título de "Universidad de san Marcos".

A esta actividad docente debemos añadir los estudios propios de la Orden: cursos de filosofía y teología. Estudiantes, profesores, regentes de estudios, maestros.

En el capítulo Provincial de 1590 se ordenó la creación de una cátedra de "lengua indígena" para los religiosos que habían de ser "doctrinantes". Es decir, dedicados a la enseñanza y conversión de los indios. Las "doctrinas" eran como parroquias en tierras de misión. Esa lengua indígena a que se refiere la erección de la cátedra es el "quechua".

La verdad es que había muchas lenguas indígenas, aunque predominara esa lengua junto con la "aimará", que aún subsisten en grandes zonas del Perú Alto o de la cordillera Andina (quechua) y en extensas porciones de Bolivia (aimará), que durante la época virreinal pertenecía al Perú.

Los españoles, llevados de un alto idealismo religioso, fueron víctimas de un espejismo. Creyeron que su labor misionera y civilizadora se facilitaba más aprendiendo las lenguas aborígenes que enseñando su propio idioma castellano. Así el mismo rey Felipe II dictó normas para que se hiciera la evangelización de los indios en lengua quechua, pensando que sería el idioma de todos. La verdad era otra. Con este criterio noblemente equivocado, sólo consiguieron difundir un poco ese lenguaje entre nativos que no lo hablaban sin conseguir el objetivo propuesto, que habría sido más fácil introduciendo metódica y seriamente el idioma español.

Por eso éste va todavía penetrando despacio en los sectores nativos. Actualmente, a las naciones del Perú y Bolivia se les plantea el problema de cuál es el mejor modo de alfabetizar a la población aborigen. El quechua y aimará son lenguas habladas, pero no escritas.

Si desde los orígenes de la colonización los españoles, más en concreto el elemento clerical religioso, hubiesen sido menos idealistas y más prácticos, habrían conseguido el mismo objetivo de conservación con más eficacia y efectos más duraderos.

Es el mismo fenómeno, pero mucho más acentuado, que se observa en las islas Filipinas. Hoy el idioma castellano se bate a desesperada para mantenerse contra el inglés americano y contra los dialectos nativos. Todo porque los misioneros —casi los colonizadores del archipiélago— se despreocuparon de enseñar la propia lengua a la población nativa, y se dedicaron a la improba tarea de aprender sus dialectos. El resultado es que Filipinas no tiene una lengua que los unifique. Y de ello culpan a España.

Muy nobles intenciones y altos fines, pero con erróneos procedimientos, a nuestro entender.

Todavía, en el Perú actual, llamado de la "montaña", o selva, los primeros misioneros españoles dominicos que se internaron a comienzos de siglo para evangelizar aquella zona que la Santa Sede le había confiado, adoptaron este sistema equivocado: aprender aquellos fragmentos minúsculos de dialectos en vez de enseñarles el idioma nacional tanto del Perú como de España. Hoy, con la experiencia, han cambiado de táctica. Y aquellos nativos hablan y se expresan en perfecto castellano.

Los "doctrinantes" del siglo XVII aprendían, pues, el quechua para ir luego a cumplir su labor misionera y parroquial entre los indios. Con este fin se había establecido una cátedra de "lengua indígena".

A las ocupaciones de carácter intelectual había que añadir el rigor de la observancia regular. Y las grandes solemnidades litúrgicas del año.

¡Cómo brillaba y jaspeaba el altar mayor, en la fiesta de santo Domingo, con la abundancia de flores, luces, ricos frontales y ornamentos!

En la fiesta de san Pedro de Verona —29 de abril— presidía con toda la pompa y majestad de su cargo, el tribunal en pleno de la Inquisición, acompañado de sus numerosos dependientes: ministros, familiares, consultores, calificadores, con sus insignias, trajes y armas. Antes de la procesión, varios frailes cooperadores van repartiendo a la comunidad y santo tribunal, las palmas y ramos de olivo, símbolo del triunfo de la Fe y del martirio, conseguidos por el santo inquisidor de Verona.

La Candelaria era festividad exclusiva de los frailes cooperadores y de los donados. Hacían procesión, en la que san Blas precedía a la Virgen como paje de hacha.

La fiesta de Nuestra Señora del Rosario se celebraba con extraordinario esplendor y concurso de razas. Cada una en su día, porque todas igualmente se consideraban con idénticos derechos a tener a la Virgen como Madre suya: Y querían, por tanto, mostrarle por separado lo que la amaban.

Los españoles la celebraban el primer domingo de octubre, como acción de gracias por el triunfo naval de Lepanto de 1571, que en ese año el 7 de octubre era domingo. Dos mil setecientos pesos daban, como dote, a seis doncellas en ese día.

Los indios la celebraban el tercer domingo. Los negros, el cuarto, y los mulatos, el siguiente.

Durante el año, el primer domingo de mes, los españoles tenían procesión del rosario. Y cada sábado había misa cantada de la Virgen. Durante su celebración, tenían velas, que encendían desde el "sanctus" a la "communio". Por la tarde, toda la comunidad en el coro, después de la reserva, cantaba la salve con velas encendidas en las manos.

Radicaban en la iglesia varias cofradías de abolengo, entre las cuales merecen ser nombradas: la de la *Vera Cruz,* cuyos miembros eran los regidores y caballeros de la ciudad. La del *Santísimo Nombre de Jesús,* a la que pertenecían en su mayoría, escribanos y notarios reales de la capital.

Por semana santa había otras típicas del tiempo, como la de *Jesús Nazareno con la Cruz a Cuestas,* que salía el miércoles santo, con gran acompañamiento de gente. El jueves santo salía la *Vera Cruz,* con el lignum crucis, al que precedían abundancia de imágenes y estandartes; y los cofrades, encapuchados, con grandes cirios y hachones de cera. La del viernes santo por la noche, sólo recorría la iglesia. Partía de su capilla y terminaba allí mismo. Era presidida por el virrey con toda la Audiencia.

Pero ninguna tenía la importancia de la cofradía del *Santísimo Sacramento,* fundada por los frailes predicadores, con aprobación de Roma, el 25 de mayo de 1540.

Residió como única cofradía del Santísimo Sacramento en el convento del Rosario hasta que el arzobispo don Jerónimo de Loaysa, O. P., la trasladó a la catedral por decreto del príncipe Felipe II el año 1551, 2 de noviembre.

Pero esto no fue definitivo hasta el 20 de noviembre de 1558, fecha en que, reuniéndose en junta el virrey, arzobispo, oidores, superiores del convento y veinticuatro cofrades resultó una sola cofradía que habría de radicar en las dos iglesias, catedral y convento, con estas condiciones:

1) Los mayordomos se eligirán en el Capítulo del convento con asistencia del prior o un delegado suyo. El prior sería rector de la cofradía. 2) Los jueves de todo el año, al renovar el Santísimo, el que tenía a su cargo repartir la cera en la catedral, haría lo mismo en santo Domingo. Habría de dar a la comunidad, que asistía al cierre del sagrario, velas de a libra. El "repartidor" debería asistir con su ropa colorada. En la misma forma, en los terceros domingos repartiría a los religiosos · las velas uno de los mayordomos, que habría de asistir a la procesión por el claustro con su insignia; y el muñidor de la cofradía habría de asistir también con su ropa encarnada. 3) El jueves santo darían los mayordomos la cera, cirios, velas y bujías necesarias para el monumento. 4) el domingo de la infraoctava del Corpus, saldría en la procesión del convento la custodia de plata que sirve a la catedral. Este día y la octava, el gasto habría de correr por cuenta de la cofradía. 5) Esta misma debería dar alfombra capaz de cubrir la peana y gradas del altar mayor del convento; y dar para el año todo el aceite necesario para la lámpara; igual que la cera que gastase la comunidad en llevar el viático a los enfermos del convento. 6) Debería pagar al convento todas las misas cantadas de los jueves del año y terceros domingos. 7) Todos los bienes de la cofradía serían de una y otra iglesia por igual. 8) Todas las juntas o cabildos serían presididos por el prior de los frai-

les predicadores como rector de la cofradía.

En el año 1578 se añadieron algunas ordenaciones más, que indicamos, por la importancia que daban al culto y esplendor del Divino Sacramento: 1) Debería celebrarse junta el 28 de enero de cada año. 2) Uno de los mayordomos debería asistir personalmente a todas las fiestas del Señor en el convento, como también el "muñidor" con su vestido rojo. 3) Durante la octava del Corpus deberían celebrarse certámenes literarios en honor del Santísimo Sacramento. Organización que correspondería a los mayordomos, quienes señalarían premios, en joyas, para los vencedores. Los jueces del fallo serían, en su respectiva iglesia, el prior y el arcediano, que podían delegar en otro que nombrasen. 4) El día de la Circuncisión del Señor habría exposición en santo Domingo, con procesión del Santísimo por el claustro con cirios encendidos. Los cofrades habrían de comulgar. 5) Los jueves y viernes santos, la mañana de resurrección y toda la octava del Corpus, asistirían los cofrades, en una y otra iglesia, a la procesión, con cirios.

Por último, hay una apostilla que refleja el carácter hondamente dominicano de esa cofradía:

El día de santo Tomás de Aquino, autor del oficio del Corpus, veinte cofrades con cirios acompañarían en la procesión la imagen del santo.

La procesión que en el convento se hacía era de extraordinaria importancia. Se celebraba en el domingo infraoctava del Corpus. Recorría cuatro calles de la ciudad, engalanadas de seda, con altares hermosísimos de trecho en trecho. Formaban en la procesión todas las cofradías con las imágenes de sus advocaciones, los santos de la Orden en andas adornadas —"de primavera", dice Meléndez, en quien me apoyo para todo este largo relato (1).

Cerraba la procesión el Santísimo en la custodia grande de plata, en forma de torre, sobre un carro majestuoso cubierto de brocado, y con abundantes flores artificiales en su parte superior. La torre-custodia iba cubierta por un arco de flores y follaje con abundancia de colorido.

En este ambiente grandioso de espiritualidad habría de crecer y vivir la vida interior de fray Martín. La vida litúrgica solemne y las enseñanzas que recibiría en el convento le habrían de suministrar alimento espiritual que él asimilaría con afán, para sumergirse cada vez más en el misterio de Dios, hasta que Él le fuese comunicando aquella ciencia de lo divino que trasciende a toda ciencia y conocimientos de hombre.

Se había propuesto, como queda dicho, que su ideal sería conocer a Jesucristo e identificarse con El por ciencia de amor.

Va nutriendo su alma con lo que, desde los primeros días de su ingreso en el convento, escucha. Son las pláticas del prior en el coro, con motivo de las diversas festividades, en cuaresma y adviento, las tomas de hábito y profesiones. Así mismo las lecciones de doctrina del padre maestro de los frailes cooperadores y en los capítulos de culpas. Los sermones en la iglesia con ocasión de fiestas de santos y festividades litúrgicas del año.

Fray Martín pasa, con placer, de unas a otras, en ese rápido sucederse de los misterios del año, desde la Navidad a la fiesta del Espíritu Santo...

Todo lo graba en su alma para hacer de ello el alimento de su espíritu. Pues todo es aliciente para conocer mejor a Jesucristo y hacerse más semejante a Él. Y entiende que la máxima semejanza consiste en ser humilde, obediente, sacrificado, caritativo...

Tenía el convento grandes fincas por diversos lugares. En el mismo solar poseía espaciosas huertas, cultivadas por servidumbre de color. Los servicios de limpieza y otros similares corrían por cuenta de los donados, ordinariamente gente de color también. Numerosos frailes cooperadores dirigían los múltiples y varios oficios: portería, sastrería, carpintería, caballeriza, lavadero, gallineros, corral, jardines, depósito, bodegas. Y a sus órdenes había multitud de esclavos negros, como lo demuestra el hecho de que sólo para cuidar a éstos existía una enfermería especial, distinta de la común.

Fray Martín se siente dichoso. Ha comenzado una nueva vida, sin preocupación de ningún género. Sólo obedecer en lo que le manden; porque sabe que obedeciendo cumple la voluntad de Dios. Ya en todos los momentos del día puede tener su corazón fijo en la divina imagen de Cristo.

Al día siguiente de vestir el hábito se le confió la limpieza de la casa: barrer los salones, los claustros, la enfermería, el coro, la iglesia.

Es curioso advertir que las imágenes del santo mulato tienen uno de estos dos instrumentos tan significativos: la cruz, signo de su santidad; la escoba, de su trabajo. Si queremos también, la cruz nos recuerda siempre su oración.

Y al coger la escoba, con un poco de imaginación, san Martín la transformaba en una cruz y se abrazaba a ella con amor por eso mismo, porque se le ofrecía a sus ojos como una cruz. Cierto que una cruz, para él sencilla, liviana, pero cruz. Porque la escoba es símbolo de trabajo humilde y monótono. Y por ser carente de brillo, e instrumento de trabajo diario, supone vencimiento del amor propio. Y es testimonio de perseverancia en el cumplimiento del deber, tanto más cuanto este deber es fastidioso y árido.

Lo que sucedía era que como san Martín de Porres

veía en ese instrumento la voluntad de Dios, como Cristo la veía en la cruz, él abrazaba la escoba como una cruz que el Señor le ponía en las manos para que no se olvidase nunca de El.

Para san Martín la cruz y la escoba se completaban admirablemente en su vida, y veía esa como un símbolo fácil de aquélla; las dos formaban en su pecho una sola cruz cuando las abrazaba.

La escoba llegaría a ser el simbólico instrumento de su santidad.

Muchas veces pudieron observar quienes atentamente seguían el respirar de su vida religiosa, que sus acciones eran una fusión admirable de humildad y de amor.

Su tez oscura, al destacarse sobre la túnica blanca de estameña, le sugiere siempre el pensamiento de que es un esclavo de la religión, la que puede venderle cuando sea necesario. Y un día, a fuerza de ahondar en tan bajísimo concepto de sí mismo, brotó en él una idea sublime: La de ser vendido como esclavo.

A nuestra mentalidad de hoy resulta extraña y solivianta el ánimo. Vemos al santo con la proyección de los siglos, aureolado de santidad, elevado al supremo honor de los altares. Vivimos, también, en una época de reivindicaciones sociales y la esclavitud —aunque aún exista en algunos rincones del mundo— se considera claramente inmoral.

Pero en el siglo XVII y en un ambiente colonial en el que la esclavitud del negro se consideraba una necesidad, la venta y compra de esclavos en los mercados y plazas de las ciudades era una escena corriente. San Martín, antes de entrar en el convento, había sido testigo del ambiente. Y él mismo después habría de comprar algún esclavo para el convento. Las remesas de negros traídos de Africa por los mercaderes y logreros eran frecuentes. Así como las pujas en la venta.

El, Martín, era mulato. Y tenía conciencia de su posición social. En el convento había sido admitido en calidad de donado. Y para él, esta palabra tenía un sentido literal y humilde, distinto del que pueda tener hoy en nuestro concepto. Como "donado", se había entregado libremente a la comunidad para servirla en lo que fuese menester. Y, sirviendo a la comunidad, serviría a Dios. Al darse a la Orden religiosa, ésta —en concepto de san Martín— había tomado posesión de él. Por consiguiente, podía disponer de él en la forma que juzgase más necesaria.

Una manera de servirse de él —mulato, joven, fuerte— era vendiéndolo en el mercado para salir de apuros económicos. Hasta mil pesos podrían dar por su persona.

Así pensaba él humilde y sinceramente. Aunque los superiores estuviesen muy lejos de coincidir con su concepto, precisamente por la grandeza moral que apreciaban en san Martín.

Este había llegado a entrever los apuros económicos en que se hallaba el prior. Las rentas del convento eran grandes. Pero llegó un momento en que los gastos superaron con mucho a los ingresos. Como se irá viendo más adelante, muchísimos indigentes vivían de la generosidad de los religiosos. Y, en alguna ocasión, esta esplendidez llegaba a producir carestía.

Lo cierto es que el prior tomó la resolución, con aprobación de su consejo conventual, de hacer algún empréstito a varios comerciantes, amigos de la comunidad.

Y fray Martín llama tímidamente a la puerta de la celda prioral:
—Ave María.
—Gratia Plena.
Y entra. Pero se queda en la puerta y hace la venia. El prior le manda levantarse y dice:
—¿Qué desea, fray Martín?
De pie, con las manos recogidas bajo el negro escapulario, mira tímidamente al superior. Y hay tal expresión en sus ojos, que aquel entrevé la idea que bulle en el alma del donado. Este balbució:
—Aquí vengo, padre, a remediar la necesidad que el convento padece. No se aflija, que remedio tiene: venda este perro mulato, pues es de la religión y esclavo que vale tan poco, que no vale nada; y sirve mal, porque le tratan bien. Quizá vendido vendrá a tener amo que, tratándolo mal, aprenda a servir bien.

El padre prior vio de golpe la sublime abnegación del humilde donado. "Brotándole —dice Meléndez— arroyos de lágrimas", y conteniendo los sollozos le dijo:
—Váyase fray Martín, que no hemos menester. Ya Dios acudió al remedio.

Salió. Y el padre comenzó a comprender el fondo de santidad que albergaba aquel sencillo negrito. ¡No era un esclavo, no! ¡Qué grande y noble era precisamente cuanto más pequeño quería hacerse y más vil se consideraba!

Algún tiempo después de su ingreso en la Orden le hallamos, por mandato del superior, ejerciendo el oficio de barbero. Ocupación suficiente para una persona en una comunidad tan numerosa: más de doscientas personas.

Otra vez tiene que hacer la limpieza de su barbería, afilar y suavizar navajas.

Cada quince días deben hacerse todos los religiosos, desde el prior al menor de los novicios, el cerquillo o tonsura monacal. San Martín realiza su oficio con exquisito esmero. No le faltan disgustos y más de una vez ha de soportar alguna impertinencia. Pero sabe disculpar esos enojos, atribuyéndose a sí mismo la causa de ellos por falta de tacto y diligencia.

Hay un suceso, perfectamente comprobado, que refleja bien este ambiente. Lo relata quien ha sido protagonista del hecho. Es el padre fray Francisco Velasco, ahijado de don Mateo Pastor y de doña Francisca Vélez. Era él entonces estudiante profeso, aún muy jovencito. Cuando refiere el suceso, con motivo del Proceso de 1679, pasa ya de los sesenta años. Por eso el recuerdo es vivo, detallista, y está impregnado de inefable ternura por el santo mulato, a quien trató mucho tiempo y a quien debió la firmeza de la vocación, como se verá más adelante.

Fray Francisco está sentado en el gran sillón de cuero, puestos los pies en el taburete. Fray Martín moja la brocha en una bacía de agua caliente y comienza a pasarla por la cabeza del religioso. Este se adormila suavemente al sentir el afeitado que el barbero realiza en su cabeza. A intervalos pregunta:

—¿Le molesto?

—No —responde aquel sin abrir los ojos.

El leve cuchicheo de los que esperan se apaga repentinamente: acaba de entrar el padre submaestro. Fray Martín limpia el cerquillo del estudiante con la toalla. Este se palpa y hace una mueca de disgusto. Mira al barbero, que le sonríe. Interpreta burlona su sonrisa y ésta le hace saltar, iracundo:

—¡Perro mulato! ¡Hipócrita!

El padre interviene seco, fulminante:

—Se da usted hoy —dice al estudiante— una disciplina. ¡Y además comerá pan y agua solamente!

Fray Francisco cambió de color del rojo al lívido.

Fray Martín le advierte, suave, dulce:

—Repare, hermano, que le he cortado a su gusto.

Y se lo hace ver delante del espejo.

El muchacho le miró acobardado.

El santo, contento por el arrepentimiento del culpable, pidió para él perdón al submaestro, excusándole:

—Después de todo, padre, él no ha dicho más que la verdad. ¿Qué era él, Martín, sino un mulato, cuyo sello llevaba en el rostro?

El padre se mostraba inflexible. Pero tanto insistió fray Martín, que perdonó el castigo.

Le resultaba muy duro al santo ver a un religioso de rodillas, ante un taburete, comiendo pan y agua en el refectorio, con la capa, que es una nota de culpa y penitencia en la blancura de la comunidad.

Pero fray Martín aún no está contento: quiere ver sonreír al "ofendido" —así piensa él—. Y el mismo día, durante la cena, logra su propósito al poner delante de fray Francisco un plato lleno de mermelada de melocotón. Los vecinos miran al agraciado y le felicitan sonrientes, mientras él dirige una mirada agradecida a fray Martín, que desaparece al momento.

El padre Alonso Gamarra —el submaestro— desde su sitio ve la escena, disimula una sonrisa y hace como que no ve. Pero piensa en la virtud que revela en el donado este gesto tan sencillo...

Lleva ya dos años en el convento.

Un día, barriendo en el claustro, el portero le

comunica que le espera el padre provincial en la portería.

En la sala misma donde estuvo esperando él un día memorable se halla un caballero de noble aspecto, sentado junto al provincial en conversación con él. Calla bruscamente al ver a fray Martín, y le mira de arriba a abajo, sin escapársele detalle ninguno. Nota la esbeltez del muchacho con verdadero asombro. Hace seis años que no le ve. Porque el caballero es don Juan de Porres, su padre. Y entonces, cuando marchó como gobernador a Panamá, Martín era un niño todavía. Ahora es un mozo gallardo, aunque no tiene más que diecisiete años, con un rostro hermoso y moreno. Una cabeza bien formada, airosa, ojos brillantes y la nariz un poco ancha y de ventanas redondas, labios gruesos —rojo vivo— que enmarcan una boca ni grande ni pequeña. Y la gracia escultural de sus formas se disimulaba bajo el hábito religioso, en el que el escapulario traza una gruesa recta negra sobre la blanca túnica.

Todo esto vio el caballero de una sola ojeada, y levantándose apresurado, da un fuerte abrazo a su hijo, que corresponde filialmente con otro.

Luego, el provincial dice a fray Martín que la comunidad, previo el parecer del consejo y capítulo, ha determinado darle la capilla de fraile cooperador, haciéndole constar que es voluntad de todos y deseo de su padre.

Sonríe satisfecho éste mirando a su hijo, con la esperanza de sorprender en su cara signos de alegría. Pero advierte con sorpresa que una honda tristeza se refleja en su rostro, y que se postra a los pies del provincial, pidiéndole con lágrimas que no le sublime a una dignidad que está muy lejos de merecer. Don Juan cree soñar, y desorbita los ojos en gesto de pasmo. El Padre sonríe y dice a fray Martín que se levante. Obedece, pero es para caer a los pies de su padre, suplicando que no le arranque la dicha de servir a los religiosos en su puesto humilde. Quedó éste unos momentos rígido, suspenso... fija la mirada en su hijo... y evocando sus anteriores pensamientos, tan distintos de los de este instante:

Hacía muy pocos días que don Juan había llegado a Lima, ya concluído su cargo de gobernador de Panamá. El virrey que le había dado tal oficio ya no regía los destinos del Perú.

Don Luis de Velasco, que tomó posesión de su virreinato en 1596 e hizo nuevos nombramientos entre muchos funcionarios de su confianza que trajo de México, de donde acababa de salir como virrey de aquel país.

Llegó este virrey a Lima el 24 de julio de 1596. Permaneció en el gobierno del virreinato hasta el año 1604, fecha en que, regresó a México para volver a ser virrey de Nueva España tres años después hasta el año 1611, cuando, ya ochentón, regresó a España para tomar posesión de la presidencia del consejo de Indias.

Ha sido, pues, tres veces virrey: dos en México y una en Lima. Esta era como un paso —ida y vuelta— al punto de partida.

Encariñado, por tanto, con su tierra mexicana, en que había vivido desde el año 1557, fecha en la que le llamó su padre don Luis de Velasco "el Viejo", también virrey, no tiene nada de particular que llevase consigo al Perú personas de toda su confianza. Más, si tenía el pensamiento, como parece, de regresar a México. Por lo mismo, se comprende el cese de don Juan en su cargo de gobernador de Panamá.

Cesante, pues, don Juan, volvió a Lima.

Sus amigos le relataron, entre otros mil sucesos acaecidos en su ausencia, la entrada de su hijo en religión, con los rumores de santo que de él se habían corrido cuando vivía en Malambo. Y le relataban la situación de inferioridad en que se hallaba dentro del claustro.

Esto le puso furioso. Si su hijo era negro, le sobraba a él sangre de abolengo y de puro solar español para dejarlo más blanco que la nieve.

Y hace gestos amenazadores, al tiempo que sale fiero de su casa en dirección a santo Domingo, echándose con brusco ademán su capa a los hombros.

Un hijo suyo donado, casi un esclavo más de los que pululan por todos los rincones del convento. El, español, castellano de rancio abolengo, un cruzado, un noble, tiene un hijo a quien se trata como a un ser de color. ¡Imposible! La humillación de su hijo recaía en su pecho, y su aliento de esclavitud —como lo juzgaba en su orgullo— le alcanzaba a él, deslustrando su honor y empañando sus fulgentes espuelas de caballero. ¿Qué consideración se tenía a su título, a su sangre, a su brillante y gloriosa estirpe? ¡Eso no lo podía permitir! Iría al convento a hacer valer sus derechos. Se impondría. Le daría a su hijo el escapulario y la capilla blancos de un religioso de coro, porque merecía, por su sangre de noble, ser sacerdote y llegar, si necesario fuese, a obispo, y hasta tener —¿por qué no?— la rica y gloriosa mitra de Lima. ¡Y que no se le opusiesen, porque entonces...!

Llegó, y, con todo el calor de su enojo y de su orgullo herido, reclamó para fray Martín el decoro religioso que sus títulos merecían.

Expusieron los religiosos con la mayor mesura posible al airado caballero las razones que les habían movido a tal determinación, apoyándose en la legislación vigente. Pero insistió él, bastante calmado ya, pasado su primer arrebato, en que si no podía ser sacerdote, al menos debían darle el hábito de religioso cooperador.

Aunque haciendo una excepción, accedieron a

su demanda, y le suplicaron que se dignase venir otro día, y en su misma presencia, comunicarían al donado este deseo.

Hoy, pues, vino de nuevo con el doble fin de ver a su hijo y de comunicarle lo que consideraba tan gran noticia... Pero ¡qué paisaje de luz se abrió en el fondo de su alma en los breves momentos en que vio a su mismo hijo arrodillado a sus pies, pidiéndole que no le quitase la dicha inefable de vivir humilde y escondido! Comprendió que ante la nobleza de su alma, de su santidad, no eran nada los títulos humanos de grandezas ni honras. Y mirando a fray Martín, sus ojos abiertos de sorpresa fueron velándose poco a poco con brillo cristalino. Y se le escapó un sollozo y abundantes lágrimas rodaron por su rostro, que cayeron sobre la cabeza de su hijo...

Comprendió que la humildad de éste no era humillación, ni deslustraba su nombre, como no deshonró a Cristo la cruz en que murió, y que él, caballero cruzado, ostentaba en su pecho.

Y fray Martín consiguió que le dejasen en su vida callada, de sumisa obediencia, barriendo claustros, haciendo cerquillos, en su puesto de donado.

Es un hecho innegable que san Martín, aunque profeso, fue siempre donado. Así lo declaran unánimes todos los que testificaron en el proceso de beatificación (2).

No volvemos a saber más de la vida de don Juan de Porres.

Es decir: sabemos que se casó, en una fecha incierta, más bien tardía, con una dama española, tía de doña Ana Contero, según testifica ésta en el Proceso de 1669 (3). Según otros informes, se llamaba esa dama doña María Aguilar de Avendaño, de la que tuvo cuatro hijos.

Don Juan regresó a España —según otras fuentes— y halló vivo a su padre, el anciano don Martín de Porres, abuelo de nuestro santo, que murió en 1606.

Según testimonio del padre fray Francisco Velasco en el proceso apostólico de 1679, don Juan volvió a reconocer, "en el testamento que otorgó a la hora de la muerte" (hacia el 1629) como hijo suyo a fray Martín. Rasgo que muestra su cristiana nobleza.

Doña Ana Velázquez se nos hunde en la sombra; y no hemos podido hallar dato alguno posterior al ingreso de su hijo en el convento. Cabe conjeturar que su muerte habría ocurrido hacia el año 1618.

Van pasando los días y los años, ocupado en servir fielmente, con ciega obediencia y caridad inagotable; porque una voz interior le habla calladamente. Y fray Martín, para que este divino susurro no se le pierda, procura, aún en sus ocupaciones, el más profundo silencio: Presencia de Dios, oración.

Por la mañana, ya está en devota actitud, esperando para oír y ayudar a misa. Como le gusta el recogimiento, va a las capillas laterales; y, con frecuencia, a la del santo Cristo, fundada por el capitán don Diego Agüero, uno de los compañeros de Pizarro, cuyo sostenimiento y culto corría a cargo de sus descendientes. Aquí la oye casi todas las mañanas. En este recogimiento matinal, fray Martín adora el gran misterio del sacrificio de Cristo. Y la llama de fervor que ahora se enciende en su espíritu le dura todo el día.

Y llegan las completas, hora canónica final del rezo Divino, tiernísima despedida del día, momento tan deseado de fray Martín. Terminan las completas... Van saliendo los religiosos. En el coro, confundidos con las sombras, varios religiosos rezan con fervor. Pasa el tiempo. Queda solo fray Martín, por cuya cara oscura brillan lágrimas calientes de amor. Las manos del donado se cruzan y aprietan contra el pecho, y su negro escapulario amontona, lento, pliegues en el suelo. Y es que se inclina más y más con gesto de adoración, escuchando el mudo lenguaje en que le habla Cristo desde la cruz...

Un ruido de pasos que se acerca, largo y monótono, le saca de su arrobamiento: los religiosos vuelven a coro para rezar maitines. Terminan éstos y salen nuevamente los religiosos.

El coro vuelve a quedar en la sombra, en la cual es un borrón luminoso oscilante la lámpara que arde ante el santo Cristo.

Fray Martín, apenas el último de la fila ha salido, cerrando en pos de sí la puerta, se pone de rodillas ante la santa efigie. El silencio es absoluto, interrumpido por sus sollozos incontenidos, que repercuten con angustia en la calma sedante de la iglesia. Y sus ojos cristalinos, con transparencia de lágrimas, miran suplicantes al Señor, para que le perdone y le ilumine siempre, a fin de corresponder a tantos beneficios.

Han transcurrido ya nueve años desde el día en que llamó a las puertas del convento. En este tiempo han ocurrido muchas cosas dentro y fuera, que apenas han dejado huella en su vida humilde, de trabajo diario y monótono, con su escoba y sus navajas.

Quizá de un modo circunstancial llegue a saber la sucesiva elección de provinciales y de cambios de virreyes en Lima. Se ha enterado de la muerte (1598) de su majestad católica el rey don Felipe II, anuncio que el prior de la casa ha hecho público a toda la comunidad, para que los religiosos recen por su alma.

Apenas sabe más del mundo. Recogido en su convento, sigue creciendo en virtud y desarrollándose hasta hacerse un buen mozo, de facciones bien formadas, con aire de graciosa seriedad y de porte sencillo, que se transparenta en los modales de su talle alto y bien configurado. Es un joven de veinticuatro años.

El consejo, apreciando los extraordinarios méritos del humilde religioso, decide darle la profesión. Con ello le admite plenamente en la Orden, aunque su hábito siga siendo el de donado.

Llegó el día 2 de junio de 1603.

Congregada la comunidad en el coro por el triple toque de campana conventual, el muy reverendo padre provincial fray Juan de Lorenzana le dice:

—¿Qué pides?

—La misericordia de Dios y la vuestra— replica él, postrado sobre la alfombra con los brazos en cruz.

—Levántese— ordena el prelado.

Modesto y humilde, oye las doctas y cálidas palabras del sabio y virtuoso superior, que le habla de renuncia, de imitación de Cristo y de las obligaciones que imponen los tres votos que va a pronunciar. Y termina su alocución preguntando:

—¿Estás dispuesto a profesar?

El, con gozo, que se le trasluce a través de su emoción, responde:

—Sí, padre.

Y, al decir "sí", pensaba que, hacía unos instantes, se hallaba en tierra formando una cruz. Al levantarse, deseaba seguir siendo un crucifijo viviente, clavado a la cruz del deber por los tres clavos religiosos —sus votos—. La imagen de Jesús crucificado quedaba grabada indeleblemente en su espíritu. Y hasta trataría de grabarla también en su carne.

El provincial concluye:

—*Dominus qui incepit...*
—*Ipse perficiet* —contesta la comunidad.

Fray Martín se arrodilla ante el padre fray Alonso de Sea, "Superior de él", que sostiene el volumen de las Constituciones, un libro encuadernado en pergamino. El mulato con sus manos toca las del prelado, y sus pulgares oscuros se destacan sobre el papel amarillento mientras pronuncia la fórmula de profesión, bien aprendida de memoria, porque está en latín y ha de pronunciarla bien. Resuenan, claras, sus palabras. Se nota que no hay en ellas nada de protocolario sino que en cada una de ellas parece volcar toda su alma, deseosa de entrega. Realmente, en estos momentos hace realidad profunda el vocablo "donado": se da a Dios para siempre por medio de la obediencia total a los superiores.

Después añade con deje de viva súplica:

—Recíbeme, Señor, según tu palabra, y viviré. Y no me confundas en mi esperanza.

Se levantó y fue a postrarse en venia junto al facistol, en medio del coro.

La comunidad, se arrodilló mientras cantaba la primera estrofa del himno:

> "Ven, Creador Espíritu,
> visita nuestras almas,
> e hinche nuestro pecho
> con el don de tu Gracia...

Acabado el himno, el padre maestro de los frailes cooperadores da una palmada y fray Martín se levanta. Y el padre provincial da fin al acto:

—*Adjutorium nostrum in nomine Domini*
—*Qui fecit coellum et terram* —contestan todos.

Salen del coro. Por largo espacio queda fray Martín suplicando a Jesús que le haga digno de vivir conforme a la dignidad con que le ha honrado. Quiere ser holocausto de amor a Dios y de sacrificio en provecho de sus prójimos, que son —primero— sus hermanos de convento. Y, después, cuantos vaya encontrando en su camino...

Su profesión es una donación perfecta... Con ella empezaba plenamente su vida de fraile cooperador, modelo para todos los demás en el cumplimiento del deber, enseñando el secreto de transformar los diversos oficios en medio de santificación, como se irá viendo en las páginas siguientes.

NOTAS

(1) "Verdadero tesoro de Indias", t. I, libr. II, cap. XII.
(2) Proceso Apostólico: Declaración de Fr. Domingo Gil.
(3) Proceso diocesano. p. 254.

CAPÍTULO IV

BUEN SAMARITANO

SUMARIO: ENFERMERO. CURACIONES CARISMÁTICAS. TÁCTICA DEL SANTO. ROPERO SOLÍCITO. EPIDEMIA CONVENTUAL. EL CASO DE FRAY FRANCISCO VELASCO. AMENAZA CUMPLIDA.

"Después que profesó —dice su biógrafo— le hicieron enfermero de la casa, al cual oficio acudió toda su vida con tanta solicitud y cuidado que causaba admiración y espanto".

Frases lapidarias, resumen de su actividad, desde hoy hasta el día de su muerte.

No escapaban al prior las excelentes cualidades del recién profeso para tan difícil cargo. La enfermería era grande y bien acondicionada, cual correspondía a una comunidad tan numerosa como ésta.

El era ideal para desempeñar oficio tan penoso. Hábil cirujano, entendía igualmente de medicina y farmacia. Un acierto poner a fray Martín en puesto tan delicado. Acierto cuyas consecuencias favorables no tardarían en probar.

Pero sobre sus conocimientos médicos están sus cualidades morales. Y éstas son las que inducen al padre Francisco Vega a confiarle este cargo. El enfermero requiere mucha paciencia, mansedumbre constante, amor a toda prueba, sacrificio continuo, sublime abnegación. Y nadie reunía estas condiciones en el grado en que las poseía fray Martín.

Se ha trazado ya su plan de vida, comenzando

por trasladar su catre, colchón, mantas y sábanas, sin olvidar el crucifijo tosco de madera y algunos libros que tiene de prestado —pobre ajuar— a un rincón de la ropería. Aquí se halla más cerca de los enfermos y está más retirado para dedicarse a la oración.

Instalado ya en la nueva celda, hace su programa, que observará, con pequeñas variantes, mientras viva: Concluída la oración común, baja inmediatamente a la iglesia para oír misa, y tras un parco desayuno, hace una visita a los enfermos, por si algo necesitan. Trata, en los primeros días de ir conociendo, con pulso fino, a sus clientes; pues ya que la obediencia y el amor le tenían sujeto a sus órdenes, quiere conocer perfectamente a sus "amos" para servirles con el mayor acierto y puntualidad. Poco tardó en conocerlos.

Al llegar a este punto, hemos de hacer una aclaración, y es que en esta fase de la vida de san Martín, parece que la cronología se desvanece. Resulta difícil en extremo situar en el tiempo los muchos datos que los testigos en el proceso de beatificación aportan referentes a su actividad como enfermero.

Al referir, con juramento, sus recuerdos, raro es el que precisa la fecha en que sucedió lo que narra.

Se saca, sin embargo, la impresión de que acontecieron en una época en que el santo se había impuesto ya dentro y fuera del convento por los hechos milagrosos que obraba Dios por su medio y por la intensa vida espiritual, que adquiría netamente perfiles carismáticos.

Indudablemente que hubo de transcurrir un lapso de tiempo, durante el cual vivía prácticamente consagrado, casi de un modo exclusivo, a los enfermos de la comunidad, que eran numerosos habitualmente. Por otro lado, las pestes de viruela y de tifus eran frecuentes. Varias había conocido él ya, incluso antes de ingresar en el convento.

Hizo época, precisamente en este aspecto, el breve gobierno del virrey, conde de Villardompardo; pues durante sus dos años de mando "hubo epidemias, hambres, terremotos y otros fieros males" —como refiere un historiador—.

Tenía, pues, en los comienzos sobrada tarea en las enfermerías conventuales sin pensar de momento en los de fuera.

Mas, conforme transcurrían los años, su radio de acción se comenzó a extender más allá de los muros conventuales hasta llegar a la ciudad entera con su actividad asombrosa. De ello iremos hablando después. Los hechos de carácter milagroso irán manifestándose dentro y fuera. Y su ambiciosa caridad irá ensanchando su radio de acción a toda clase de personas y de seres.

Así, pues, cuanto vayamos diciendo en lo sucesivo, y en el presente capítulo, tomado de los testigos, habrá que situarlo, como norma general, pasada la primera decena del siglo XVII.

En los comienzos de su oficio de enfermero, la tarea debería resultarle necesariamente abnegada, oculta, salpicada de mil pequeñas pruebas, nacidas de su íntimo contacto con los enfermos. Estos le ofrecían frecuentes ocasiones de ejercitar la mansedumbre, la humildad, la caridad más heróica.

Iba de celda en celda, visitando uno por uno a los enfermos, siempre con un saludo en los labios, lleno de jovialidad:

—¿Qué han menester —qué necesitan— los siervos de Dios?

Y cada uno le exponía su necesidad o aflicción.

El benignamente, en cuanto podía, la remediaba, "considerando a Dios en ellos, por Quien lo hacía".

Acabada esta obra de misericordia o jira, se volvía a su oración, "como lo vio este testigo muchas veces y lo experimentó en sí", según dice el padre fray Fernando Aragonés, que tanto hemos de mencionar en el transcurso de esta obra (1).

El padre fray Cristóbal de san Juan hace una descripción impresionante de su caridad para con los enfermos, que vale por todo un largo panegírico:

"A los religiosos enfermos les servía de rodillas; y estaba de esta suerte asistiéndoles de noche a sus cabeceras ocho y quince días, conforme a las necesidades en que se les veía estar, levantándolos, acostándolos y limpiándolos, aunque fuesen las más asquerosas enfermedades; todo con un corazón de ángel (2).

Buen ejemplo de esto es el siguiente caso:

Había en el convento un religioso sacerdote paralítico, tullido de pies y manos, con la lengua trabada, que no le entendían lo que hablaba; por lo cual perdía la paciencia, tanto que no era fácil servirle con agrado. A fray Martín le inspiraba honda compasión, hasta el punto de orar por él particularmente. Y su oración fue tan eficaz como para alcanzar del Señor que el enfermo hablase expeditamente y moviese con relativa soltura las manos, con lo que podía tomar los alimentos sin ayuda.

Causó esto admiración a los religiosos; pero mucho más el cambio que experimentó el enfermo, pues se hizo paciente, sufrido y manso como si fuera un cordero. Y, a pesar de vivir después muchos años con su dolencia, padeciendo mil incomodidades y trabajos, lo sufría todo con mucha mansedumbre, paciencia y risa (3).

Los enfermos no salían de su asombro al ver la puntualidad y desvelo con que el santo les servía a todas horas de la noche, sin saber cuándo dormía. Y cuando los demás religiosos les iban a visitar —como, por ejemplo, el padre Andrés López de Ortega— les referían todo esto de fray Martín (4).

Su pasmo habría subido de punto si supieran que las atenciones constantes que tenía para con ellos no le impedían cumplir con todas las demás obligaciones como eran los oficios de barbero, cirujano, ropero y enfermero, que "ejercía con tanta liberalidad, prontitud y cuidado —dice el padre fray Fernando de Aragonés— sin embarazarse en ninguna, que era cosa de admiración. Y era que como tenía el siervo de Dios a Dios en su alma, eran todos efectos de su divina gracia" (5).

Insensiblemente comenzaron a observar en el convento un fenómeno extraño: fray Martín distinguía claramente cuándo un enfermo necesitaba de sus cuidados, cuándo se hallaba en peligro de muerte y cuándo era una simple aprensión sin importancia.Y según los casos hacía o no acto de presencia de las formas más inesperadas y sorprendentes. Se puede afirmar que la actividad del santo en este orden comenzó a ser un continuo milagro, como se irá viendo en el transcurso de esta biografía.

Cuenta el padre fray Salvador de la Mota que "al enfermo que veía en peligro de la vida acudía con más asistencia, cuidando tanto de lo espiritual de su salvación como de lo corporal con las medicinas que eran necesarias".

Se retiraba a su celda poco después de expirar el enfermo a hacer sus oraciones y penitencias por él. Y volvía al poco rato. Y en el semblante que traía, se "reconocía el estado en que se hallaba el alma del difunto. Y así decía unas veces que le encomendasen a Dios. Y otras, con semblante alegre, no decía nada. Por lo que colegían que el difunto estaba en gloria (6).

Y refiere el padre fray Francisco de Santa Fe que "era cosa cierta en el convento que, en haciendo muchas visitas fray Martín a un enfermo, y le consolaba y le exhortaba en Dios Nuestro Señor, que moría luego. Y al contrario, aunque estuviesen otros oleados y ya acabando, si no entraba a visitarles a menudo, tenían salud y se levantaban de la cama. Y que a los que morían, los amortajaba y los enterraba, doliéndose mucho de ellos.

Después de enterrados, se iba al Capítulo y, sobre la sepultura, se estaba hincado de rodillas desde las nueve de la noche hasta las cuatro de la mañana, haciendo oración por el difunto (7).

Refiere a este propósito el padre fray Alonso de Arenas que habiéndole buscado en cierta ocasión para un enfermo, le preguntó:

—Fray Martín ¿dónde habéis andado? Pues os andaba buscando para atender a un enfermo.

El respondió:

—Váyase, hermano, que ese padre que dice que está necesitado, no tiene necesidad.

El mismo padre fray Alonso de Arenas Añano cuenta otro suceso que le relató el padre fray Antonio de Olmedo:

Hallándose éste una noche a deshoras en su celda encerrado por dentro, con un grave accidente de dolor de riñones, oyó que tocaban en la puerta:

—¿Quién es? —preguntó quejumbrosamente.

—Abra, padre —respondieron de fuera.

Conoció en la voz que era fray Martín. Como pudo, se arrastró hasta la puerta y la abrió. Entró el santo con unas claras de huevos en un plato mezcladas con vinagre.

—¿Para qué son? —preguntó.

—Para curarle su dolencia.

Efectivamente, le curó, y le dejó aliviado.

El enfermo quedó perplejo de la entrada inesperada del enfermero, que así había conocido su repentino mal.

Este mismo padre habla de otra curación que obró en él san Martín cuando aquel era todavía novicio:

Le sobrevino un dolor de muelas tan intenso,

—"tan intrínseco" dice él— que no le dejaba dormir ni comer ni descansar.

Llamó a fray Martín para que se la sacase' por ser como era cirujano. Este sentó al paciente en el suelo, y "con el gatillo en la mano para sacarle la muela", le preguntó:

—¿Cuál es?

Y le metió el dedo en la boca para tentarla.

El novicio le contestó:

—Esta.

Y en el instante en que el dedo del santo se posó sobre ella, se le quitó el dolor "como si nunca lo hubiera tenido". Así se lo dio a entender:

—Fray Martín, ya no me duele.

Y se levantó sin que la sacase (8).

El caso que nos refiere fray Hernando de Valdés de sí mismo es bien expresivo:

Hallábase éste enfermo de "una gravísima enfermedad de tabardillo" —tifus exantemático— hasta el extremo de ser desahuciado por los médicos, "oleada y encomendada su alma".

Entró en esto fray Martín y el enfermo se le comenzó a quejar con sentimiento y mimo:

—Gracias a Dios que se ha dignado venir a visitarme. ¿Es posible, hermano, que tenga tan poca caridad que se pasen los días sin verme estando yo tan malo y con tanto riesgo?

Fray Martín, sonriendo, replicó:

—Sabía yo, chiquito, que no os habíais de morir, y por eso no os visitaba. Y así no se me daba nada de vuestra enfermedad. Porque cuando yo visito mucho a un enfermo, es cierto que se muere y no tiene remedio (9).

Eso mismo volvería a repetir en otra ocasión, como se verá más adelante. Y tan evidente era que ya lo daban como axioma, por ser "una circunstancia tan sabida como experimentada en el convento".

En este discernimiento de los enfermos no había

sólo intuición médica, de la que dio muestras claras —como se irá viendo—, sino que ya empezaba a entrar el aspecto carismático de profecía, que utilizaba para llevar a los pacientes los auxilios espirituales de los sacramentos. Ello constituye la tónica de sus actividades como enfermero: no sólo de los cuerpos sino también de las almas.

Guiado por este superior instinto, hubo de remediar más de una vez descuidos de otros enfermeros.

Porque san Martín de Porres no era el único del convento, sino —como se dice más adelante— el "jefe efectivo" de todos los encargados de la enfermería aunque no lo fuese oficialmente.

Tenía él una particular confianza y amistad con fray Fernando Aragonés, a quien debemos mucho de lo que en esta biografía se narra, y le comunicaba muchas intimidades del oficio. Por eso las impresiones de este testigo son tan vivas. Muchas veces recoge diálogos tenidos con él, por los cuales entendía fray Fernando cómo era el santo "por dentro".

Cuenta, pues, que "estando muy malo el padre fray Fernando de Valdés, sacramentado, con las "tablas a la puerta" con una modorra mortal, sus padres presentes le lloraban ya como muerto. El suceso corresponde a la época en que el enfermo era novicio. Entró a verle fray Martín. Le tomó el pulso y "no le halló, por tenerle la fiebre dementado".

Fray Fernando Aragonés salió con él de la celda y le preguntó:

—¿Qué le parece de este enfermo?

—Malo está —respondió él.

—¿Por qué no dice que está muy malo?

—¿Ve que está muy malo? Pues no ha de morir —replicó.

—Buenas nuevas serán para sus padres —comentó aquél.

Y fray Martín le rogó:

—No digáis nada, nada digáis que yo hablé palabra acerca de esto. Dejadlo al tiempo, que breve será.

Vino el doctor, le mandó sangrar y purgar. Y, sin más medicina, curó el enfermo.

En cambio, fue distinto el diagnóstico que dio del padre fray Lorenzo de Pareja. Andaba en pie y quejándose de sus achaques. Fray Martín, al verle, dijo a fray Fernando:

—Este viejo ha de morir muy aprisa.

Y mandó que le visitase el médico. Este ordenó que le diesen los sacramentos.

El enfermo, enterado de lo que había dicho el doctor, acaso para convencerse a sí mismo de que no era tanto el peligro de muerte, "pidió vestir y se vistió y se sentó en una silla".

Fray Fernando, al verle con tanto ánimo, "no puso mucho cuidado en solicitar lo que el médico había mandado".

En este momento llegó fray Martín y le quitó de las manos lo que estaba haciendo —vestir al enfermo— y le dijo:

—Vaya vuestra reverencia a dar aviso para que le traigan a este enfermo los santos sacramentos, no sea que se muera sin ellos.

Salió fray Fernando a cumplir la orden.

Y concluye su relato:

"Antes que el acompañamiento que vino con el Señor saliese del último arco de la enfermería, había expirado el padre fray Lorenzo de Pareja" (10).

Oficio relacionado estrechamente con el de enfermero era el de ropero. Y en esto mostró una solicitud extrema y vigilante. Del orden y aseo de sábanas, mantas, frazadas, colchones y mudas interiores y hábitos dependía mucho el que los enfermos estuviesen a gusto. En este cuidado se mostró fray Martín hasta exigente, no sólo consigo mismo sino también con los demás.

Es este detalle de la limpieza uno de los rasgos que mejor manifiestan el carácter del santo y el sentido de responsabilidad que tenía con relación al oficio que desempeñaba. Y una muestra de esa especie de intuición médica que mostró tener en alto grado en todo su largo ejercicio.

Se daba cuenta de la estrecha relación que existe entre el aseo más esmerado y la eliminación de enfermedades, sobre todo de tipo contagioso. Y la íntima relación existente entre la suciedad y la epidemia. Naturalmente que ignoraba, como todos los de su época, las causas verdaderas de las enfermedades endémicas —los microbios—; pero intuía por instinto el influjo grande que ejercía en el proceso de la enfermedad el que los enfermos estuviesen o no atendidos en este aspecto.

De aquí su gran desvelo para que lo referente a higiene en habitaciones y ropa se hallase todo a punto.

Es, por consiguiente, también explicable su vigilancia sobre el particular.

Para explicarse, a este respecto, algunos pormenores es bueno recordar las circunstancias de la vida conventual de la época y ambiente de Lima. La comunidad heterogénea que vivía en santo Domingo de Lima —grandes dignidades, noviciado, colegio de estudiantes, catedráticos, predicadores, "doctrinantes", frailes cooperadores, donados, numerosa servidumbre de color, familiares— traía consigo necesariamente una cierta e inevitable laxitud en la clausura. Iremos viendo cómo muchos seglares, periódicamente, vivían en ciertos departamentos del convento, tales como la enfermería y hospedería. Por otro lado, las familias de no pocos religiosos, especialmente novicios y estudiantes, residían en la misma capital de Lima.

Los enfermos, inevitablemente, tratándose de la época referida, tan atrasada en el conocimiento y evitación de las epidemias periódicas, tenían que ser muchos, de toda edad y condición.

Hoy, bien avanzada la segunda mitad, del siglo XX, la medicina dio pasos de gigante en el aspecto sanitario, así como en el conocimiento de las enfermedades y sus causas. Al menos en las enfermedades de tipo epidémico. Y es que la ciencia al servicio de la salud humana, servida con entusiasmo científico casi sagrado, ha llegado a conocer el diagnóstico de las dolencias y poner el remedio conveniente.

Aún en comunidades numerosas, ya no es fácil que se den casos de contagio colectivo. Y apenas hay más enfermos que los normales. Se puede afirmar que la época de las epidemias, con la terrible virulencia de épocas pretéritas, ha pasado.

Volviendo, pues, al convento dominicano de Lima en aquel siglo XVII, se comprende la situación que se acaba de refirir: los numerosos enfermos, de índole diversa, que había dentro de su cerco.

Esto explica que hubiese varias enfermerías para los diversos sectores de la numerosa comunidad.

Y todas ellas quedaban bajo la autoridad inmediata de fray Martín de Porres, quien ejercía —con anuencia de los superiores— un poder indiscutible sobre todo lo relacionado con ella y sus servicios. Uno de éstos, el de la ropería, que había organizado admirablemente.

"Siendo tan sumamente pobre para sí —dice el padre fray Alonso de Arenas—, tenía dominio sobre la hacienda de los hombres seglares, de tal suerte que con su pobreza suma pudo organizar una ropería que se llegó a evaluar en más de seis mil pesos, de la que surtía a los religiosos. Todos los sábados cargaba una canasta de ropa limpia e iba de celda en celda para repartirla a los religiosos. Y los lunes volvía de la misma suerte a recoger la que se habían quitado. Cada pieza tenía su marca. En su celda tenía —fray Martín— sus cajones de madera numerados correspondientes a los números de la ropa. Todo con mucha curiosidad y limpieza" (11).

Este esmero y diligencia en guardar lo que era de los religiosos, enfermos y necesitados, se echa de ver en algo muy sorprendente que nos dice del santo fray Francisco Aragonés, "a quien conoció desde que tomó el hábito hasta su muerte, que fueron veinte años, catorce de los cuales convivió con él como enfermero mayor":

"Sabía —dice— los hurtos que se hacían de la ropa y de la ropería, y quién se lo había hurtado y dónde lo tenía. Iba y lo sacaba de donde estaba y lo volvía a ella" (12).

Y, a modo de ejemplo, refiere tres cosas:

Habiendo ido un mozo a la ropería para sangrarse, le sangró fray Martín. Desmayóse aquél y el santo le acostó sobre una "cuja" o catre.

Entró, de pronto, un hombre para hablar con el santo y salieron.

Entretanto, volvió en sí el mozo y, al verse sólo, cogió dos sábanas de una cesta y las guardó en los calzones. Volvió fray Martín y el joven hizo ademán de salir, despidiéndose. Pero aquél le detuvo:

—Vuelva acá y ponga en la canasta las sábanas que lleva en los calzones, que tienen los enfermos poca ropa y hacen falta.

Así lo hizo, avergonzado.

En otra ocasión, un negro de la enfermería se fue a quejar a fray Martín:

—Padre, que me han quitado la cama, que era un colchón y una frazada.

—¡Aguardadme aquí! —le dijo.

Y fue a la celda de un religioso y la sacó de allí diciendo:

—Padre, si su muchacho no tiene cama, cómpresela usted y no vaya el muchacho a hurtarle la cama al negro.

La cargó al hombro y salió.

El padre quedó de una pieza. Ignoraba, sin duda, que su fámulo hubiera hecho semejante fechoría.

Fray Martín llegó a donde estaba el negro esperando y se la dio:

—Tomadla e idos con Dios.

Otra vez había puesto a secar un colchón que había mojado un enfermo. Luego se olvidó. Cuando después fue a buscarlo, ya no estaba. Entonces fue a la celda de fray Fernando Aragonés y le dijo:

—Venga conmigo.

Como era ya de noche, cogió la vela de la celda de aquél y se fueron a buscarlo a un sótano muy oscuro donde lo habían arrojado (13).

Sobrevino, en fecha que no queremos precisar, pero que ya fray Martín andaría por los cuarenta años de edad, una peste llamada "alfombrilla" o sarampión —tifus—, que produjo muchas bajas en el convento. Era una de tantas a las que aludimos anteriormente.

Podemos localizar estos sucesos hacia el año 1621.

Nuevamente recogemos aquí el informe del padre fray Fernando Aragonés, porque constituye un acabado resumen de la actividad que desplegó el santo en todo el tiempo que duró el mal. Hubo hasta sesenta enfermos, "los más de ellos, mancebos novicios", que se manifestaban con altas calenturas, "que se subían a la cabeza, con que deliraban, teniéndoles dementados", sin que pudiesen los enfermeros aplicar las medicinas convenientes.

"En esta ocasión —dice— anduvo el siervo de Dios sin parar de día ni de noche, acudiendo a los enfermos con ayudas, defensivos cordiales, unturas, llevándoles también a media noche azúcar, panal de rosa, calabaza y agua para refrescarles. A estas horas entraba y salía maravillosamente en el noviciado con las puertas cerradas y echados los cerrojos o "cercos".

Cuando fray Fernando iba por la mañana a visitarles, sabía por ellos que había estado fray Martín "dándoles a todos los que se les habían quitado las calenturas el refresco del agua; a los que estaban sudando les había quitado las camisas y les hacía las camas". Y era para todos "un espíritu, manos y obras en servicio de Dios; para los enfermos, compasivo y misericordioso; para los pobres, socorro; y para los que padecían trabajos, consuelo" (14).

Tal es la semblanza que nos hace de fray Martín como enfermero quien más íntimamente le ha tratado.

Y hablaba también por experiencia. Dos años antes le había sanado de una grave dolencia. Así narra su curación:

Por el año 1619 se sintió mal de un fuerte dolor de costado, hasta el punto de ser desahuciado por los médicos. Había recibido el viático y la extremaunción; y los padres le velaban ya con las "tablas" en la puerta para llamar a la comunidad en el momento en que expirase. Así transcurrió el día. Por la media noche, presentóse fray Martín. Tomando el pulso al enfermo, le dice:

—¿Le duele mucho el costado?

El paciente responde:

—Tanto que me quita la respiración.

El santo le examinó más detenidamente, la boca, los labios. Y al vérselos tan resecos, le dio un poco de agua. El enfermo siente con ello no poco alivio. Aquél le anima diciéndole:

—Aliéntese, que aunque le han desahuciado los médicos de la tierra, el Médico Celestial no le ha desahuciado. De esta enfermedad no ha de morir ahora. Aunque, de esta enfermedad, andando el tiempo, puede ser que muera.

Y le puso las manos en el costado, le fajó con una venda y en ella puso unos cogollos de alfalfa, con lo que le quitó el dolor y se quedó dormido.

Fray Martín se recostó en la cama del enfermo para velar su sueño.

El paciente despertó al siguiente día sin dolor y al cabo de unos días recobró la salud. Atribuyó su curación a milagro del santo. Y alabó al Señor por ello (15).

Unos cuantos hechos mostrarán la verdad del precedente "panegírico" sobre el esmero del santo con los enfermos:

Y sucedió... Era bien entrada la noche, hacia la una. En el clausto del noviciado se oía un quejido prolongado y lastimero. Fray Vicente se revolvía en la cama suspirando y llamando en su ayuda al enfermero.

—¡Oh, fray Martín! ¡Quién me diera túnica que mudarme!

Volvióse con ademán brusco, pues estaba de cara a la pared, porque dentro de la celda había una persona... Era fray Martín, sonriendo dulcemente mientras ponía en el suelo un brasero y un sahumador y doblada en su brazo derecho una camisa nueva. El novicio le preguntó lleno de asombro:

—¿Cómo ha entrado?

—Callad. No os metáis en eso —le responde afable, poniendo su índice sobre la boca.

Rápido le desnuda de su empapada camisa y le envuelve en una de las sábanas de la cama, dejándole unos minutos así, mientras calienta la camisa en el brasero aromatizado, que traía en el sahumador.

Abrese, en esto, la puerta, y asoma el padre maestro de novicios, fray Andrés de Lisón, y ve a fray Martín que, vuelto de espaldas a la puerta, calentaba la camisa, teniéndola por las mangas sobre el brasero. Suspenso de admiración, cierra nuevamente la puerta al salir, con cautela, para que el mulato no le vea.

Quiere averiguar por dónde sale después; porque no ha podido entrar por la puerta del noviciado, ya que estaban corridos los cerrojos y cerrada con llave, que guardaba él.

Y pasea por el claustro atento a la puerta.

Largo tiempo estuvo en acecho, pero fray Martín no salía. Se decide, por último, a entrar en la celda. Aquel ya no estaba. El novicio dormía como un angelito entre las mantas bien compuestas, fuera de las cuales apenas se veía la mitad superior de la cara. Sale de puntillas para no despertarle, y luego, con paso movido, se dirige a la puerta del noviciado. Está cerrada, como antes.

Entonces cae en la cuenta: Es confesor y director espiritual de fray Martín y conoce su santidad.

A partir de este día se sucedieron los repentinos socorros de fray Martín a los enfermos. Corrían por el convento de boca en boca multitud de relatos sobre el particular. Aquellos, casi de una manera abusiva, le invocaban en sus necesidades y hasta en sus caprichos, y siempre tenían a punto lo que necesitaban o lo que su antojo les sugería. Ya no era sólo el don de sutilidad —presentarse en un instante, penetrando a través de las puertas cerradas—; era también conocer los deseos de los enfermos, muchas veces expresados mentalmente nada más. Algunos hechos, narrados más tarde por los mismos interesados, ponen de manifiesto esto mismo. Como el siguiente:

José Pizarro —descendiente, sin duda de la familia del fundador de Lima— ejercía en el convento de santo Domingo el oficio de ensamblador. Una mañana, entre ocho y nueve, se dirigió a la celda de fray Martín, con quien tenía mucho trato y a quien conocía desde el año 1619, para pedirle que le diese de almorzar, como hacía otras veces.

Al llegar a la puerta, vio que salía de la celda fray Martín con medicamentos y que entraba en la celda de un enfermo. No le quiso interrumpir. Pero se dispuso a esperarle a la puerta de la celda, que había dejado abierta.

Así estuvo algún rato, atento y observando para ver cuándo regresaba. De pronto vio que fray Martín salía de su celda y le llamaba:

—¡Venga su merced, don José!

Este no salía de su asombro:

—¿Por dónde habrá entrado, que yo no le vi?

Sin explicarse el misterio, entró, recibió el almuerzo que le daba el siervo de Dios y se fue.

Mas quería descubrir el secreto. Por eso "anduvo e inquirió toda la celda alrededor a ver si había otra puerta por donde hubiese entrado sin que él lo hubiese advertido. Mas no había más que aquella en la que le había estado esperando.

Contó después el extraño caso a varios religiosos del convento. Pero le dijeron que no era nuevo sino ordinario en el venerable donado (16).

Pasó al fin la epidemia. Los estudiantes y novicios en sus recreos, evocan la figura graciosa, un poco aviejada, y recuerdan los episodios de su enfermedad. Fray Juan Ramírez relata a sus connovicios la escena de aquella noche en que le trajo una rica naranja azucarada.

Fray Pedro de Río narra también un caso parecido. Y casi todos cuentan algún suceso prodigioso de sus largas noches de insomnio. Por eso, cuando ven a fray Martín, le dirigen una mirada de gratitud.

En un grupo refiere un novicio lo que le aconteció una noche con fray Martín, y sus compañeros escuchan con ansiedad pintada en sus ingenuas caras de niños. El que habla es fray Francisco Velasco.

Este mismo volvió a referir su curación en el Proceso Apostólico (1679) cuando él tenía sesenta y seis años.

Aunque su relato coincide sustancialmente con el nuestro de las ediciones precedentes, basado en el padre Juan Meléndez, tiene, sin embargo la gracia de la naturalidad y la fuerza de lo que es recuerdo personal. Por eso preferimos atenernos a su relato, con leves modificaciones gramaticales. Lo recogemos de la biografía escrita por don José María Sánchez Silva.

Fray Francisco había estado enfermo durante el noviciado tres veces. La última, de suma gravedad, al extremo de haber recibido ya los sacramentos. Había estado en Limatambo para reponerse. Pero, en vano. Antes volvió empeorado, hidrópico y con una calentura "pegada". A fin de que no le diesen agua los novicios, los superiores dispusieron recluirle en una celda, pues era violentísima la sed que padecía.

Y una noche, hacia la una, cuando más fatigado y afligido se hallaba, vio de repente dentro de la celda al siervo de Dios que traía en una mano "una bacinica de azófar vieja, hecha brasero con carbones encendidos en ella; debajo del brazo, una camisa; y romero en ella. Llegándose a la cama, le ayudó para que se levantase, y le sentó junto a ella en un banquito y le tapó con un cobertor. Luego, poniendo cerca el brasero, sacó el romero de la manga, y lo echó en las brasas.

El novicio, muy atento a sus movimientos, le dijo admirado:

—¿Cómo y por dónde habéis entrado, siendo más de media noche y estar las puertas del noviciado y de la celda cerradas?

Respondió fray Martín:

—¿Quién os mete en eso, chiquito?

Y le dio una bofetadilla con suavidad diciéndole:
—No seáis tan bachiller ni tan vivo.
Y después se fue hacia la cama, sacudió y volvió el colchón de un lado a otro, haciéndola de nuevo. Y, llegando a donde estaba el enfermo, le cogió y le condujo a la cama, le limpió el sudor del cuerpo, le quitó la camisa y le puso otra limpia caliente y sahumada con romero.
El novicio le preguntó si moriría de aquella enfermedad. El respondió:
—Chiquito ¿quiéreste tú morir?
Y respondió que no.
—Pues no te morirás —replicó fray Martín.
Y desapareció.
El enfermo quedó muy consolado y totalmente aliviado con el prenuncio que había recibido. Y se quedó dormido, cosa que no había podido hacer en dos meses.
A la mañana siguiente fue a verle el padre maestro fray Andrés Lisón, que le preguntó cómo se hallaba y cómo había pasado la noche. Y añadió:
—He venido antes a verle y me alegré de verle dormido.
Respondió él:
—Padre maestro, los maitines de a noche ¿fueron a prima noche o a media noche?
—A prima noche —contestó— "por ser en tiempo en que lo permite la Constitución a esa hora".
Volvió a preguntar el novicio:
—¿Y quién guardó las llaves del noviciado de la primera y segunda puerta?
—Yo, hijo —respondió el Maestro—, que duermen debajo de mi almohada. ¿Por qué lo preguntas?
Entonces le contó lo sucedido por la noche.
Y le mostró la bocamanga de la camisa que tenía puesta, con la marca de la enfermería.

El padre, sin mostrar mucha admiración, contestó:

—Como esto, sabe hacer este mulato cuando quiere y conviene. No hace mucho que sucedió lo mismo con un hermanito llamado fray Juan de Requena. Y con otro llamado fray Juan de Guía, con quienes hizo otro tanto.

Y exhortó a su novicio:

—Así, pues, quieran mucho a fray Martín, que además de quererles como a hijos, es un santo.

Acabado de decir esto, antes de salir el padre de la celda, entró el médico en ella. Aquél refirió a éste todo lo sucedido. Y el médico exclamó:

—Si tienen estos médicos, ¿para qué traen a los de fuera? Esto no es cura de hombre sino de Dios. Téngalo por milagro asentado, porque de otra suerte no era posible que viviera este religioso.

Efectivamente, en pocos días se sintió del todo restablecido. Bien es cierto que aún permaneció en cama tres o cuatro días. Pero se le había ido la calentura y la hidropesía, "de manera que después doblaba el pellejo de la barriga". Y no le quedó más que la debilidad, "por lo cual traía un bordón en qué arrimarse".

Habiéndose divulgado este suceso tan prodigioso por el convento, el padre maestro fray Gabriel de Zárate, provincial, con el presentado fray Francisco de Paredes, su secretario, examinaron al novicio conforme a las normas constitucionales de la Orden. Y él volvió a referir el caso (17).

Hay otro suceso muy similar, que es éste:

Por el año 1630 era Maestro de novicios en el convento de santo Domingo de Lima el padre fray Juan Fernández. Entre sus novicios tenía uno, fray Matías de Barrasa, muy enfermo.

Era portero del noviciado fray Francisco Guerrero, fraile cooperador. Este, una noche fue a visitar al novicio enfermo para ver si quería algo:

—Haga el favor de llamar a fray Martín de Porres, le contestó el novicio, para que me alivie y consuele en estas congojas que padezco.

—Ahora mismo voy a decírselo al padre maestro.

Se presentó a éste:

—Padre, fray Matías dice que si puede venir fray Martín de Porres para que le consuele.

—Ande, vaya a abrir la puerta del noviciado y avise al venerable enfermero.

Cuando fray Francisco fue a cumplir el encargo, eran las diez de la noche, se cruzó con el santo que entraba en aquel momento y se dirigía a la celda del enfermo. Le acompañó. Y cuando hubo terminado, fue con él hasta la portería del noviciado, le abrió la puerta y san Martín salió (18).

La vida conventual volvió —pasada la plaga— a su normalidad de siempre: Rezo en el coro, estudio asiduo en las celdas y las clases. Los enfermos de costumbre. Y como si Dios sintiera privar a su siervo de favores tan portentosos, él siguió acudiendo de modo sobrenatural a los llamamientos suplicantes de los enfermos.

Mas, si se esmeraba tanto con los enfermos, no podía, en cambio, tolerar que alguno fingiese estarlo para obtener ventajas, porque veía en ello un grave mal para el alma. Y hubo de hacer, en este sentido, alguna seria represión.

Sucedió que un "mancebo colegial" quiso aprovechar la coyuntura de la enfermedad para irse a casa unos días, fingiendo estar enfermo. A este fin "le dio un regalo al doctor que le curaba". Este le dio un certificado. Con él se presentó al prelado, que le dio licencia, en virtud del informe médico.

Lo supo fray Martín y buscó el joven, que ya salía con la capa puesta. Le detuvo:

—¿A dónde va, hermano?

—A curarme a casa —respondió aquel.

Y fray Martín le advirtió:

—No vaya, por su vida, que no tiene enfermedad que le obligue. Y si porfía, iré al prelado y le diré que le quite la licencia.

El colegial se enojó "y le habló con libertad". Fray Martín le respondió:

—Vaya, hermano, que Dios le castigará, porque se finge enfermo.

Y así sucedió, porque al cabo de pocos días le trajeron muerto de su casa (19).

Vemos, pues, el sello de lo sobrenatural en el oficio que fray Martín ha abrazado con tanto amor. Pero ¿qué de extraño pueden tener estos efectos de la caridad cuando la caridad misma que ardía en su pecho era más sobrenatural todavía? Dios no hacía más que manifestar con fenómenos externos lo interior que Él había puesto en el alma de su humilde siervo.

Pero su caridad ya no se constreñía al ámbito del convento, sino que desbordaba al exterior, haciendo extensivos sus efectos a cuantos necesitados encontraba en su camino.

Con ello, fray Martín iniciaba una fase nueva de su vida: la del apostolado social, enfocado a salvar almas.

NOTAS

(1) Proceso diocesano: págs. 126-127
(2) " " " 100
(3) " " " 129
(4) " " " 200
(5) " " " 127
(6) " " " 286
(7) " " " 320-321
(8) " " " 220-221
(9) " " " 170
(10) " " " 134
(11) " " " 219
(12) " " " 129
(13) " " " 135
(14) " " " 124-125
(15) " " " 131
(16) " " " 251-252
(17) Sánchez-Silva: S. Martín de Porres. C. VII. pp. 196-9.
(18) Proceso diocesano: págs. 274.
(19) " " " 125

CAPÍTULO V

HOSPITAL DE DIOS

SUMARIO: LA OLLA MILAGROSA. LA PORTERÍA, CITA DE CARIDAD. FRAY MARTÍN BARRAGÁN. UNA ORDEN "INCUMPLIDA". RESPUESTA INESPERADA.

Un día fray Martín, de regreso al convento, se encontró en una calle con un pobre anciano de paso vacilante, lleno de miserias, por entre cuyas ropas destrozadas asomaban sus carnes llenas de úlceras. El santo le sube a sus espaldas, con gran sorpresa del pobre hombre, y entra por la portería falsa, para huir de miradas indiscretas.

Acuesta al enfermo en su propia cama —un catre con cuatro tablas— sobre un mullido colchón, y le arropa con una franela limpia. Y le dice que puede quedarse a vivir en su propia celda.

Fue uno de tantos pobres como tuvieron la suerte de hallar en su camino la caridad de fray Martín. Otros acudían a él en busca de remedio a sus dolencias y de socorro para sus estómagos vacíos.

Es otro de los aspectos en que insisten los testigos del proceso de beatificación.

Sirva de ejemplo lo que dice el padre fray Fernando Aragonés: "Se ejercitaba en la caridad día y noche, curando y sangrando a los enfermos, dando limosna a los españoles, indios y negros, que a todos los quería, amaba y curaba con singular amor y caridad. Casó huérfanas, vistió pobres. Y a muchos religiosos necesitados remediaba en sus necesidades. Y ninguno llegó a pedirle por Dios que fuese desconsolado.

Así mismo, a la puerta de la portería le esperaban españoles pobres para que les curase postemas y llagas incurables, envejecidas y rebeldes a la medicina; y en cuatro días que les curaba y ponía las manos, las reducía a mejor estado sanándolas. Lo mismo hacía a los indios y negros.

Cuenta un rasgo, digno de mención, que confirma lo que acaba de decir:

A la hora de comer, al mediodía, iba al refectorio y llevaba una taza y una olla para recoger su comida y lo demás que sobraba a los religiosos que comían a su lado. Y si veía algún pobre a la puerta del refectorio, era notable su inquietud hasta darle de comer. Y en habiéndole socorrido, se aquietaba. Y con no comer él más que pan y agua, quería que todos comiesen muy bien. Y acabando de comer, sacaba su olla y su taza llena de comida y se iba a la cocina de la enfermería en donde le esperaban en esas horas pobres españoles, negros e indios enfermos, y pobres de la vecindad con ollitas; y perros y gatos que a tal hora esperaban el sustento de manos del siervo de Dios. Antes de hacer el reparto, con gesto amable, echaba la bendición a los alimentos diciendo:

—Dios lo aumente, por su infinita misericordia.

Y así parece que sucedía, pues comían todos y llenaban sus ollitas fuera y quedaban todos contentos, hasta los perros y gatos.

Al acabar el reparto, quedaba gozoso. Y decía:

—No hay gusto mayor que dar a pobres. Y bien miserables son los avaros que de tal gusto se privan.

Significativo en extremo es lo que refiere el padre Juan Vargas Machuca.

Este escribió una oración en honor de san Martín de Porres, que imprimió.

El motivo de escribirla, aparte de la devoción que el santo le inspiraba, fue que —refiere él mismo— "habiendo visto al padre Nonposum, franciscano, religioso conocido de santa vida, ya cercano a la muerte, éste le dijo:

—¿Cómo los superiores no pintan al santo fray Martín por padre de los pobres repartiéndoles pan? (1).

Claro está que, para estas fechas, ya san Martín había muerto. Pero es el testimonio de lo que había hecho en vida.

¿Cómo se creó este ambiente popular en torno al santo mulato?

Era la portería posterior del convento centro de reunión diaria de innumerables indigentes. Ya significaba bastante el que en una de las dependencias de la portería hubiese un refectorio para los pobres.

Todos los días a las doce, se reunía una gran multitud: españoles, gente aventurera en su mayoría, que vino a Indias soñando con riquezas; soldados de origen humilde; indios, mulatos negros, desprovistos de todo socorro. Y acudían a santo Domingo porque sabían que allí tenían las puertas abiertas para remediar sus más urgentes necesidades. Entonces acontecía en Lima lo de siempre: En los centros de mayor riqueza y lujo es donde hay más indigencia y miseria. Lima, en la época que historiamos, era la primera ciudad de América, la metrópoli del oro y asiento del virrey más poderoso de toda la inmensa monarquía española. Diariamente distribuía el portero, aparte de otras cosas, cien panes entre los necesitados.

El padre Juan Salinas, en su obra sobre la ciudad de Lima, (año 1630) detalla algunas de estas "otras cosas", al describir el convento del Rosario: "Daban 246 panes pequeños de a cuartillo cada día en la portería. Los domingos, 15 carneros crudos para 50 casas de mujeres españolas pobres, fuera de los cocidos y aderezados que cada día se repartían a los pobres que comen en la portería, que todos juntos hacen cada semana 21 carneros. Demás de esto se añade toda la carne que dejan los religiosos y los pedazos de pan, que de ordinario llenan dos canastas grandes. Y las cuaresmas, los viernes y los sábados, reparten mucho pescado, garbanzos, fréjoles, etc." (2).

Muchas veces, cuando fray Martín de Porres salía o entraba, hallábase con esta turba, llena de miserias, y se conmovía de lástima. Nunca dejaban de venir algunos enfermos o ulcerados. De éstos se encargaba él. Y practicaba sus habilidades de cirujano con tal acierto y cariño, que a los pocos días los dolientes curaban de sus heridas.

Conforme pasan los días, aumenta el número de los enfermos. Y como todos son bien recibidos, va corriendo el rumor de que el santo negrito del Rosario cura de modo portentoso a cuantos a él acuden. Parece que todas las miserias de Lima van a la portería de santo Domingo, como si aquí estuviese el hospital común.

Diez hospitales había en la ciudad: El de san Andrés y Santiago, para españoles; el del Espíritu Santo, para las gentes del mar; el de san Pedro, para sacerdotes; el de san Bartolomé, para los negros libres; el de san Lázaro, para los leprosos de cualquier raza; el de la Inocencia, para los niños expósitos; el de san Cosme y san Damián, para mujeres españolas; el de santa Ana y Nuestra Señora del Carmen, para indias... Pero el que no conocía distinciones de rangos, de sexos ni colores, era el que fray Martín había establecido en la puerta del convento.

Aquí está, pues, los ratos en que los enfermos de la comunidad no le necesitan, con vendas, gasas, vino, cataplasmas, drogas hechas por él mismo, cubos de agua caliente, instrumentos para cortar y sangrar; sentados los dolientes en sillones y él de rodillas, cuídales con desvelos de madre y amor desbordante de santo. Le ayuda en esta faena el portero, que también siente viva compasión por ellos

A su vez, fray Martín se ofrece a suplir al portero cuando éste lo necesita. Porque el portero también tiene la obligación de recibir a los pobres.

Espera que se reúnan todos. Y, organizando grupos diferentes, —españoles, indios, negros y mulatos— les distribuye su ración de pan y les manda pasar en orden al refectorio, que forma una de las dependencias de la portería.

El se destaca en medio de aquel abigarrado grupo, y sobresale, como a flote, su cabeza, algo morena, de pelo negro salpicado de abundantes canas. Porque fray Martín Barragán es un buen tipo extremeño de gran estatura y de corpulenta constitución; un hércules vestido con el hábito dominicano de fraile cooperador. Tiene por estas fechas —año 1630— unos sesenta años.

Por todo esto, su presencia impone respeto a la turba de pordioseros, aunque su amabilidad inspira, por otro lado, gran confianza.

Al frente, pues, de su "tropa" entra en el comedor, en donde se halla ultimando los detalles su ayudante fray Blas Martínez. Los indigentes se colocan por grupos, como vienen; y cuando todos se han sentado, fray Barragán bendice la mesa. Después ambos porteros les van sirviendo los platos.

Mientras comen, se desatan las conversaciones. Y brotaban, en el calor del diálogo, algunos "voto a tal" del grupo de los españoles, que se narran mutuamente sus aventuras. En el fuego de sus evocaciones echan mano a las espadas, que llevan al cinto.

Fray Martín Barragán, disimuladamente escucha estos diálogos de los soldados, vestidos con jubones viejos y rotos; quienes, si no tienen un real, disfrutan el honor de haber guerreado a las órdenes de los monarcas más poderosos del mundo.

Ninguno considera humillante venir a comer de la olla de un convento; pues su pobreza les vino de buscar gloria y ganar tierras para sus reyes.

Fray Barragán, oyéndoles hablar se sonríe interiormente, satisfecho de haber sido también soldado y de haber corrido peregrinas aventuras.

Su historia, que todos conocen en el convento, es de lo más pintoresco que pueda imaginarse:

Había estado varios años de soldado en México, pues sus padres, modestos campesinos de Fuente del Maestre, le aconsejaron, cuando la mocedad comenzó a despuntar en él, que pasara a las Indias. Cansado ya de estar en México, quiso buscar otras tierras. Y se fue al Perú. Un navío estaba a punto de arrancar con las velas desplegadas cuando arribó a él.

Llegan a las islas de los Galápagos, en las que el capitán y dueño del barco, un tal Marín, organiza una excursión para proveerse de alimentos.

Vieron algunos soldados la facilidad de esta salida a las islas. Y pidieron permiso para hacer lo mismo. Y parten doce en una lancha, entre los cuales estaba Barragán.

Entretenidos en la exploración, se les pasó el tiempo. De pronto notan algunos que el barco se aleja... Corren a la playa y comienzan a gritar. ¿Qué había pasado? Un viento brusco había roto el cable y el ancla había sido arrancada del fondo con violencia.

La desesperación se apoderó de todos. Y, durante largo rato, la playa desierta fue lugar de gritos, gestos locos y llantos.

Martín Barragán, para consolar a sus compañeros, trazó un plan de vida. Están abandonados, pero son doce y la isla tiene abundantes alimentos: frutas en los árboles, codornices en los montes; y en la playa, tortugas, lobos marinos y otras especies.

Se fueron amoldando a la nueva situación. Levantaron cabañas que forraban con pieles de lobos marinos. Y siempre alertas, por si cruzaba algún navío a la vista.

Esto no era tan fácil, porque los barcos solían ir lejos de las islas a causa de las grandes corrientes oceánicas que pasan cerca, que engendran traidores remolinos al sur de las islas. Las cuales han estado siempre deshabitadas por falta de manantiales.

Pasó más de un año. Sus vestidos eran ya unos pingajos. Entonces, por consejo de Barragán, se vistieron las pieles que cubrían sus albergues.

También por su consejo, hicieron voto a la Virgen del Rosario de ir a la iglesia a pie y tal como se hallaban, si les sacaba a tierra de cristianos.

Tranquilos con esta esperanza, pasaron aún dos años, hasta que un día vieron una galera que se dirigía a ellos. Era una galera enviada por el virrey, que se había enterado de su triste suerte.

Lo era entonces don Gaspar de Acevedo y Zúñiga, conde de Monterrey, que había sido antes virrey de México. Falleció a los dieciseis meses de gobierno.

Es muy propio de este prócer el rasgo de acudir en socorro de unos náufragos, testimonio de su nobleza de corazón, pues fue tan generoso con los necesitados que su entierro fue costeado por la Real Audiencia, porque Monterrey había distribuido todos sus bienes en limosnas.

El día del Rosario, primer domingo de octubre de 1605, anclaba la nave en la isla. Y les condujo al Callao. Y ellos cumplieron la promesa.

Tal es la historia que, más de una vez, evoca fray Barragán, sonriente, al oír las animadas conversaciones de los soldados españoles. Y cree reconocer, a veces, entre ellos, algún compañero de su pasada aventura.

Terminada la comida, dan gracias a Dios, cuyo rezo dirige fray Barragán, en pie, descubierta la cabeza; su voz resuena fuerte, mientras mantiene una actitud recogida y devota, con las manos debajo del escapulario.

Luego salen los españoles, muy entonados, cubriéndose al salir: unos con sus viejos sombreros a lo Felipe III; otros, con gorrillas pasadas de moda; alguno reserva el morrión de su pasada milicia, que hace juego con su espadón, sus calzones y sus viejas botas de soldado.

Después el buen fraile no cree faltar a la caridad mandando a los indios y negros que barran el comedor. Pero una noche fray Martín de Porres le ha llamado la atención diciéndole que eso no es dar limosna sino pagar trabajo. Desde entonces se encarga él mismo de barrer y fregar.

Concluída la limpieza, los reune para darles clase de doctrina cristiana. Tarea en la que le ayuda fray Blas y, con frecuencia, cuando puede, fray Martín de Porres.

Acuden a la portería enfermos de todas clases, y a nadie rechaza.

A los que necesitan un tratamiento continuo, recógelos, con permiso de su superior, en la enfermería, para atenderlos con más asiduidad y cuidado. Es el convento tan grande que aún habiendo más de doscientos cincuenta religiosos, sobran —como dice el padre Meléndez— muchas celdas, lo que sucede también en la enfermería. Aquí trae fray Martín a los más graves, en número creciente cada vez, en tal forma, que va convirtiéndose el convento en un verdadero hospital.

Mientras en la portería cura a los enfermos, estos le informan de otros que no vienen porque no pueden. Y allí va fray Martín, llevando a todas partes —a los más infectos cuchitriles y bohíos— un rayo de luz con su presencia. A cuestas los lleva al convento; y cuando no puede, por ser mujeres, llévalas a casa de su hermana.

Pero al fin surgieron murmuradores que juzgaban la compasión de fray Martín excesiva y poco discreta. No había ya una celda vacía, pues estaban ocupadas con numerosos enfermos que él renovaba sin cesar. Temerosos de que se produjera en el convento el contagio, hicieron llegar sus recelos al padre provincial, fray Agustín de Vega.

Convencido éste del peligro, mandó a fray Martín que desalojase la casa de enfermos:

—Fray Martín, he creído conveniente que su reverencia saque del convento a los inquilinos extraños que ha introducido, movido de caridad, a fin de que haya paz, recogimiento y orden en la casa de Dios. Hágalo cuanto antes y no admita más en lo sucesivo.

El humilde donado hizo la venia y se retiró, dispuesto a cumplir con la santa obediencia.

Habló, pues, con su hermana, residente en Lima, y trasladó a la casa de ésta los enfermos que aún requerían cuidados especiales.

Pocos días después, hallándose en la portería posterior del convento, oyó un grito agudo y seco. Corre a la puerta y ve a un indio sangrando en abundancia, tendido en el suelo. Tenía una herida en el vientre de mucha gravedad, recibida en una riña callejera. Al ir a levantarle, se acordó de la prohibición que pesaba sobre él y se detuvo un momento. Fue sólo un instante, porque al punto lo coge y le lleva a su propia celda, y apresuradamente le hace un tratamiento. Su propósito era cuidarlo hasta que el peligro hubiese desaparecido.

Alguien avisó al padre provincial, que no vio muy bien la manera de proceder de fray Martín, y ordena que le llamen.

Acude un fraile cooperador al requerimiento del padre provincial:

—¿Manda algo su paternidad?

—Sí. Ruego a vuestra reverencia que vaya a

decir a fray Martín que le llamo para un asunto de importancia.

—Bien, padre. Voy al punto.

Y el religioso se dirige a la enfermería en busca del santo. Le halla atendiendo al herido. Le dice:

—Fray Martín, le manda el padre provincial ir a su celda.

—Ahora mismo voy, replica el enfermero.

Deja todo al instante y sale. El otro le dice:

—De seguro que el muy reverendo padre le va a reñir por admitir gente extraña, después de habérselo prohibido.

Fray Martín guardó silencio y se alejó claustro adelante. Al entrar en la celda del padre provincial, hizo la venia y, al mandarle el padre levantarse, quedóse de pie ante él, con respeto y humildad. Y escucha:

—Me ha sorprendido saber que su reverencia ha olvidado tan pronto el mandato que le habían impuesto sin excepción alguna. Ya sabe que las sagradas constituciones ordenan castigar con disciplina esta falta de observancia. Y quiero yo mismo, paternalmente, darle el correctivo.

Postróse al punto en el suelo el donado, y el Provincial descargó unos cuantos golpes, no muy fuertes, sobre las espaldas del "culpable", que los recibió interiormente lleno de gozo. El padre Agustín de Vega, le dijo luego:

—Fray Martín, saque al punto a ese enfermo y sea en lo sucesivo más dócil y obediente. Váyase.

—Benedictus Deus —dijo el santo retirándose.

Llevó al herido a casa de su hermana y, a los cuatro días, cuando el médico le fue a curar, halló con sorpresa que la herida estaba ya del todo cicatrizada. Fray Martín había ofrecido por la pronta curación del herido los golpes de disciplina recibidos.

Pocos días después, el indio fue al convento para dar gracias al santo por su milagrosa curación...

Sucedía esto el año 1621.

Fray Martín no está satisfecho de su comportamiento con el padre provincial. Le parece que éste sigue disgustado y quiere deshacer esa impresión. Sabe que le gusta la yuca y se decide a llevarle un plato bien preparado, como medio de pedirle perdón. Al efecto se lo lleva. El padre Agustín sonríe al ver la simplicidad, un tanto picaresca, del donado, quien, con cara festiva, le dice:

—Desenójese vuestra paternidad y coma esto, que ya sé que le sabe tan bien como a mí la corrección que he recibido.

El padre, advierte, mirándole fijamente:

—Yo no me enojo con la persona sino con la culpa. Pídale perdón a Dios a quien ha ofendido.

Y se queda mirándole para ver su reacción.

El mulato ha bajado la cabeza; y, en tono de honda convicción, contesta:

—Yo, padre, no he pecado.

Sorprendido por la inesperada respuesta, el padre queda un momento en suspenso. Luego añade, suavizando el tono, pero con fuerza:

—¿Cómo no ha pecado si contravino mi mandato?

—Así es, padre —replica mansamente fray Martín—; mas contra caridad no hay precepto.

Y permanece en actitud mansa y humilde.

El padre sonríe y le dice:

—Fray Martín, vaya tranquilo y deje ahí el obsequio, que se lo agradezco mucho.

El santo sale rebosante de alegría...

Don Marcelo de Ribera refiere la curación de un indio. Tal vez sea diferente del que provocó la cómica escena de la yuca. Las circunstancias se repetían con frecuencia. No es, por tanto, nada extraño que acaecieran muchos sucesos de rasgos comunes.

Cuenta el suceso así:

Le dieron a un indio una puñalada, que le vaciaron las tripas. Fray Martín, enterado, envió a llamar a don Marcelo de Ribera, cirujano, que vivía en la parte de atrás de la portería falsa, en el convento. Pero no dieron con él. Entonces el mismo santo le curó y le puso en la enfermería de los negros del convento.

No tardaron en hacer llegar el caso al padre prior, diciendo que fray Martín traía enfermos de fuera para curarlos y también indios y negros pobres. El prior le ordenó que sacase del convento al herido. El así lo hizo y lo envió a casa de su hermana, que vivía "una cuadra distante del convento".

Al despedir al indio, al tiempo que le daba pasas, pan y conservas, le dijo:

—Ya le diré a don Marcelo de Ribera que vaya a curarte.

Cuando en efecto, éste fue al día siguiente a curarle, por encargo del santo, el indio ya no tenía herida ninguna sino sólo "una raya colorada como un cairel. Estaba del todo bueno y sano".

Don Marcelo había comprobado este poder curativo —habilidad humana o carisma taumatúrgico, no sabría decirlo— en su misma persona. Siendo joven —mancebo— le dieron una estocada por debajo del párpado derecho que le dejó el ojo colgando. Fray Martín se lo curó. Al tercer día estaba ya bueno y sano (3).

NOTAS

(1) Proceso: p. 118.
(2) Sánchez-Silva: "S. Martín de Porres". C. VII, p. 194.
(3) Proceso: p. 138-140.

CAPÍTULO VI

SU FAMILIA

SUMARIO: MUERTE DE SUS PADRES. SU HERMANA JUANA. SU SOBRINA CATALINA. REPRENSIONES, BENEFICIOS Y MILAGROS DEL SANTO EN FAVOR DE SU FAMILIA.

Ya hicimos referencia a sus padres y la fecha aproximada de su muerte: Don Juan de Porres, en España, a donde había ido a requerimiento de su anciano padre don Martín. Don Juan cerró los ojos de éste, se hizo cargo del mayorazgo que le otorgaba en testamento, se casó con doña Isabel de Avendaño, según queda dicho, de la que tuvo cuatro hijos, y murió hacia el año 1629, después de reconocer una vez más a su hijo Martín.

Cabe suponer que don Juan, residente ya en España desde los comienzos del siglo XVIII, al reconocer por hijo suyo a fray Martín, lo haría no sin experimentar una profunda emoción.

El nombre del mulato, su hijo, le llegaba del Perú aureolado de grandeza. Una grandeza nacida, no de la que él —don Juan— le pudiese haber comunicado, sino de aquella otra que había entrevisto en el momento en que Martín había caído a sus pies para que le dejase vivir en aquel humilde puesto de donado del convento.

Ahora aquel muchacho de entonces se le ofrecía, ya hombre, aureolado con el resplandor de la santidad, de los milagros, de la devoción fervorosa de las gentes. Lima y el Perú entero y la misma España se sentían llenos de la fragancia de aquella vida, consagrada por entero al Señor y a sus hermanos los prójimos.

Y ese santo, a quien ya entonces todos proclamaban como tal, era su hijo.

¡Con qué fervor emocional declararía, una vez más, ante notario, que Martín el mulato era hijo suyo y que por tal le reconocía! Se daba cuenta de que no era él —don Juan— quien honraba a Martín, sino que era éste quien le envolvía en la gloria de su propia santidad.

Acaso entonces le brotase un sentimiento de pena, que tal vez sería remordimiento, de no haberse desposado con aquella encantadora negrita —la madre de sus hijos Martín y Juana— que tanto le había amado.

¿Sabría don Juan lo que habría sido de ella cuando la dejó en Lima para siempre? Sin duda que se despidió de ella antes de partir para España y le dio a entender que la ausencia era definitiva. Pero que ya no podría alejarla de su recuerdo, aunque no pudiese mencionarla en el hogar que había creado. Pero quedaría indeleblemente vinculado en todas sus oraciones. Y sobre todo, si llegó a enterarse de su paso a la eternidad.

¿Y qué fue de Ana Velázquez? Ella sí que no podría fácilmente borrar de su recuerdo y de su corazón al caballero que la hizo madre de un santo. Llevaba la pena de haber visto frustrado su sueño de ser esposa del noble burgalés. Un sueño que, acaso, le pareció nada más que eso: un sueño que no habría podido ser nunca realidad. Pero le quedaba la realidad tangible de aquel hijo, su Martín que todos comenzaban a ver señalado con el dedo de la predilección de Dios. Y también tenía el consuelo de verle con frecuencia. ¿Cuántos años?

Ana Velázquez debió de fallecer hacia el año 1618. Y nos gusta pensar que su hijo conseguiría para ella una sepultura en la iglesia del convento, en la que ella tanto había rezado. Y creemos que el santo habría proporcionado a su madre el consuelo de sus palabras de aliento y de su último beso. Luego acompañaría su cadáver, que tal vez él mismo amortajó, como solía hacerlo con sus hermanos de hábito difuntos. Y ¿quién en el convento podría negar a fray Martín la gracia de conceder a su madre una sepultura en la iglesia?

Le quedaba una hermana, menor que él tres o cuatro años, que había quedado en Guayaquil ahijada del tío de don Juan. Conforme con la palabra dada a éste, cuando la muchacha se convirtió en una mujercita, le buscó un esposo español y de posición acomodada.

Ignoramos el tiempo que permanecieron en Guayaquil en donde les nació una hija. La única que doña Juana tuvo en su doble matrimonio. Su marido, a juzgar por el testimonio de la hija, no debió de fallecer antes del año 1620, pues ésta es precisamente la fecha del nacimiento de Catalina.

En fecha imprecisa, tal vez después de varios años de residencia en Guayaquil, el matrimonio se estableció en Lima. Tenían una posición desahogada.

Viuda algún tiempo después doña Juana aún joven, cuando frisaba en los treinta y ocho años, se casó con un tal Agustín Galán de la Magdalena.

Tal vez éste aportó al matrimonio la finca cerca de Lima como una media legua, a donde iban con frecuencia para pasar algunos días de recreo.

Tenía para cuidar esta chacra o propiedad colonos de color y numerosas yuntas.

Residía el nuevo matrimonio "a una cuadra del convento del Rosario". Ello indica que doña Juana deseaba hallarse cerca de su hermano. Tenía intención de ir a visitarle. Pero, aunque acudió al convento con este fin, la primera vez no consiguió su propósito, porque el santo no la recibió, por apremiantes ocupaciones en su atención a los enfermos y a los demás cargos que desempeñaba.

Pasó algún tiempo sin acudir otra vez a verle, con la esperanza de verle entrar por las puertas de su casa. Pero transcurrían los días y él no se dignaba verla. Comenzó a formar un juicio desfavorable de su hermano. Insistió en sus visitas al convento pensando que, al fin él accedería a recibirla. Así fue. Se abrazaron. Después ella empezó a quejarse:

—¿Es posible, hermano, que entre cuantas horas dedicas a tus hermanos, los frailes, no tengas una siquiera para tu hermana?

—Hermana —replicó él— si fuera el que debo, pondría los ojos donde los religiosos ponen los pies, y no cumpliría bastante con mi obligación. Dánme casa, siéntanme a su mesa, hónranme con su compañía. ¿Cuándo lo mereció quien debía estar hollado por su bajeza y por su maldad condenado? ¿Parécete, hermana, que la merced que los religiosos me hacen no es providencia especial del cielo para freno mío? Porque soy tal que si no me viese sufrido, querido y estimado, sería un demonio.

Discurrió luego la conversación por otros cauces. Y, luego de charlar un largo rato, se despidieron fraternalmente, satisfecha ella con la promesa de su hermano de que iría a verla en la primera oportunidad que tuviese.

Así lo hizo días después.

Poco a poco fue menudeando las visitas. Siempre

en momentos en que su presencia no era reclamada por ningún enfermo o por los superiores. Y aprovechaba las visitas para ir inculcando en su hermana los mismos sentimientos de amor al prójimo que él sentía. Insensiblemente iba ganando su voluntad para que le prestase ayuda en su deseo de socorrer a los enfermos hasta convertir su casa en un verdadero hospital.

Y tanto la ganó que, al fin, ya no eran sólo pobres enfermos sino hasta los mismos animales que hallaba maltrechos en su camino.

Había un patio en la casa y allí los atendía y llevaba de comer. Formaban el mayor contingente perros y gatos. Sobre todo, perros. Muchos de los cuales eran los expulsados del convento por una orden tajante de un Provincial, quien mandó que "echasen fuera de la clausura a todos los perros que hubiese en ella".

Su sobrina le vio, por espacio de ocho días, llevarles el sustento necesario debajo de la capa del hábito hacia las nueve de la mañana.

Al entrar en el patio, en donde los tenía, decía en voz alta:

—Salgan que aquí estoy, que tengo que hacer.

Y "aún no era bien dicho, cuando salían infinitos perros que le cercaban todo. Y a cada uno de por sí les iba dando de comer lo que les traía. Luego les decía "que se fuesen y que no enfadasen en casas ajenas".

Su hermana comenzaba a cansarse de semejantes huéspedes hasta llegar a decirle:

—¿Por qué me traes tantos perros a casa? Todo me lo ensucian.

El replicaba:

—Ya ando buscando sitio en donde tenerlos,

Un día que el apremio de su hermana era mayor, se fue a los perros y les dijo:

—Cuando tengan necesidad vayan a la calle.

Y desde entonces, dice su sobrina, así lo hacían "sin dar enfado ni molestia en casa, ni ensuciarla, como antes hacían".

También iba a casa de su hermana, a veces cuando no lo esperaban, para llevar la paz a la familia, que de cuando en cuando, quedaba alterada entre los cónyuges.

Como sucedió una vez, según refiere Catalina, la sobrina del santo:

Cierto día, hallándose el matrimonio en la hacienda o finca, surgieron desavenencias entre los esposos "por cosas de poco momento", y tuvieron un disgusto, de cuyas resultas se quedaron aquel día sin comer, porque ninguno se preocupó de hacer la comida.

Se dispusieron, pues, a volver a la ciudad. Sería el mediodía.

Estaban aparejando ya las mulas cuando se presentó de pronto fray Martín, que venía a pie con un bordón en la mano y su sombrero echado a la espalda, según tenía por costumbre.

Venía cargado con una canasta y traía en ella unas roscas "de pan regalado", frutas y vino. Y entró en la casa diciendo:

—Vengo también a holgarme y a comer con vuestras mercedes. Disgustaos, que ya sé lo que ha sucedido.

Lo que causó no poca admiración en los esposos.

Hechas las paces por el santo, comieron lo que él había llevado.

Según refiere Catalina, estos disgustos familiares parecían obedecer a desconfianza del marido respecto de su esposa en asuntos económicos, pues Juana había encargado una llave falsa —"llave contrahecha", en frase de la hija de ésta— para abrir un escritorio grande en el que Agustín Galán, su marido, guardaba el dinero de sus ahorros y los papeles de las cuentas domésticas.

Mas no le dio tiempo a usarla, por intervención oportuna de san Martín.

Al día siguiente de haber adquirido la llave —la había encargado— dijo a su hija:

—Algo le pasa a tu tío fray Martín.

—¿Por qué lo dice, madre?

—Ya sabes, hija, que él es el encargado de tocar "el alba" —ángelus— en el convento de Nuestra Señora del Rosario. Y hoy no ha sonado la campana. Quizá esté enfermo. Estoy preocupada. Voy a ir al convento a enterarme.

Salió, pues. Y, "yendo por la calle, vio venir junto a la portería a fray Martín, los ojos en tierra, como lo hacía de ordinario".

Habiéndose encontrado los dos, dijo él:

—Hermana mía ¿cómo ha hecho una cosa tan mala en haber hecho llaves para robar a su marido el dinero?

Le afeó mucho la acción y le dio muchas reprensiones:

—¿No basta ser mulatos —prosiguió— sino ser también ladrones? ¡Venga esa llave, que ha hecho para sacar dinero de donde lo tiene guardado su marido!

Y mientras ella, muy avergonzada, le entregaba la llave, proseguía él:

—¡Venga acá! ¿Cómo es tan mala? ¿No le basta ser perra sino también gata?

Fray Martín emplea un juego de palabras, lo que nos explica indirectamente otras muchas cosas que observamos en la vida:

"Perra" era para él sinónima de "mulata", que era el sentido despectivo que tenía entonces. Y él veía en esa expresión un desprecio merecido. Y si él lo consideraba merecido cuando se lo aplicaban a él, pensaba que también era merecido aplicado a su hermana, de igual condición. Por eso en sus palabras de represión sólo hay un intento de recordarle su procedencia para que no se engría, pues era hermosa y gozaba de buena posición.

En cuanto a la palabra "gata", tenía el significado de robo a hurtadillas, con las mañas y arrumacos de dichos animales.

Sin duda sabía por referencias del marido los hurtos frecuentes que ella, de mil formas, antes de tener la llave, realizaba en el despacho.

Fray Martín acabó su represión:

—No vuelvas a servirte de llaves. Aquí estoy yo para socorrerte en lo que se te ofrezca.

Y se despidió de ella, que regresó llorosa a su casa. Al ver la hija sus lágrimas, le preguntó:

—¿Qué le ha sucedido a su merced, madre mía?

—Me encontré con mi hermano, tu tío, y me ha reñido.

Y le refirió todo.

Catalina debió de entender que la riña había sido oportuna. Y que, de rechazo, le alcanzaba a ella, propensa también a jugarretas, como aquella de años atrás, que no olvida por el chasco que él le dio:

Y fue que, habiéndole dado fray Martín ciertas prendas de la barbería conventual —lienzos y paños— para que los enviase a lavar, los entregó a un sastre con fines particulares. Pero el santo los recuperó del mismo sastre. Y así dejó burlada a su sobrina.

Más adelante se invirtieron los términos, según refiere ella misma:

Había dejado en depósito en una tienda de mercader "cuatrocientos pesos de a ocho reales para ayuda de su remedio". Tuvo noticia de ello fray

Martín y se presentó allí con un regimiento de pobres y gastó los cuatrocientos pesos en "vestirlos y aviarlos". Y le mandó aviso a su sobrina de lo que acababa de hacer. Ella "se afligió mucho y lloró muchas lágrimas".

Estando así, entró fray Martín muy alegre y risueño, como lo hacía de ordinario. Y, hablando con ella, la consoló diciendo:

—No te aflijas, que no te faltará plata.

Al siguiente día le llevaron los cuatrocientos pesos de parte de su tío (1).

Este, aunque tenía estas bromas, sabía cumplir fielmente la palabra dada a su hermana y mostrar el paternal afecto que sentía por su sobrina.

Con motivo de una fiesta grande en la ciudad, deseaba ella ponerse un manto nuevo para salir con él. Grande fue su sorpresa cuando, aún no transcurridas dos horas, se presenta en su casa un negro con siete u ocho mantos para que escogiera el que le pareciese mejor. Así lo hizo, rebosando de contento y dando gracias infinitas a Dios Nuestro Señor.

Catalina, igual que su madre, se casó dos veces: una, indudablemente, de muy joven. Tal vez a los diecisiete años. En la edad de máximo atractivo y belleza. Porque no hay duda de que fue muy bella. Fue su marido un joven —así nos gusta imaginarlo— llamado Melchor González. Su matrimonio debió de ser breve, porque habiendo nacido ella —si damos crédito a su testimonio— en 1620, se casó con Nicolás Beltrán, boticario español, antes de la muerte de san Martín de Porres, pues éste le dio en dote cinco mil pesos, que recaudó entre sus amigos y devotos con este fin, a ruegos de su hermana.

De su primer matrimonio recuerda Catalina una escena relacionada con su tío:

Se hallaba el joven matrimonio en el valle de Bocanegra, a tres leguas de Lima, quizá en una casa de campo, y estaba Juana con él. Y, por cosas de poca importancia, tuvo Catalina un disgusto con su madre por salir en defensa de su marido. Y, hacia el mediodía, recibió una carta de san Martín en que le decía que había sabido el disgusto que había tenido con su madre por salir en favor de su marido. Que siempre lo hiciese así.

Había varias personas presentes cuando recibió la carta, que se quedaron sorprendidas de caso tan extraño, sin saber de qué modo se había enterado el santo de lo que había ocurrido.

Pero fray Martín no sólo ponía paz en su familia y remediaba sus apuros económicos, sino que curaba los enfermos que había en ella, según se ve por los casos que narra la misma Catalina:

Hacia el año 1636, fue testigo de un suceso acaecido en casa de su madre. Residía en casa de ésta, quizá por recomendación de su hermano, un hombre recién llegado de España, por nombre Antonio Cruzado.

"Una noche a deshora —refiere la sobrina— le dio un accidente, de tal suerte que le tuvieron por muerto".

Llamado el médico a la mañana siguiente, éste dijo que no había nada que hacer y que le administraran los sacramentos.

Muy afligida doña Juana, envió un recado a su hermano para que viniese. Llegó él, en efecto, y entró en el cuarto del enfermo. Después de auscultarle, se sentó sobre su cama y comenzó a exhortarle a que se encomendase al Señor. Luego, se acostó con él y durmieron ambos hasta el día siguiente. Por la mañana, el enfermo se hallaba ya curado de su mal, con gran admiración de todos.

Las exhortaciones del santo no habían caído en terreno baldío, pues el enfermo le hizo promesa de entrar en religión si libraba de la enfermedad.

Al cabo de quince días, ya del todo sano, ingresó en la orden de san Francisco.

La misma sobrina cuenta la curación de un esclavo negro que tenía su madre.

Hallándose ambas tranquilamente en su casa, le traen de una chacra o hacienda un negro con la cabeza partida de un golpe recibido. Hecha la cura de urgencia con ocho puntos, no pensaba que sobreviviese. Pero confiado en la intercesión de san Martín, le dieron aviso para que acudiese.

Cuando llegó, la casa estaba toda revuelta y alborotada por el desgraciado suceso. Se acercó al herido y, vuelto a sus familiares, les dijo:

—No se aflijan, que no es nada.

Y, con la llave de la celda, raspó un poco la pared, cogió la tierra desprendida y se la puso al herido en la cabeza. Luego tomó un pedacito de lienzo, lo empapó en saliva y se lo puso como parche sobre la tierra de la herida. Vuelto, luego, a los suyos, les dijo:

—Con esta cura estará bueno.

Y así fue al cabo de pocos días, sin otra medicina.

De parecida manera le sanó a su hermana una esclava negra, a punto de morir.

Al presentarse el santo, llamado por su hermana, para que viese a la enferma, Juana le dijo:

—Ay, hermano mío, se me muere la negra sin remedio!

Y lloraba desconsolada.

Fray Martín, después de ver a la enferma, se volvió a su hermana y la animó:

—No te aflijas, que de esta enfermedad no ha de morir. Dios será servido de darle la salud.

Y, mandando calentar un poco de agua en una "tembladera" o recipiente, se la dio a beber tibia. Y bastó para que la enferma se repusiera de su dolencia.

NOTAS

(1) Proceso: Págs. 212-216; 322-323. — J. M. Sánchez-Silva: "San Martín de Porres". C. VIII, págs. 236-244.

CAPÍTULO VII

ORACIÓN CARISMÁTICA

SUMARIO: ORACIÓN PROLONGADA. EL GATO LLAMADOR. EL ÁNGELUS. CARISMAS LUMINOSOS PENITENCIAS. BILOCACIONES. LIMATAMBO.

Al contemplar la actividad asombrosa de san Martín de Porres, surge una pregunta espontánea: ¿Qué tiempo dedicaba al descanso? Los testigos, con extraña unanimidad, afirman que muy poco y de modo irregular. La cama que usaba no invitaba precisamente a un descanso placentero y plenamente reparador. Unas veces era un catre con una piel de becerro, una manta y un tronco de madera por almohada. Otras veces —según referencia de don Marcelo de Ribera— (1) era una especie de ataúd de tabla con una estera sobre ella, y un pedazo de madera por cabecera, de la que se servía cuando estaba malo y muy necesitado.

No se le conocía cama —declara el padre Fernando Aragonés— (2) sino una alacena que tenía en la ropería, que le servía de lecho durante algunos ratos del día, porque las noches las pasaba en oración en el capítulo y coro alto.

Ocupado en estos ejercicios de caridad —dice el mismo religioso— solía llamarle el espíritu y se iba a la celda y cerraba la puerta y se arrodillaba en un rincón, donde se quedaba como si el trabajo antecedente fuese preparación para ella.

Dos veces le sorprendió éste, porque siendo enfermero con él, tenía llave de la celda de fray Martín. Y el santo, para no ser de nuevo sorprendido, añadió una aldaba a su puerta (3).

Como vemos, las declaraciones de los testigos coinciden en afirmar la pobreza y austeridad de la cama del mulato, aunque sea diferente la descripción de la misma. Ello debe atribuirse a que fray Martín variaba con frecuencia la forma y lugar en que la establecía.

Sin embargo, como norma —una norma con muchas excepciones— después de concluido el coro de media noche, se acostaba hasta las tres de la mañana. A esta hora le despertaba un gato.

Como le urgía el tiempo —tenía que llegarle para todo— lo sacaba, en parte, del sueño que abreviaba. Se acostaba vestido. En la misma ropería —es otra versión de su lecho— se tomaba un rato de descanso sobre un arcón de la ropa, colocándose de tal forma que de medio cuerpo abajo quedaba colgado.

Así puesto, cruzaba las manos sobre el pecho y quedaba en oración por algún tiempo hasta que el sueño le rendía. A fray Martín le parecía un instante el espacio de tres horas transcurrido hasta el momento en que el gato —su fiel llamador— venía a recordarle que ya era hora.

Era un gato agradecido al que fray Martín había curado un sartenazo en la cabeza por delito de hurto, que le había propinado el cocinero de la enfermería.

Sucedió que...

Mas dejemos que nos lo cuente fray Fernando Aragonés. Ha sido testigo de la escena, cómica y sublime a la vez, que refería a los demás frailes con gracia.

Es el caso que paseaban los dos, una tarde, por un patio detrás de la enfermería, y oyeron unos maullidos lastimeros. Un gato en el quicio de una puerta se limpiaba, untando las patas con saliva, la sangre que le brotaba de la cabeza por el sartenazo propinado.

Ambos paseantes se acercaron al misino y fray Martín le dice:

—Véngase conmigo y le curaré, que está muy malo.

El gato obedeció puntualmente.

Llegan a la ropería. Fray Martín pone al felino encima de la cama y le cose las heridas. El animal, dolorido, da bufidos y se agarra con las uñas al brazo de su médico, pero sin arañarle. Fray Martín le venda la cabeza y el gato parece que lleva un gorro de dormir y sentado sobre sus patas traseras parpadea lánguidamente y maulla mimoso, al sentir sobre el lomo la mano del mulato, empinándose con el rabo tieso.

Fray Martín le dice:

—Váyase y vuelva por la mañana y le curaré otra vez.

El felino, con ruido sordo de sus patas contra el suelo, al brincar de la cama, se aleja dando brinquitos de satisfacción por la sala de la ropería.

Fray Fernando Aragonés también se alejó riendo, para contar el suceso a los que encontrase.

Al día siguiente varios religiosos se disponían a presenciar la cita del gato con fray Martín. Y puntualmente vieron aparecer al herido con su cabeza vendada, con paso parsimonioso, como si se diera cuenta de que era objeto de gran expectación. Y se queda a la puerta de la celda del mulato, hasta que regrese, porque se halla ausente.

Fiel el misino a la orden de despertar a fray Martín, comenzaba su ronda mañanera, al rayar el alba, con un largo y repetido maullido que no siempre despertaba al buen fraile. Entonces se llegaba al durmiente, y con arañazos suaves, le tiraba de la túnica hasta conseguir despertarle.

Fray Martín despertaba:

—¡Ah! ¿Ya estás aquí?

El gato maullaba de nuevo como diciendo que sí.

El santo daba un brinco, se ponía en pie y se dirigía al campanario para tocar el ángelus.

El misino, cumplida su misión, se retiraba de nuevo.

Un testigo, don Francisco Pérez Quintero, que vivió por espacio de quince días en la celda de fray Martín, cuenta de este gato lo que vio:

Todas las noches, por una ventana que caía de la celda al claustro de la enfermería, entraba un gato grande de tres colores: blanco, negro y pardo. Y se llegaba a fray Martín de Porres, y con las manos empezaba a tirarle del hábito, como haciéndole señas de que ya era hora de algún ejercicio. Y él se levantaba, salía de la celda. Y el gato, detrás (4).

Pero hállese donde sea fray Martín, siempre a las tres de la mañana resuenan los pasos en el hondo silencio de los claustros y sube las escaleras que conducen a la torre de la iglesia para tocar el ángelus del alba. Mientras sube va rezando avemarías en honor de la Virgen Madre de Dios. Varios testigos nos hablan de la devoción tierna de fray Martín a la Virgen (5).

Todo el convento descansa todavía y reina en él profundo silencio. El único que vela es fray Martín, encargado de hacer sonar la campana mañanera para indicar que va a comenzar pronto la jornada del nuevo día. Y antes de tocar echa una mirada sobre la ciudad extendida a sus pies, en la que alumbra con somnolencia de ojos algún que otro candilejo en las esquinas de las calles, ante imágenes de Cristo, de la Virgen y de los santos.

Después se asoma al ventanal para contemplar el cielo. Está claro y brillan a millares las estrellas. Fray Martín las contempla con mirada reposada y queda fijo de pronto en un punto del firmamento.

Sus ojos centellean de fervor y luego cae de rodillas, musitando enternecido:

—Adorámoste, Cristo y bendecímoste, que por tu santa cruz redimiste al mundo.

Tiene delante la bellísima constelación del hemisferio austral llamada "cruz del sur" por sus cuatro brillantes estrellas. Echa mano a su rosario y acerca la cruz a sus labios con intensa devoción. Luego mira de nuevo al firmamento y ve innumerables estrellas que parecen engarzadas por hilos invisibles de luz a la hermosa constelación tetrastelar. Fray Martín murmura henchido de santa emoción:

—¡Dios mío, qué gran rosario has prendido del cielo!

Y parece convertirse en celeste peregrino que va recorriendo cada una de las cuentas hasta llegar por ellas al mismo corazón de Dios, en el centro de las cuatro estrellas.

Cuando volvía en sí de su divino ensueño clareaba vagamente la aurora y el rosario celeste parecía esfumarse suave en la luz del nuevo día.

Sonaba de pronto, en la placidez del alba el toque grave, solemne, del "campanón" de la catedral. La gran campana que pesa seiscientas arrobas. Y cuando el primer toque triple del ángelus catedralicio anunciaba el comienzo del ángelus a todas las demás iglesias —tan numerosas— de la ciudad, comenzaban a sonar otras en el sosiego de la mañana.

El santo, muy respetuoso para con la iglesia madre de todas, no quería iniciar nunca el toque hasta que ella no le diese la señal. Lo cual también es testimonio de su puntualidad. Y de su profundo sentido teológico de la maternidad de la Iglesia, de la que es un símbolo el templo catedralicio.

Había llegado el momento de anunciar a los frailes el comienzo del nuevo día.

Fray Martín tañó la campana conventual y el

repique del ángelus anunció una vez más el gran misterio.

Cuando la última campanada se extinguió fray Martín miró de nuevo al cielo. El rosario de estrellas había desaparecido.

¿Y qué hacía en todo el resto de la noche, durante buena parte de la semana? Muchos días mientras los religiosos dormían, él velaba cada vez con más asiduidad, acompañando al Señor en su vigilia. Oraba... Su vida, en todos estos años, ha sido un reflejo de su oración. Podemos decir que está siempre en la presencia de Dios, aun en medio de sus obligaciones. Pero, aparte de esto, dedica siete horas diarias, sin incluir los rezos comunes, a los que asiste normalmente fuera de una circunstancia excepcional y procura huir lo más posible de toda ajena mirada; pero Dios, que tenía sus designios sobre él, permitió que fuese visto más de una vez orando en medio de los extraordinarios fenómenos que en tal acto le acompañaban.

El viejo pordiosero que un día encontró en la calle y movido a compasión le condujo al convento, instalándole en una de las habitaciones vacías de la enfermería, con el tiempo llegó a sentirse tan a gusto en el ambiente conventual que ya parecía un familiar de los muchos que había en la numerosa comunidad. Pero con quien más cofianza tiene y del que apenas acierta a separarse es de fray Martín, que para él es como padre.

Fue una vez a llamarle a la celda, pero fray Martín no estaba. Salió entonces a los claustros y comenzó a preguntar a los que hallaba a su paso si sabían dónde estaba. Le dicen que no. Pero alguien le sugiere que acaso esté rezando en la iglesia o en el coro o en el capítulo: Y allá dirige sus pasos, apoyado en su bastón. Va recorriendo las diversas dependencias sin dar con él.

Por fin, inexplicablemente, se dirige a la cúpula de la iglesia, en torno a la cual hay un pasillo, protegido por una barandilla. Le halla en una esquina y se le queda contemplando absorto: fray Martín está elevado en el aire, cruzadas las manos en el pecho, inclinado el rostro en dirección al altar mayor, donde arde la lámpara del Santísimo.

El viejo, después de un momento de sorpresa, comenzó a llamarle con frecuencia:

—¡Fray Martín!

Pero su voz se perdía en la soledad de la iglesia, sin obtener resultado. El santo no podía oírle, abismado como estaba en profunda oración.

El anciano murmuró.

—Si está hablando con Dios, no es posible que me oiga. Ya le hablaré después.

Y regresó pausadamente hacia la enfermería.

Este portento llegó a ser casi habitual en él y tema de piadoso comentario para los religiosos.

Refiere el padre fray Cristóbal de san Juan que no tuvo la suerte de ver nunca semejante prodigio, a pesar de haber convivido con el santo siete años. Pero, sin embargo, puede certificar la verdad del carismático fenómeno por haberlo oído referir, detalladamente, en distintas ocasiones, a fray Ignacio de santo Domingo, que vio al siervo de Dios seis veces diferentes arrobado milagrosamente.

Cierto día preguntó el padre al hermano —algunos meses antes de la muerte de éste:

—Dígame vuestra reverencia, fray Ignacio. ¿Dónde ha visto los arrobos que ha tenido fray Martín de Porres?

—Padre —le respondió un poco molesto—. ¿Cómo le tengo que decir tantos millones de veces que la causa de haber tomado el hábito de nuestro padre santo Domingo, y me entrase en religión dejando el mundo, fue el haber visto al padre fray Martín de Porres estando en oración arrobado y levantado en el aire más de dos varas en alto como abrazado con el santo Cristo del capítulo? No me apure más.

Días después de la muerte de fray Ignacio, se lamentaba el padre Cristóbal con don Marcelo de Ribera, cirujano, de que no viviese el religioso, testigo de tales maravillas. Don Marcelo le interrumpió, con semblante risueño:

—¿Pues no estoy yo aquí, que lo vi por mis ojos todo?

En efecto, él mismo lo relata en forma sencilla, pero con grafismo lleno de vida:

Refiere que vivió algún tiempo en la misma celda del santo. Y una noche, ya tarde, le salió a buscar para que le diese la llave. Recorrió casi todo el convento con ese fin. Y en el claustro principal se encontró con un negro, fámulo del padre maestro fray Antonio de Arce. Preguntóle:

—¿Has visto a fray Martín?

—No —respondió.

Y entró en la sala capitular para encender una vela en la lamparilla que ardía siempre ante el Santo Cristo. Al instante volvió a salir, asustado, y le dijo:

—¡Don Marcelo, venga su merced y vea lo que hay en el capítulo!

Entró y vio a fray Martín "suspenso en el aire y puesto en cruz. Y tenía sus manos pegadas a las de un santo Cristo crucificado, que está en un altar. Y todo el cuerpo tenía así mismo pegado al del santo Crucifijo como que le abrazaba. Estaba elevado del suelo más de tres varas".

En ese momento entraron el padre fray Antonio de Arce y el padre fray Pedro de Loaysa, y lo vieron.

El caso se hizo público en todo el convento.

Poco después salía fray Martín de la sala capitular para ir a abrir la celda (6).

Estos hechos comenzaban a ser públicos en el convento, a pesar del sigilo del siervo de Dios.

Estaba comenzando la última fase de este crecimiento espiritual, que podríamos llamar, si cabe —aquí no hay término—, "meta de la santidad".

Y si llegó a tan gran perfección, fue porque tuvo un maestro —el Espíritu Santo— que le llevó de la mano por este camino.

El Divino Espíritu suele hacer de lazarillo para los pequeñuelos, conforme al pensamiento de Jesucristo.

Uno de estos pequeñuelos es fray Martín de Porres.

Los religiosos iban de sorpresa en sorpresa. El donado era un alma totalmente endiosada, aureolada con la claridad divina en gloriosa transfiguración. Fenómeno prodigioso que más de un testigo hizo público.

Paseaba un religioso a las doce de la noche por el claustro principal, cuando de pronto una luz fuerte hirió sus ojos, y bruscamente vio pasar cerca de él, volando, por el aire, a fray Martín, como un divino meteoro.

Asombrado, le siguió con la vista hasta verle perderse por un arco, que daba entrada al claustro donde los frailes cooperadores tenían sus celdas. Y de nuevo quedó todo a oscuras.

Permaneció unos momentos fija la mirada en el arco, por donde había desaparecido el siervo de Dios, mientras que en su retina permanecía exacta la imagen del santo. Su rostro parecía de bienaventurado, blanco, fulgurante, hermosísimo... Y el hábito, el tosco hábito de cerdellate, le había parecido más hermoso que la seda hilada con plata, transparentando deslumbrante claridad... Cuando al siguiente día narró el peregrino suceso a los demás, lo resumía en esta palabra: transfigurado. Algo parecido a lo que vio san Pedro en el Tabor.

Y la comunidad en pleno, al presenciar otro hecho de parecidas circunstancias, pudo cerciorarse de que este religioso no había soñado. Cantaban maitines solemnes a media noche cuando, bruscamente, surge una gran claridad en el fondo de la iglesia perfilando todos los detalles, como si hubiese brotado en el suelo un reflector potentísimo: es fray Martín, sumido en oración fervorosa, completamente al margen del suceso. Una llama que envuelve su rostro, abatido al suelo, causa el portento con su luz.

Había bajado a la iglesia para ayudar al sacristán, ya bastante viejo, y cuando terminó de preparar las cosas para los Divinos Oficios, quedóse a oír maitines desde la iglesia. Y puesto en oración, aconteció la maravilla.

Se comentaban también otros hechos igualmente referentes a fray Martín: sus bruscas desapariciones. Y era ley, formulada por todos los religiosos, que si fray Martín había comulgado, hasta dentro de un par de horas era totalmente invisible.

Estas desapariciones sucedían cada tres días, cuando recibía la sagrada comunión.

Su vida era una preparación incesante para recibirla. Los días que comulgaba con los religiosos, él también ocupaba su puesto en la fila. Según testifica don Baltasar Carrasco de Orozco, "todas las veces que la comunidad comulgaba, era el último a quien los prelados daban la comunión" (7). Cuando comulgaba él solo, retirábase a sitios apartados, donde no pudiesen estorbarle nada los ruidos exteriores. Envuelto en profundo silencio, podía más fácilmente escuchar las palabras que Jesús le hablaba. Estos coloquios secretos con el Señor dicen lo subido de su vida interior. Y más, el vivo interés que Dios mismo tenía en aislar a su siervo de todas las miradas humanas, como deseando que nadie conociese sus mutuos secretos. Manera delicadísima que tenía de premiar los ardores en que fray Martín se consumía por estar siempre ante su divina presencia.

Y la comunidad empezó a darse cuenta de este volatizarse del mulato, como cubierto con el manto de la presencia del Señor.

Si son admirables estos hechos, hay otros que sorprenden más a cierto sector del convento: el sector intelectual. Varios religiosos eran profesores en la universidad. Y algunos, calificadores de la Inquisición. Había también numerosos presentados, lectores, maestros, colegiales, etc. Y éstos notan con honda sorpresa la teología que se manifiesta en fray Martín, el humilde donado, al que siempre han visto fregar platos, cuidar enfermos, afeitar cerquillos y barrer claustros. ¿De dónde le vienen esas precisiones teológicas y visiones de problemas que a ellos les cuestan muchas horas de estudio y largas noches de vigilia?

Con gesto de suma sencillez cita a santo Tomás de Aquino, a los santos padres, a la sagrada Escritura, y aclara textos para ellos oscuros e imprecisos. ¿En dónde aprende fray Martín estas cosas? Sólo Dios ha podido darle esa "visión intuitiva" de los misterios de la fe, con la que resuelve de modo rápido los problemas más difíciles. Bien lo manifiesta el episodio siguiente:

Pasó un día fray Martín camino de la enfermería por el claustro del "colegio doméstico", con andar un poco apresurado. Un grupo de padres estudiantes del colegio iba y venía, disputando y levantando el tono de voz, sobre una cuestión batallona de la

Escolástica. Pasó fray Martín; el padre Bernardo Belilla le detiene y le expone el problema:

—Hermano fray Martín: Estamos disputando sobre la cuestión de si la existencia es más perfecta que la esencia.

Los ojos del grupo están clavados en el mulato. Este contesta instantáneamente:

—¿No dice santo Tomás que la existencia, porque es el último ser?

"A cuya respuesta —escribe Meléndez— quedaron todos asombrados, viendo con cuánta prontitud había dado la solución y la razón juntamente en tan compendiosas palabras.

Fray Martín prosigue su camino hacia la enfermería, en tanto que los padres, acabadas las disputas, comentan el acierto de su rápida contestación. El mismo día lo cuentan al padre Francisco de la Cruz, regente de estudios, sabio religioso.

—No se admiren —dice—, que fray Martín tiene la ciencia de los santos y alcanza más sirviendo a Dios que nosotros estudiando.

Y no era nada raro ver a tan profundos, maduros y sabios teólogos acudir al humilde mulato, para buscar la solución a dificultades que inútilmente trataban de resolver.

Pero si admiran sus hechos extraordinarios, no tardan en sentir el espanto de sus atroces penitencias. Un día comenzó a correr la noticia de que el piso del capítulo estaba lleno de sangre reciente, algo cuagulada, con salpicaduras en la pared, como si alguien, durante la noche precedente, se hubiera azotado con violencia.

Desde ese día no faltaron curiosos que, renunciando el sueño, espiasen con mucha cautela los pasos de fray Martín, sobre quien recayeron todas las sospechas. Razones tenían para ello, porque todos conocían cuán breve rato dedicaba al sueño en cualquier sitio; lo áspero de su vestido o hábito de jerga gruesa, bajo cuyo sayal traía una túnica bastísima; la austeridad de su cama y la parquedad extrema de su comida, reducida cada vez más, hasta ser sólo de agua y pan en toda la cuaresma. Y como algo extraordinario, en las grandes solemnidades, un plato de yuca.

Sobre su vestido —igual que sobre la cama, ya referido— hay diversos testimonios:

El muy reverendo padre fray Antonio de Estrada, promotor general de la causa de beatificación del santo, a quien había conocido por espacio de dieciocho años, dice:

"No le vi nunca vestirse lienzo alguno de ningún género, sino que siempre traía a ras de las carnes un saco de cilicio que le cubría todo el cuerpo. Y esto lo vi muchas veces, porque el hábito que traía era tan pobre y humilde que por las roturas que tenía se le veía el cilicio" (8).

El padre fray Alonso de Arenas da un curioso detalle de la túnica interior de san Martín:

"Era de jerga muy gruesa, listada de blanco y negro. La usó mientras vivió" (9).

Don Marcelo de Ribera, que vivió mucho tiempo en el convento y trató mucho al santo, afirma:

"Su vestido era una túnica de jerga que le daba a la rodilla. Y sobre ella traía el hábito, sin otra prenda alguna" (10).

Lo mismo declara el padre fray Juan de la Torre (11).

El padre fray Gonzalo García, que conoció a san Martín de Porres desde el día en que tomó el hábito de religioso donado, hace de él una semblanza espiritual concisa y exacta en estos términos:

"Siempre, continuamente, de día y de noche. estaba en oración y hacía muchas y extraordinarias penitencias y se daba muchas disciplinas y hacía otras muchas mortificaciones, como eran ayunos y todo lo demás perteneciente a demostraciones de hombre de Dios; y que de ordinario traía ceñidas a las carnes cadenas de hierro y cilicios; y con muchas lágrimas fervorosas salía de su oración a los claustros dando gritos y voces diciendo cuán suave es Dios y cuán digno de que le amemos".

Y añade que todo esto lo ejercitó "desde el día que entró en religión hasta el que murió profeso" (12).

Un religioso a media noche, sigue con sigilo sus pasos a lo largo de los claustros, para averiguar a dónde se dirige. Y le ha visto entrar en el capítulo y postrarse a los pies del santo Cristo.

Es después de maitines.

Fray Martín de rodillas, arráncase a tirones bruscos el vestido pegado al cuerpo, a causa de la cruel disciplina precedente. Es después de completas.

Movido por el vivo ejemplo de Cristo desnudo y sangrante, desnudo él también de cintura arriba, empuña enseguida un látigo de nervio de buey, rematado en grueso nudo y comienza a golpearse, haciendo brotar, con sus golpes, fuentes de sangre caliente por sus espaldas, hasta formar charcos en el suelo de azulejos. Pára un instante, y, reprendiéndose a sí mismo, dice:

—¡Perro mulato vil! ¿Con qué correspondes a los beneficios que Dios te ha hecho, convirtiéndote en hijo de la Iglesia, cristiano, católico, compañero de tantos padres nobles, doctos y santos, en vez de haberte arrojado al infierno por tus pecados y escándalos? ¿Hasta cuándo ha de durar tu mala vida, tu tibieza y tu flaqueza en el ejercicio y ocupaciones que te han mandado?

Sacúdese veinte golpes de disciplina, y mofándose de sí mismo añade:

—¡Vive, pues, perro mulato, sirve a Dios con

puntualidad y atención! ¡Enmiéndate!

Y de nuevo vuelve a la flagelación, y gime con partidos sollozos:

—¡Misericordia, Señor, misericordia!

Tres disciplinas al día tomaba, a imitación de santo Domingo de Guzmán, su santo padre. Una, por sus pecados, sus miserias inherentes a la condición humana. Otra, por los pecadores, que eran para él todos los que podían no estar en gracia, incluyendo en este grupo a todos los infieles que desconocían el nombre santo de Cristo. Y la tercera, por las almas del purgatorio.

De todo ello tenemos diversos testimonios, que irán apareciendo a lo largo de las páginas. Citemos dos de momento:

Dice el padre fray Juan Ochoa de Verástegui:

"Estando una noche hacia las dos en el coro de la iglesia del Rosario, vi a fray Martín de Porres darse tres disciplinas con tal rigor cual no lo permite la carne al que vive en ella; y después de haber acabado de darse las disciplinas, el siervo de Dios se fue a tocar el alba como acostumbraba (13).

Y el padre fray Fernando Aragonés hace esta observación:

"En el coro alto se daba cada noche, a la madrugada, una de sus tres disciplinas con dos látigos crudos por todo el cuerpo, que duraba más de una hora. Y después de ella se quedaba allí en oración hasta que amanecía" (14).

Hay en el santo un deseo consciente de imitar a santo Domingo. Era su padre espiritual como fundador de su Orden. Conocía su vida por las enseñanzas recibidas en el transcurso de su vida religiosa en el convento, cuyo título era precisamente el del santo patriarca. Desde niño se había acostumbrado a contemplarle en la iglesia. Y había en el convento numerosos cuadros que reproducían escenas diferentes de santo Domingo.

Sabía, porque lo había oído muchas veces a sus maestros y predicadores, que el fundador era sumamente penitente, una de cuyas más expresivas muestras era la triple disciplina diaria. Conocía igualmente su amor a Jesús Crucificado, en cuyo espejo se miraba santo Domingo para imitar su sagrada Pasión del modo más aproximado posible.

Fray Martín veía en él, como padre, su modelo de santidad. No tiene, pues, nada de particular que deseara seguir su ejemplo y que sintiera por él una filial devoción, según lo indica el hecho siguiente:

Una noche, estando en oración fray Pedro de Mendoza, fraile cooperador, en el altar de la Virgen del Rosario, hubo un temblor muy grande. Temeroso, quiso huir. Y, al cruzar por delante del altar de santo Domingo, vio que estaba de rodillas fray Martín de Porres en oración con los brazos en cruz y levantado del suelo como una cuarta en alto. De la punta de la barba le salía un globo de fuego que le bañaba el rostro en claridad y remataba en la mitad de la cabeza.

Viendo esto, fray Pedro de Mendoza perdió todo temor y volvió a postrarse de rodillas delante de la Virgen del Rosario.

Contó él mismo este suceso al padre fray Antonio de Estrada en Limatambo, en donde el fraile cooperador se hallaba convaleciente.

Las penitencias de san Martín tenían por finalidad "primerísima" copiar en su carne las llagas del cuerpo del Divino Redentor. Era una exigencia íntima de su amor a Jesús crucificado, ante cuya santa imagen en el coro, se pasaba largas horas en oración, empapándose de los fines que el Señor tuvo para sufrir tanto por nosotros.

El fraile, clavado en su rincón, no comprende por qué faltas pide perdón el penitente y, a través del escalofrío de sus carnes, juzga compasivo advertirle que sus rigores eran extremos. Varios días le siguió hasta que viéndole azotarse con un látigo, cuyos ramales terminaban en rosetas, no pudo presenciar más ese tormento y, al salir, le dice, ya en el claustro principal:

—Fray Martín, por Dios: modérese en rigor, que la prudencia en la virtud es necesaria.

Procuró dar a sus palabras una suave inflexión de ternura compasiva, tal como lo sentía. El respondióle dulcemente pero convencido:

—Padre: me es conveniente para mi salvación y mucho más merezco por mis culpas.

No hay duda de que también en la penitencia puede caber exceso, tomada en sentido material. Cierto que lo frecuente es quedarse corto en el ejercicio de la mortificación. Pero también lo es que se debe huir del extremo opuesto.

La penitencia —con sus cilicios, disciplinas y similares torturas, a veces espeluznantes— encierra un anhelo de reproducir materialmente en el propio cuerpo la figura toda llagada del Redentor. Ideal que da valor a tan altas aspiraciones. Pero cuya ejecución requiere no olvidar el principio fundamental de que la pasión de Jesucristo es imitable en su espíritu, que es la entrega total al Divino Querer: pero ya no lo es tanto en la materialidad de la misma pasión, que sólo es forma y expresión sensible de esa entrega de Cristo a su Eterno Padre.

En esta imitación material es donde cabe posible error práctico.

Y si el fervor victimario se sale de este cauce, tal vez aquí acabe la virtud y comience el suicidio. Porque un penitente es un "mártir" en el deseo, en potencia. Pero con la diferencia de que para ser lo primero se requiere un "verdugo". Y ninguno puede serlo de sí mismo.

Por eso cabe la duda de si caían del todo en la cuenta de un detalle: que Jesucristo fue víctima de otros, no verdugo de sí mismo.

No se debe ser verdugo del cuerpo con la finalidad de "meterlo en vereda". Hay que mortificar lo que hay de pecado, pero no matar o disminuir lo que hay en uno de capacidad de vida. Santo Tomás niega la licitud de la mutilación como no sea para salvar la vida, pero admite la licitud de la disciplina, porque ésta no atenta a la integridad corporal. Pero cabe pensar que acaso el santo dotor se refiera a una mortificación moderada.

En principio, como buscar el placer es inmoral, así lo es buscar el dolor. Sin embargo es doctrina aceptada que Dios, en ciertos casos —en circunstancias especiales—, pide a ciertas almas que se conviertan en víctimas por la penitencia; y que cuando Dios pide semejantes heróicos sacrificios, da fuerzas sobrenaturales —algo así como las da a los mártires— para soportar tales penitencias.

Tal puede ser el caso de santo Domingo de Guzmán y de san Martín de Porres.

Hay un cuadro en el convento de santo Domingo de Lima que parece reproducir esta idea: Jesús Nazareno va cargado con la cruz. Se dirige al santo mulato y le dice:

—Martín, ayúdame a llevar la cruz.

Y éste le responde:

—Dios y Redentor mío: ¿a mí tanto favor?

En esta breve escena queda reflejada la razón del ansia penitencial de fray Martín: ayudar a Jesucristo en su obra redentora.

Por eso quiso mostrar Dios de un modo manifiesto lo grato que estos sacrificios de fray Martín eran a su Divino Beneplácito. Muchas veces, terminada la primera parte de sus disciplinas, ardiendo aún en caridad, iba de un lado a otro continuando su flagelación. Y entonces hermosísimos pajes —ángeles— deslumbrantes, con ricas vestiduras, con hachas en las manos, iluminaban intensamente todo el trayecto recorrido por el santo, para que los religiosos viesen las duras disciplinas que se daba, abstraído de cuanto no fuese el pensamiento de ganar con su sangre almas para Dios.

De este hecho, repetido en varias ocasiones, dan testimonio en el proceso de beatificación varios religiosos, entre ellos fray Juan de Medina, fraile cooperador. Su relato jurado, sobrio y breve, dice así:

"Así mismo oyó decir este testigo, y era muy público y notorio en dicho convento, que, estando orando el dicho siervo de Dios fray Martín de Porres en el altar de Nuestra Señora del Rosario, en el dormitorio donde se reza el oficio menor de Nuestra Señora, vieron que, levantándose él de la oración para irse al coro, le fueron acompañando con luces en las manos dos ángeles hasta que entró en dicho coro; lo cual vieron con toda claridad y distinción todos los religiosos del convento que a la sazón se hallaban en la capilla del dormitorio" (15).

Don Marcelo de Ribera, cirujano, confirma esto mismo:

"Oí decir a los religiosos del convento y fue público y notorio, que el siervo de Dios fray Martín de Porres salía algunas veces azotándose por el convento como en procesión y que le iban alumbrando cuatro hermosísimos mancebos, que se entendía eran ángeles" (16).

Su amor por las almas le hace suspirar de continuo. Oye hablar con frecuencia a gentes que vienen de las tierras españolas, de Asia y Oceanía, sobre la inmensidad de los reinos de China y Japón, cuyos habitantes, en su casi totalidad eran aún paganos. Ponderábase la gran actividad apostólica desplegada por los religiosos españoles de su misma Orden en aquellos inmensos imperios, hasta regar aquellas tierras, en más de una ocasión, con su propia sangre. El envidia a estos mártires santamente. Pero, humilde, no se considera digno del martirio, aunque le deslumbre la idea de ser misionero. También llegan a Lima soldados —algunos, de los que acuden a la portería—, y cuentan con vivo colorido —relatos de la propia experiencia o de algún compañero— las hondas amarguras que los cautivos cristianos sufren en tierra de moros, en Argel, Túnez, Marruecos; los malos tratos que padecen, el hambre, la prisión, los trabajos bajo el látigo, las fuertes tentaciones que sienten de dejar la fe para gozar la libertad y comodidades... Y cómo muchos reniegan de Cristo.

Repetía él estos relatos, apenado, delante del Señor. Deseaba estar al lado de ellos, animándolos, dándoles consuelos, enjugando sus lágrimas amargas. Y Dios quiso hacer real su gran sueño de caridad. Dice su biógrafo que realizó maravillosos viajes, hechos en los mismos días que comulgaba, durante los cuales ya sabían todos que era invisible, y esto por largo espacio de tiempo. Viajes insospechados, de los que nadie tenía noticia en el convento, hasta que Dios mismo tuvo a bien manifestarlos para gloria suya y honra de su siervo.

Cierto día, llama un caballero a la portería del convento. El portero lo conduce al interior del claustro y luego va a dar aviso. Entre tanto, el visitante admira las elegantes y sencillas formas de los arcos y columnas, adornados con hermosos azulejos sevillanos floreados.

Recorre, luego, con su mirada, dos hermosos cuadros, en lienzo, que reproducen la vida de santo Domingo de Guzmán.

De pronto, siente pasos: por una galería ve llegar a un religioso destinado a acompañarle en su visita al convento. Se saludan y continúan luego por el claustro, que su acompañante, el padre Francisco Vega, le explica detalladamente.

Pasa de pronto fray Martín; y el caballero, al verle, corre hacia él, alborozado, y sin más explicaciones, le abraza con toda efusión de su alma. Después con el natural asombro del padre Vega, le pregunta:

—Pero, padre fray Martín, ¿cuándo ha venido su reverencia?

Este, por toda respuesta, sonriendo, le hace un gesto expresivo de que calle. No comprende el caballero la actitud de fray Martín, el cual reitera sus gestos y le ruega en voz baja y disimuladamente que no diga a nadie lo que debía ser un secreto. Y, despidiéndose con otra sonrisa, prosigue su camino.

El extranjero no se esplica el motivo de tal prohibición. Pero no menos intrigado que él estaba el padre Francisco, que había presenciado la escena a unos metros de distancia. El raro trato del caballero con el santo y los extraños ademanes de éste como queriendo encubrir algún misterio, aumentan extraordinariamente su lógica curiosidad, y en cuanto fray Martín desaparece pregunta al visitante cuándo ha conocido al mulato. Aquél refiere entonces su historia:

Ha estado cautivo en Argel durante bastante tiempo, y fue allí donde vio a un hombre donado, negro de color, dominico, que desplegaba una actividad asombrosa, con tal desvelo, con ternura y amor tan grandes, que los pobres cautivos, al verle, lloraban de gratitud. Aquel religioso les hacía toda clase de servicios con admirable acierto.

De estas obras de misericordia servíase para tener más acceso a sus almas. Entraba, sin que nadie supiese por dónde, en los oscuros y fétidos calabozos; y, luego de remediar a los cautivos las necesidades del cuerpo, sentábase en el suelo junto a ellos y con dulce y acariciadora voz les hablaba de la libertad que pronto alcanzarían, animándoles a no desfallecer, a tener confianza en la Divina Misericordia. De aquí pasaba a pintarles con los más vivos colores la libertad completa de la gloria, en donde se acaban para siempre los dolores. ¿Qué eran, puestos los ojos en este inmediato porvenir del cielo, los sufrimientos de unos días? ¿En qué habíamos de parecernos entonces al Crucificado?

Y el siervo de Dios, con divina unción, que solamente el Espíritu Santo podía poner en su boca, les encarecía, vibrante de amor, los sufrimientos de Cristo.

Los cautivos oían las consoladoras palabras del santo derramando gruesas lágrimas, que recogía él mentalmente para ofrecerlas a Dios.

—Yo fui —prosigue el caballero— uno de sus asiduos favorecidos. Presentábase de improviso y no sabíamos quién era ni de dónde venía. Se repitieron sus visitas durante mucho tiempo, hasta que al fin, como él me había anunciado, conseguí la libertad. Después me vine al Perú y aquí me hallé hoy con mi bienhechor misterioso.

Causó la historia extraordinario asombro al padre Francisco, pues no tenía noticia, como nadie en el convento, de que fray Martín hiciese viajes tan largos y milagrosos, ya que nunca faltaba de casa, o, por lo menos, cuando su presencia era necesaria, se hallaba siempre a punto. Al saberlo el caballero, se confirmó en su idea de que fray Martín era un santo.

Cuando se despidió del fraile, le suplicó que no contase a nadie su peregrina historia, por ser así vivo deseo de fray Martín.

Y en esta forma —como un secreto que va de boca en boca— fue la comunidad enterándose de tan estupendos prodigios como Dios obraba en él.

Y no fue misionero en Berbería únicamente. Estuvo también en China y en el Japón, predicando la fe y solamente Dios, que lo llevaba de modo tan sobrenatural, podía decir las almas que ganó.

También llegaron a enterarse de este milagroso viaje de una manera imprevista: Francisco Ortiz había llegado al Perú después de haber estado en Oriente, de un modo especial en Manila, capital de las Filipinas. El buen caballero español no tardó en hacerse muy amigo de san Martín; y en uno de los relatos sobre sus andanzas por Oriente, le dijo que allí había visto también a un fraile cooperador de la orden dominicana; hombre de vida santísima, que había recogido veinticinco niños huérfanos y los mantenía y educaba en el convento, enseñándoles a leer, escribir, hacer cuentas. Se valía para ello de las limosnas que recogía en la ciudad.

Fray Martín le manifestó, al oír el relato, que ardía en deseos de conocer ese hermano suyo de hábito, que tanto bien hacía en aquellas lejanas regiones, y que gustoso trataría y hablaría con él, para cambiar ideas y comunicarse mutuamente deseos y experiencias.

De allí a tres días, volvió don Francisco Ortiz al convento, y ¡cuál no sería su asombro, cuando le oyó decir a fray Martín que Nuestro Señor le había hecho conocer a aquel siervo de Dios de que le había hablado; y mayor maravilla le causó ver que fray Martín, no sólo conocía a la perfección los usos y costumbres de aquellas lejanas tierras, sino que también hablaba perfectamente la lengua china, por haber estado, según decía, en aquellos reinos...! (17).

Por este dato se colige que también el Señor había concedido a su siervo este otro don carismático de la "glosolalia", del que tantos otros santos y grandes misioneros disfrutaron con provecho de los prójimos: san Vicente Ferrer, san Francisco Javier, san Luis Beltrán, etc.

Y fray Martín no había salido nunca de Lima en toda su vida, salvo el viaje que hizo a Guayaquil cuando pequeño con su padre.

Se halló también fray Martín en Bayona, Francia, en un hospital, pues según él mismo dijo, fue en este último lugar, donde aprendió una extraña receta contra la erisipela, según relata Juan Vázquez (18).

"Salimos de una chácara y, pasando un alfalfar, hallamos a un hombre, el cual se llamaba Carrillo. Llegamos a hablar con él, a cuyo tiempo bajó un muchacho de la vivienda diciendo:

—Señor, que se muere mi tía.

Respondió el venerable fray Martín:

—¿Qué le ha dado, muchacho?

A lo cual respondió Carrillo:

—Padre está padeciendo una erisipela en la cara, que la tiene hecha un odre.

Respondió fray Martín:

—Válgame Dios. Vamos allá.

Fuimos y vimos a la enferma, que ya estaba más para la otra vida que para ésta. Fray Martín pidió una copa de agua y un pollo que tuviese todo el pelo negro. Y cogieron un gallo por no haber pollo. Y le hizo pelar desde los encuentros de las alas, hasta la cabeza. Y cortada ésta, toda aquella sangre que caía en el agua rosada se iba batiendo.

Mezclada ya el agua con la sangre, mandó que se pusiesen unos paños mojados en aquella agua y se aplicasen en la parte donde estaba la erisipela. Y, habiéndosela puesto, nos despedimos diciendo que por la mañana enviaría a ver cómo estaba la enferma.

Y, pareciéndole al hombre que no sería a propósito aquella cura le preguntó:

—Padre, ¿quién usa de esas curas, que no la he oído nunca?

Y respondió el venerable fray Martín:

—Vi hacer esta cura en uno de los más grandiosos hospitales que hay en toda Francia, que fue en Bayona. Desde entonces yo me he aprovechado de ello, y se han hallado mis enfermos muy bien. Y así espero en Dios que esta señora se hallará mejor con este remedio.

Al día siguiente, apenas amaneció cuando dándome una canastita, me dijo:

—Anda a una confitería y compra unos dulces y llévalos a aquella enferma y sabe cómo está.

Yo fui con la canastilla llena de acitrones —cidras confitadas— y de calabazas. Encontré un negro antes de llegar a la casa, el cual iba echando unos borricos fuera. Y díjome:

—¿Ahora venís? Pues ya el padre vino e hizo una sangría y se volvió a ir.

Yo lo tuve a chanza. Entré a donde estaba la señora enferma y hallé la sangría en una escudilla. Saludé a la señora y díle el recado que el padre me había dado. Y díjome:

—Ya estuvo aquí el padre fray Martín. Pero sin embargo, yo te agradezco el recado, porque me dejó dicho que se hiciese lo mismo que ayer.

Por lo que habían ido a buscar un pollo a otra parte.

Yo me volví al convento. Y, hallándole en su celda, le dije:

—Padre ¿para qué me envía solo si había de ir allá?

Y me respondió:

—Pues si vos vais jugando ¿tengo yo la culpa?

La enferma quedó bien y fray Martín contento.

Los años dejan huella en el santo. El cabello, antes negro, es ahora gris, salpicado de canas, que se multiplican insensiblemente. A través de su negro color percíbese la palidez de las fiebres que desde hace algunos años viene sufriendo con heróica paciencia. Esto, un año y otro. Y cada vez más flaco, más decaecido, agravada la enfermedad con sus penitencias, su falta de sueño, su lecho de tortura. Pero su semblante irradia siempre alegría, y sus ojos siguen brillando con el mismo fulgor suave y consolador de siempre.

Los superiores determinaron mandarle algunos meses a la finca de Limatambo, donde solían los convalecientes ir a reponerse. Es una de las haciendas que el marqués don Francisco Pizarro concedió a los religiosos. Confirmó esta donación en un decreto de 24 de enero de 1540.

Pero como entonces era completamente inútil la concesión de terrenos, ya que no podían cuidarse por propia mano, ni hacer los trabajos de cultivo, el mismo Pizarro mandó en dos provisiones que los indios cercanos hiciesen la siembra dirigidos por sus propios caciques y que éstos ayudaran a la construcción del convento del Rosario.

Pasado el tiempo, la hacienda se convirtió insensiblemente en una finca de recreo a la vez que de intenso cultivo. Edificaron una buena casa con numerosas dependencias alrededor, para los muchos colonos que el cuidado de la "quinta" requería. Su principal rendimiento era de trigo. Allí mismo se molía, se cocía el pan y se llevaba lo necesario al convento, distante dos kilómetros de la posesión. Limatambo tenía el aspecto de un pequeño pueblo cuyo centro era la "casa", residencia de los religiosos cuando iban a reponerse de sus dolencias.

Pero no toda la finca estaba dedicada a la siembra. Había partes de arbolado que le daban aire de pomarada y dehesa.

Este era el lugar donde fray Martín —mandado por la obediencia— pasó algún tiempo.

A juzgar por los testigos, no estuvo una sola vez sino que en los últimos años, iba con relativa frecuencia.

Cuenta don Gaspar Calderón, que trató a san Martín durante cuatro años, que "en muchas ocasiones se iba a Limatambo, y allí se escondía a hacer sus penitencias" —de lo que él era testigo—.

Cierto día fue don Gaspar a esa hacienda. Estaba con fray Martín. Y cogiendo él fruta, el santo se fue a un olivar, en donde permaneció casi la tarde entera. Y pudo oírle los golpes de la disciplina. Quiso don Gaspar saber el sitio en donde se hallaba, pero no lo consiguió, pues cuando quiso ir a buscarle, impensadamente le halló a su lado (19).

Desde los primeros días trabaja con entusiasmo. Sabe que el trabajo da energías al cuerpo y es fuente de salud. En cuanto comienza la época de la siembra, desde las primeras horas ayuda a los colonos en sus tareas. Muchas veces conduce él mismo el arado, que abre surcos rectos, y arroja la simiente con gran unción, como si realizase un acto litúrgico, pues de él brotaría luego el pan que da el alimento diario a los cuerpos y el pan que se transformaría en alimento de las almas. Cuida de que no germinen malas hierbas. Y cuando las ocupaciones del campo no son intensas, dedícase a sembrar plantas medicinales en los sitios que puedan estar más a mano de los transeuntes pobres que las necesiten. También le gusta poblar de árboles la propiedad. Y cubre con pies de olivo una extensión considerable que a los pocos días brotan y crecen exuberantes sin que se malogre ni uno solo. Maravilla de arbolado que recibió el nombre de *"Olivar de fray Martín"*.

Este suceso tuvo unas curiosas incidencias que juzgo de interés el narrar. Juan Vázquez, el muchachito de que ya hemos hecho mención y hablaremos más adelante, nos cuenta lo siguiente:

Una mañana salió acompañando a fray Martín. Era el mes de agosto, mediado ya el invierno limeño. Al salir por la puerta falsa le preguntó:

—¿A dónde vamos, padre?

—A Limatambo, hijo: a hacer un servicio a Dios

Nuestro Señor y a este convento, pues son muchos los novicios y a todos hay que sustentar. Tendremos para dos meses.

—Padre —replicó Vázquez— ¿qué hemos de hacer que tanto vamos a tardar?

—Fray Francisco está podando el olivar y cortaremos estacas para hacer un nuevo plantío, desde el camino real hasta el molino, que el olivar es ya viejo y se irá criando otro nuevo y de aquí a 30 años, cuando ya sean hombres maduros, rezarán por quien lo plantó.

Llegaron a Limatambo y fueron al olivar en busca de fray Francisco. Martín le rogó que le fuese apartando unas cuantas ramas, porque tenía pensado plantar un nuevo olivar. Fray Francisco rióse del propósito.

—¿De dónde sacaréis, fray Martín, las estacas que para ello se necesitan?

—No se aflija, hermano, que la Providencia de Dios es grande, pues con los muchachos que tenemos en casa hay harto para que hagan los agujeros.

Fray Francisco movió la cabeza con aire de incredulidad; y Martín le pidió que, con dos negros y cuatro mulas, le enviase los ramos cortados.

Fuese al olivar, llevando tres carretillas, y comenzó en compañía de algunos muchachos a hacer hoyos, cada uno de los cuales tenía media vara de hondo y una cuarta de ancho. El primer día hicieron unos noventa. Así continuaron toda la semana. Llegado el sábado, comenzaron la plantación. Martín se sentía feliz y decía:

—Gracias a Dios que me ha permitido ver este día.

Se puso a poner varas en los hoyos y, el lunes siguiente, a partir del medio día, comenzó a regar las estacas que tenía plantadas. "Fue cosa admirable —dice Vázquez—, que al tercer día se veía en muchas de ellas retoños como de una cuarta". Prosiguió la plantación y a los 15 días ya había como 700 hijuelos. En un mes se acabó todo el olivar que, años adelante, cuando Vázquez escribía su relación, era un prodigio verlo (20).

Llega el tiempo de la cosecha, y fray Martín redobla su actividad.

Así transcurren para él los días.

Más no termina aquí su trabajo. En cuanto retira los animales —bueyes, mulas— a las cuadras, él se encarga de darles de comer, de extender el mullido en el suelo, de atenderlos en todo. Faena que hacía también para librar de ella a los colonos y dependientes, de tal modo, que algunos religiosos le llegaron a decir:

—Fray Martín, esto es cargo de los esclavos.

—Los negros —dice replicándoles— están cansados del trabajo insoportable del día, cuyo peso y fatiga han sufrido, y los animales han servido más que yo, y es falta de caridad no darles lo que merecen y necesitan. Yo no he ganado la comida ni la merezco, porque no he hecho nada en servicio de Dios, y así me ejercito en esto, y no se me pasa el día sin hacer algo de provecho.

Notaban los negros lo que se sacrificaba por ellos, exonerándoles de sus ocupaciones. Y esto creaba en su interior una disposición de ánimo favorable para escuchar luego sus enseñanzas y advertencias. Además veían en él —por su color— un hermano suyo.

Al llegar fray Martín a Limatambo, había pedido al superior que le confiase todos estos menesteres: cuidar de los negros, enseñarles la doctrina, educarlos en todos los sentidos.

El padre comprende que nadie como el mulato puede cumplir esta misión, ya por ser de la misma raza, ya por su largo oficio de enfermero y también porque su ejemplo de santidad daría más fruto. El los conoce bien.

Fray Martín, sabe pues, a lo que se compromete. Todas las noches, concluída la faena del campo, recorre una por una sus chozas. Mientras los va curando, con exquisita solicitud, les descubre las llagas de sus almas, para que, viendo su horror, las abominen: vicios groseros —sensualidad, borrachera— y malos hábitos de hurto. Y cuando les reprende con cierta dureza, refiriéndose a acciones que ellos creían ocultas, ellos le escuchan sumisos.

Después va al departamento de las mujeres, donde alguna enferma o anciana espera con ansia sus cuidados, para que vierta sobre ella el bálsamo de sus remedios, consuelos, regalos y doctrina santa.

Con el paso de los días se nota la acción misionera de fray Martín, que vuelca todos sus afanes de apostolado sobre estos pobres hermanos suyos. Y de cuando en cuando alguno recibe el bautismo, otro comulga por primera vez, alguien acude a confesar.

Todos los domingos y días de fiesta eran de descanso, y también los días señalados especialmente para enseñarles la doctrina cristiana.

Pero no son únicamente palabras las que obran esta renovación de conciencias encallecidas. Hay "algo" más que les impulsa a acercarse a Jesús... Es la sangre que fray Martín sigue derramando a diario. Como siempre, desea que solo Dios sea el testigo de sus penitencias; pero Dios quiere que otros se edifiquen con su santidad y sacrificio expiatorio. Y pronto son los mismos negros quienes corren la voz de que el santo se azota cruelísimamente. Al verle esconderse olivar a dentro, decían:

—Ya viene fray Martín a regar el olivar con su sangre.

Porque, después de verle salir, van ellos con sigilo a presenciar absortos el sitio del suplicio; y encuentran las hierbas del suelo, las cortezas de los árboles empapadas de sangre. Los negros, formando corros, contemplan con mudo pasmo el espectáculo, que recuerdan las enseñanzas de fray Martín y todos se proponen hacerlas norma de su vida.

Había cerca de Limatambo un pueblecillo de indígenas, y a él va con frecuencia. Era un conglomerado informe de "bohíos", donde se vivía una dura vida de trabajo y pobreza. Aquí multiplica él sus diversas actividades de cirujano y misionero. Llamábase este lugarejo "Pescadería del Surco", y hoy Chorrillos, asomado al mar. Los indios pescadores acudían a él y le daban dinero para que les dijese misas. Fray Martín objetaba:

—Hijos, yo no soy de misa.

Pero los buenos chorrillanos insistían y gozaban poniendo en sus manos la limosna.

Otro pueblecillo de pescadores era el "Surco", y cuando el santo asomaba por entre sus huertas y sembrados, le cargaban de regalos (21).

Así transcurrían los días del verano, paréntesis de descanso conventual, pero a la vez continuación de su afán de santificarse y de santificar a los demás. De nuevo la obediencia le llama a su convento del Rosario.

Había mejorado muchísimo, aun cuando no abandonara su austeridad de vida y sus duras penitencias. El campo, el aire fresco, los duros trabajos agrícolas, le habían tonificado el cuerpo.

Durante su estancia en la finca de Limatambo hacía peregrinas "escapadas" al convento de Lima, una de las cuales fue conocida por todos los religiosos de forma insospechada, cuya relación nos hace fray Fernando Aragonés, compañero de enfermería, de oficio —según vimos entonces—, y uno de los que testifican ampliamente en el Proceso.

Recogemos, pues, su relato:

Habiendo ido a Limatambo, dejó encomendado a un religioso cooperador el cuidado de tocar el ángelus. Pero éste se puso enfermo a los pocos días.

Entonces dejó el encargo a un negro del convento, con la promesa de darle, cada vez que tocase puntualmente, un real de plata.

Accedió gustoso el negro.

Mas, yendo cierto día a tocar, se halló a fray Martín en la torre tocando. Y le dijo:

—¿Para qué tocáis, pues yo tenía el encargo de parte de fray Domingo? Pues yo venía a ganar un real que me había prometido por tocar el alba. Y ahora no me lo dará.

Y fray Martín respondió:

—Pedidle el real, que yo no le diré que toqué; y él te lo dará.

Y, en efecto, se lo dio (22).

NOTAS

(1)	Proceso:	págs.	136
(2)	"	"	129-130
(3)	"	"	127
(4)	"	"	264
(5)	"	"	324-360
(6)	"	"	139
(7)	"	"	232
(8)	"	"	204
(9)	"	"	219
(10)	"	"	136
(11)	"	"	142
(12)	"	"	347-348
(13)	"	"	115
(14)	"	"	129-130
(15)	"	"	175-206-207
(16)	"	"	140
(17)	"	"	119-122
(18)	"	"	392 y ss.
(19)	"	"	299
(20)	"	"	389 y ss.
(21)	"	"	398-399
(22)	"	"	157

CAPÍTULO VIII

PROTEGIDOS

SUMARIO: FRAY CIPRIANO EL "FEO". EL PATACÓN. A VUELTAS CON EL MALIGNO. NOVICIOS TENTADOS. EL HIJO DEL CONTADOR. LOS DOS "INOCENTES". TRUEQUE DE ZAPATOS. NIÑEZ DESAMPARADA. JUAN VÁZQUEZ, CONFIDENTE DEL SANTO. OBRAS DE CARIDAD. DELINCUENTES SALVADOS.

De nuevo le hallamos en el convento, ocupado en sus múltiples faenas. Sigue desempeñando el oficio de barbero. La misma animación de siempre, cuando los jóvenes se juntan para hacerse el cerquillo. Algunos se ríen de fray Cipriano, a quien burlonamente llaman "feo" porque es chaparro y excesivamente grueso, con una cara llena, redonda, poblada de intensa barba. Es el año 1626.

Alguno, amigo de bromear, dice:

—Hermano fray Martín: Hágale el cerquillo al hermano fray Cipriano, que es el más feo del convento.

Y le da un ataque de risa.

Fray Martín advierte a los burlones:

—Feo le llamáis, porque le veis pequeño y de esta suerte. Pues él crecerá y será honra de nuestra Orden y religioso de gran estatura.

Todos miran entonces con cierta envidia al "feo" y nadie vuelve a motejarle.

Un año después, fray Cipriano había crecido media vara, efecto de unas calenturas que le tuvieron en cama durante tres o cuatro meses. Los hábitos le quedaron inservibles por cortos, y tuvieron que darle otros. En cuanto su grandeza moral, confírmase la profecía de fray Martín, pues andando el tiempo, llegó el "feo" a regentar varias cátedras en la universidad, además de conseguir para la Orden tres seguras, sin necesidad de oposición. Terminó siendo obispo de Huamanga.

Todo esto habían de verlo con el tiempo estos estudiantes risones.

Mas ahora fray Cipriano, además de ser feo, es travieso, y nadie, como no lo diga fray Martín, puede pensar, que de un chico tan revoltoso salga, con el tiempo, persona de tanta gravedad. Es de los que más asedian al santo.

"Una tarde —narra el mismo fray Cipriano (1)— después de la clase de teología de Vísperas fueron a la celda de fray Martín a que les diese de merendar, quien con mucho regocijo y amor les dijo que le esperasen, que iba por la merienda. Y quedando solo este testigo y los demás hermanos, abrieron un cajón de una mesa y hallaron una poco fruta, plátanos y palta, y la sacaron y la empezaron a comer.

A esta sazón entró fray Martín con pescado, miel, pan y otras cosas; y sentándose en el suelo en un rincón, les dijo:

—Ea, hijos, merendad.

Y al irse acabando la merienda les dijo a todos:

—Bien habéis hecho en comer los plátanos y paltas, que para vosotros estaban ahí. (Es la "palta" una especie de pera grande que se produce en el Perú. Es término quechua. También se la llama "aguacate", de un vocablo azteca, pues también se produce en México).

Y volviéndose a uno en particular de los circunstantes, le dijo por su nombre (era éste fray Alonso de Segura, quien más adelante refirió también el suceso):

—Fray Alonso, poned ahí el patacón que tomasteis, que no es nuestro y tiene dueño.

Y asombrados todos y el tal religioso en particular, le dijo:

—¿Qué patacón, hermano, ni quién le ha tomado aquí patacón?

Y sonriéndose le dijo:

—Sacadlo del zapato, que no está ahí bien la cruz de Jesucristo que tiene. Y la sacó dejándonos a todos absortos y admirados del caso".

Era el "patacón" una moneda de plata, de tamaño pequeño, de valor aproximado al de los dos reales de plata que circulaban en España todavía en la primera mitad de este siglo. Fray Martín aludía a una cruz que la moneda tenía en el reverso. También se la llama "real de a ocho".

También sentía en lo vivo que algunos quisieran abandonar el hábito para volver al mundo. Sabía cuánto trabajaba y luchaba el demonio por socavar con mil pretextos y urdimbres la vocación de los religiosos. El mismo había tenido que defenderse contra sus asaltos y argucias. Todavía recuerda, y nunca se le irá de la memoria, lo que le ocurrió una noche.

Juan de Guarnido, que vivió en el convento por espacio de veinte años, desde niño —sin duda, uno de los recogidos por la caridad del santo— refiere con pormenores curiosos la escena de la escalera encantada:

Había una escalera que bajaba de unos claustros altos a la enfermería del convento. Estaba ordinariamente cerrada "por algunas causas que había para ello. Y que si alguna vez la abrían para algún pasaje, era de suerte que no pasaba persona por ella que no cayera o se lastimara".

En una ocasión, subiendo por ella fray Martín de Porres para ir a cuidar a un religioso enfermo, necesitado a deshoras de la noche, llevando en la mano una candela de brasero y ropa, se encontró en un rincón al demonio. Preguntóle:

—¿Qué haces aquí?

Respondió:

—En este paso tengo mis ganancias con los que pasan por él.

—¡Vete —le increpó fray Martín— a tus profundas cavernas malditas!

—No quiero.

Entonces se quitó el cinto y la emprendió con él, "diciéndole muchas palabras". El diablo se fue.

Fray Martín, con los carbones que llevaba, hizo dos cruces, que Juan Guarnido fue a ver días después, al correrse en el convento el suceso. Días después, el santo mandó colocar en aquel pasadizo una cruz de madera de vara y media de alta.

Desde entonces se pudo pasar por la escalera sin que "sucediese mal alguno a ninguna persona, como antes sucedía" (2).

El mismo testigo afirma que "fue público y notorio que de ordinario tenía grandes luchas con el diablo. Y que la noche que murió, se dijo en el convento que habían entrado algunos religiosos en su celda para verlo, entendiendo que se moría. Y que habían oído que estaba luchando con el demonio, y que le decía:

—Quita maldito. Vete de aquí, que no me han de vencer tus amenazas".

Hay un suceso, narrado por otro de los testigos, que parece sacado de la antología de López Ibor (3).

El sargento Francisco de la Torre vivió, por espacio de dos meses, en la celda de fray Martín, que le llevaba todos los días la comida y la cena "con mucha caridad".

Una noche habiéndose retirado a la alcoba que tenía la celda, en la que se hallaban los colchones de la enfermería, sintió que, al cabo de un rato, entraba en la celda el siervo de Dios y se cerró por dentro y se quedó en la primera pieza de la celda.

De pronto, le oyó decir, muy enojado, como hablando con alguna persona:

—¿Para qué has entrado, aquí? ¿Qué tienes que buscar? Puesto que éste no es tu sitio, ¡vete!

Y seguía diciendo otras palabras injuriosas.

El testigo se extrañó mucho de este lenguaje airado, por ser fray Martín muy pacífico y humilde en su condición y trato.

Entonces, para saber con quién hablaba, se asomó a la puerta de la alcoba. Y pudo ver que traían al siervo de Dios "rodando por la celda y dándole muchos golpes, sin saber quién ni ver bulto alguno".

De pronto vio que comenzaban a arder la celda y las alcobas en que estaba guardada la ropa de los enfermos. Esto le produjo a don Francisco enorme turbación y miedo.

Fray Martín empezó a dar voces llamándole para que le ayudara a apagar el fuego.

Salió desnudo y con una sobrecama en la mano. Entre ambos apagaron el fuego. Después le dijo:

—Váyase a acostar, no sea que coja frío por estar desnudo.

Este se dirigió a la puerta para ver si estaba abierta, por si había salido alguna persona. Y, no. Estaba cerrada.

Muy extrañado, se fue a su alcoba, sin preguntar nada a fray Martín, pues "estaba despavorido y espantado".

En toda la noche no pudo conciliar el sueño.

Estando pensando en los sucesos precedentes, oyó que, a las tres de la mañana, se levantaba el siervo de Dios de la tarima en la cual tenía una piedra por cabecera y una calavera al lado.

Al irse a tocar el alba, como tenía por costumbre, le puso la vela en la puerta de la celda para que tuviese luz. Y le dejó encerrado.

Entonces éste se levantó para ver los efectos del fuego. Y no halló ni rastro de haber habido incendio. Lo cual le dejó más perplejo aún.

Al llegar la mañana, contó el extraño caso a

varios religiosos, que fueron a comprobarlo. Y tampoco hallaron señal de fuego.

Termina, el buen testigo, con estas palabras:

"Aquello no lo podía haber hecho más que el demonio" (4).

El santo recuerda estos episodios y sabe que Satanás hace siempre el daño que puede, primordialmente entre los novicios, a los que llena la cabeza de vanas fantasías y grandezas, de honores, comodidades, opulencias y goces, que hace muy poco abandonaron. Pide, pues, al Señor que Lucifer no se salga con la suya; y Dios, que ha colmado a su siervo de tantas gracias, le concede otra más: penetrar en el pensamiento de sus hermanos, para salvar sus almas del peligro. Así logró asegurar varias vocaciones entre los novicios.

Uno fue el hijo del tesorero mayor de Lima, don Francisco López Carabantes. Hacía un mes que había ingresado en el convento. Habiendo ido su padre a verle, trató de disuadirle para que dejase el hábito con la esperanza de que le sucediese en el cargo a su fallecimiento, según merced alcanzada de su majestad el rey, don Felipe IV.

Accedió, deslumbrado, el novicio y trazaron un plan de fuga para la media noche.

Mas no contaron con fray Martín.

Cuando, anochecido, iban a cenar, al cruzar por el claustro por delante de la sala del capítulo, el Santo se acerca al novicio que, por ser el menor, caminaba a la cabeza de una de las filas, y le susurra al oído:

—Este jovencito quiere soltar el hábito y dejar la casa de Dios para ser tesorero mayor. No lo haga. Mejor será que sirva a Dios, permaneciendo en su casa y asegurar en ella su salvación.

Y, dándole una palmadita en el hombro, recalcó:

—Y créame que si no lo hiciese por amor, lo hará por temor.

Y, prosiguiendo claustro adelante, desapareció por una de sus puertas hacia la enfermería.

Ya en el refectorio, el novicio sintióse mal. Pidió permiso al padre maestro para ir a la cama, que le fue concedido, aunque sorprendido aquél por mal tan repentino. Y el novicio se acostó.

En vano le esperó el tesorero mayor aquella noche.

Un mes estuvo el novicio en la cama. Y, cada vez que intentaba salirse, volvía a caer enfermo. Al fin se dio cuenta de la causa y renunció definitivamente a dejar la vida religiosa.

Se llamaba este novicio —él mismo relató el episodio— fray Francisco Velasco Carabantes, que testificó en los dos procesos: diocesano —1660— y apostólico —1679—. Es uno de los testigos que más amplios informes dieron sobre la santa vida de fray Martín y al que hemos hecho referencia en más de una ocasión.

En otra, dos novicios saltaron la tapia del convento aprovechando las primeras horas de la noche, y llegaron a un pueblo —"El Cercado"— en las afueras de Lima, en donde ya les esperaban.

Notó el padre maestro la ausencia en el momento de formar filas para ir a maitines de medianoche. La búsqueda, como es lógico, resultó inútil. Se encuentra con fray Martín y le relata su angustia. El santo sonríe y le dice:

—No tenga vuestra paternidad cuidado. Están seguros y duermen en este momento. Retírese vuestra paternidad, que yo se los llevaré muy de mañana.

Y se presenta en la casa donde estaban, distante un kilómetro, y comienza a llamar.

—¿Quién va? —responden desde dentro.

—¿Están ahí dos novicios?

Y les da los nombres, uno de los cuales se llamaba fray Esteban Bernegalí.

—Aquí no hay tales novicios —replican—.

El Santo, bien por conocimiento carismático o por datos muy concretos que sólo él tuviese, insistió con seguridad:

—No nieguen, que sé que están.

Ante el tono de seguridad, abren la puerta y entra.

—Vamos, niños, vengan conmigo —les dice con rostro placentero, un tanto picaresco—. No teman.

Ellos se mostraban reacios, temerosos del castigo. Pero, fiados en las seguridades que les dio, le siguieron. Pasaron la noche en la celda de fray Martín, quien los llevó al padre maestro a la siguiente mañana. El padre, al ver sus caras de inocentes, nada les preguntó. Ellos guardaron el secreto hasta que el peligro de un castigo hubo pasado.

Fray Martín realizaba todas estas obras de caridad, siempre afable, inmutable, y con fino sentido del humor, que quitaba acidez a sus reprensiones, y tomaba a broma las frases irreverentes con que, alguna vez, le contestaba la gente joven.

Este fino humor es característico de algunos santos, que les hace sumamente simpáticos porque les da un sello humano que los acerca a nosotros. Tal es el caso, por ejemplo, de santa Teresa de Jesús, san Francisco de Sales, san Vicente Ferrer, san Juan Bosco, hasta el punto de que un moderno escritor ha tenido la feliz ocurrencia de hacer una antología del humor de la santidad con sólo entresacar curiosas anécdotas de algunos de ellos.

Pues en esta original galería tenemos que incluir a san Martín de Porres.

Hasta muchos de sus milagros y fenómenos carismáticos tienen ese sello de humor.

Humor fino eran sus geniales contestaciones a los frailes, obispos y grandes personajes, a quienes sorprendía con sus profundas respuestas, llenas de gracejo y sabiduría.

Su misma vida y persona son ya una invitación al humor. Y porque san Martín era así, pudo el genial dibujante madrileño Mingote hacer una vida suya en dibujos que ha dado ya la vuelta al mundo.

Y, con su fino humor, como un medio de apostolado, va ganando el mundo para Dios. Ese mundo tan necesitado de gracia divina y humana, para infundir en su mismo pesimismo un soplo de alegría.

He aquí una escena que refleja humorismo en el santo:

Es la escena encantadora de los zapatos del novicio.

Se llamaba éste fray Ulloa y su madre le había regalado unos nuevecitos que el muchacho se llevó bajo la capa al noviciado. Pero le sorprende fray Martín que venía de la celda del Maestro. Se le cerca y le dice:

—Los zapatos que lleva escondidos no son conforme a la Regla.

—¿Qué zapatos dice vuestra reverencia?

Fray Martín sonríe... y se los saca con gracia del seno en donde los llevaba aquél escondidos, el cual se disculpa:

—Los que tengo están ya viejos...

El mulato se los mira bailándole la sonrisa en los labios y le dice:

—No se apure. Ya le daré otros nuevos que le vendrán mejor y sin faltar a la regla.

Y le entrega unos que saca del seno, hechos por el zapatero del convento. Y, mirando a los zapatitos charolados y de brillante hebilla, dice sonriente, con inofensiva ironía.

—¡Vaya! Esos los daremos a un pobre ¿verdad?

Había llegado, entre tanto, otro estudiante, más joven aún, y se unió al grupo, movido de curiosidad. Y se quedó mirando a fray Martín. Y, al oír sus palabras dirigidas a fray Ulloa, le increpó con enojo y pasmo:

—Mulato brujo, ¿cómo supiste que mi compañero tenía los zapatos en el seno?

Fray Martín soltó la risa. Y sin contestarle, salió riendo del noviciado.

Fray Martín no se olvida nunca de los necesitados que le esperan diariamente a la puerta del convento. Entre ellos hay multitud de chicuelos, a los que, después de darles de comer, reúne para enseñarles catecismo, y mejorar su condición moral.

Uno de los rasgos más simpáticos de fray Martín es este amor por la infancia.

Eran muchos los niños españoles que, llevados por un instinto de aventura —los niños copian lo que ven— ansiosos infantilmente de conquistar también mundos y continentes e islas, como los grandes conquistadores de los que oían hablar tantas veces, se metían ocultamente en los barcos, para llegar a tierras de América, en donde se encontraban con un ambiente de plena orfandad. Y venía luego el lloro, el desamparo; y después la golfería por las grandes urbes, como Lima, en donde pululaban a centenares.

La niñez en Lima no era sólo blanca; la había también de color: india, mulata y negra.

A todos estos niños atendía con solicitud maternal este enamorado de Dios que tenía siempre en el alma las palabras del Redentor: "Si no os hiciereis como niños no entraréis en el reino de los cielos".

San Martín era niño en sentido evangélico y por eso amaba a los niños.

Bien refleja este amor lo que dice fray Juan de Medina, fraile cooperador que vivió con fray Martín y le trató mucho, por espacio de tres años. Y dice:

"La mayor parte del día acudía al ministerio de enfermero a curar y consolar a los enfermos. Y, en especial, en tiempo que los muchachos de esta ciudad —de Lima— se suelen venir al río a título —con el pretexto— de bañarse, a guerrear con hondas y apedrearse, haciendo en dos parcialidades reñidos bandos; de que solían salir muchos de ellos heridos". Y el siervo de Dios los recogía y curaba con todo amor y piedad (5).

Uno de estos niños es Juan Vázquez.

Tiene catorce años, y es natural de las Españas, en el reino de Extremadura, vecino de la ciudad de Jerez de los Caballeros (6).

Eran sus padres Simón García Cordero y Ana García.

Simón era oficial de la Inquisición, y llegó a Lima por mandato del rey. Aquí debió de morir, dejando al hijo en el desamparo y orfandad y sin medios de vida. La madre habría, tal vez, muerto antes.

Hallándose en el cementerio del convento de Nuestra Señora del Rosario, se llegó a él fray Martín de Porres. Y viéndole pobre y desamparado le preguntó de dónde era. Y le dijo:

—¿Tienes algún oficio?

—No.

—Vente conmigo.

Y ambos entraron en el convento, le llevó a su celda y le puso una camisa limpia, compadecido en extremo de verle tan pobre y necesitado, con ser de tan corta edad, pues tenía sólo catorce años. Y le dijo:

—Ven a mi celda a comer y a dormir todos los días. Y mira qué oficio quieres aprender.

El niño, al no ver más amparo que el de fray Martín, se decidió a quedarse con él. Y aprendió el oficio de barbero, para lo cual le prestó fray Martín algunos utensilios.

Tanto llegaron a intimar que el santo le dio una

llave de su celda para que entrara siempre que lo desease.

Como desconocía los antecedentes del santo religioso, un día quedó espantado de ver a fray Martín orando en la celda a la altura de un hombre.

Despavorido fue a dar la noticia a fray Fernando Aragonés, quien después de escuchar su relato le dijo:

—Calla la boca, cierra la puerta y no te espantes de eso, que lo has de ver muchas veces.

Recuerda también un episodio de los primeros días que le impresionó fuertemente:

Estando él una noche acostado en una alacena, en la que tenía el santo enfermero gran cantidad de ropa y reales de plata, hubo un temblor de tierra. Salió de la alacena y halló al venerable fray Martín que estaba tendido en el suelo, en forma de cruz con un ladrillo en los labios.

Abriendo la puerta, con el susto del temblor, le dijo volviéndose a él:

—Levántese, padre.

Y no le respondió.

Entonces Juan Vázquez salió de la celda y llamó al padre maestro Avendaño y le dijo con lágrimas en los ojos que fray Martín estaba muerto.

—Calla, hijo, que no está muerto ni muere. Dichoso tú que has alcanzado a ver lo que todos deseamos. Vente conmigo a dormir a mi celda.

"Y cerrando la puerta de fray Martín con una llave maestra que yo tenía —refiere Juan Vázquez— fui a la celda del padre maestro Avendaño, en donde dormí aquella noche hasta el día siguiente, en que volví por la mañana a la celda de fray Martín".

Este le reprendió severamente ordenándole ver y callar. Mas como los demás frailes le decían que debía referir cuanto presenciase de extraordinario en el siervo de Dios, fuese a consultar a un padre jesuíta, quien fue del mismo parecer de los religiosos. Acabó diciéndole:

—Téngase por dichoso de haber llegado a ser su portero.

Y en verdad que fue testigo de muchos y admirables sucesos que se narran más adelante, pues vivió con él por espacio de dos años largos.

Fray Martín ha venido planeando un día y otro el modo de resolver el trágico problema de la niñez abandonada, remediándolo en su misma fuente; y muestra bien palpable de la situación de estos huérfanos es la historia de este niño —Juan Vázquez—, que él había recogido y adoptado.

Conforme pasan los años crece la fama de su santidad. Y comienza a tener ricos devotos que al ver su afán caritativo, le hacen transmisor de sus limosnas.

Es digno de notar, a este propósito, lo que afirma el padre fray Alonso de Arenas referente a la caridad del santo con los prójimos. A todos los socorría con consejos espirituales y limosnas, que por su mano repartía "de las que le daban para este efecto algunos devotos".

Y menciona el proceder del obispo, señor don fray Gabriel de Zárate, O. P. Teniendo que dar una limosna a "cierto pobre", pidió que llamasen a fray Martín para que él se encargase de darla, tanto a ese pobre como a otros más.

Es decir, que le había nombrado su limosnero.

Y lo mismo que este prelado, otras muchas personas. Porque fiaban plenamente en su absoluta solvencia moral, testificada por su pobreza personal ejemplarísima y su amor a todos los necesitados.

Y así fue su prestigio de santo, motivo de que tratase a gente de alcurnia y dinero. Por ese tiempo ya tenía la gran amistad de don Mateo Pastor —su antiguo "maestro" de barbería—, persona rica, que de simple boticario llegó a formar una inmensa fortuna; un español generoso de suma esplendidez, principalmente con los niños, que tenían en él —frase de Meléndez— un padre. No pasó a fray Martín inadvertida esta buena predisposición de su amigo, y un día le expuso el plan que venía madurando: fundar un hospicio para los muchos expósitos abandonados por sus madres, a la vez que lugar donde los numerosos rapazuelos que rodaban por el arroyo tuviesen modo de ser educados y convertidos en buenos ciudadanos y cristianos.

Mas no bastaba con esto; era necesario atajar el mal de raíz; y el mal en gran parte provenía de la miseria económica en que muchas personas se encontraban. Sabe que hay muchas personas vergonzantes que ocultan, llenas de rubor, su miseria. Y a medida que trata de remediar el mal, comprende que es un abismo sin fondo.

Muchas de estas vergonzantes, ricas en otro tiempo, habían descendido, por reveses de fortuna, de su antigua posición y se veían ahora en la extrema miseria.

Todo esto lo sabe fray Martín, y trata de resolver tan difícil problema. Y anda de un lado a otro como un mendigo infatigable, allegando recursos para tanta necesidad. En este ir y venir le acompaña su confidente Juan Vázquez, que advierte cómo los recursos aumentan de día en día. Y, con el mulato, entra en las casas de los más ricos potentados de Lima: comerciantes, propietarios, grandes señores ponen a su disposición sus caudales, teniendo a grande honra el poder servirle... Y el hermanito cumple fielmente su programa de redentor de almas: Salva de la desesperación a los pobres menesterosos con sus limosnas; y libra suavemente a los ricos de las férreas ataduras de sus egoísmos, haciendo que sus riquezas se conviertan en fuente de mérito y salvación.

Según advierte su joven confidente, realiza este

apostolado con tacto finísimo, disimulando, en cuanto puede, su manifestación externa, a fin de que la susceptibilidad delicada de los socorridos no se sienta herida, pues la más grata manera de hacer un beneficio es que no se convierta en sonrojo para quien lo recibe.

Por eso, en la mayoría de los casos, el que distribuye las limosnas es el muchacho extremeño, en calidad de delegado suyo, que es recibido como un enviado de Dios. A veces llegaba tan oportunamente y de modo tan imprevisto, que se veía claramente que fray Martín le enviaba movido por inspiración divina.

Ha hecho una distribución originalísima de sus limosnas: una especie de diario de caridad. El muchacho es el encargado de hacer el reparto del dinero, según él mismo cuenta:

"Ocupóme de primera instancia —dice— en dar a ciento sesenta pobres cuatrocientos pesos, que se repartían entre ellos de limosnas, los cuales buscaba fray Martín los martes y miércoles..., porque el jueves y el viernes lo que buscaba era aparte, para clérigos pobres; porque las limosnas que juntaba el sábado se aplicaban a las ánimas, y porque no le alcanzaban a ver los que le buscaban, unos le dejaban (la limosna) y otros no; ésta se ocupaba en comprar frazadas para dar algunas a pobres negras y españolas: a unas, camisas, y a otras, frazadas; y a cada uno en particular, de lo que necesitaba, la socorría antes de que se lo pidiese.

Los jueves y viernes eran para los sacerdotes. Algunos, en contraste con el boato de los altos dignatarios, parecen mendigos, con sus manteos raídos y viejos. Más de una vez en sus salidas, les ha visto coger una limosna; y trata de remediar esta indigencia. Para disfrazar finamente el socorro, les manda que le apliquen algunas misas. El dinero consagrado a las benditas almas del purgatorio lo reserva también para ellos, a quienes manda aplicar las misas de sufragio.

Su caridad es insaciable. Ha regalado la manta de su cama; se desprendió ya dos veces de su capa y no perdona ni el pobrísimo sombrero.

En uno de los paseos por la ciudad cruza por delante de la cárcel, a cuyas ventanas enrejadas están continuamente asomados los presos, pidiendo al transeunte una limosna, con las manos extendidas por entre los barrotes. Le llaman:

—Fray Martín, tenga compasión de unos desgraciados.

Se para. Iba, como siempre, de prisa, y quedóseles mirando con reflejo de infinita compasión. Nada tenía que darles. Su pobrísimo hábito, sus zapatos gastados a nadie podían servir. Pero instantánea sonrisa le iluminó:

—¡Esperad, hermanos; ahora mismo vuelvo!

Acaba de dejar atrás una tienda de "viejo", especie de rastro donde se encuentra de todo, desde una espada hasta plumas de ave para escribir. Se acerca fray Martín:

—¿Cuánto da su merced por este sombrero?

Se había dado cuenta de que llevaba el sombrero colgado a la espalda, pendiente del fiador.

Era esto costumbre habitual en él, según cuenta uno de los testigos, seglar —Baltasar de la Torre Menasalvas—:

"Fue ponderable de cuantos le conocían no haberle visto puesto nunca el sombrero que se permite a los donados, por más que abrasase el sol en el rigor del verano. Y le traía sólo, no por el bien parecer, sino por la modestia debida al hábito, el cual, como no le llegaba más que al calcañal, pareció siempre ermitaño de su orden (7).

La explicación es curiosa y sirve para figurarnos el aspecto externo del siervo de Dios, que iba con los ojos en tierra y las manos metidas en las mangas de la túnica.

Se quitó, pues, el sombrero del cuello y lo puso en las manos del tendero. Este lo contempló detenidamente. Aunque pobre, el sombrero no debió parecerle despreciable.

—¡Pse! —dice, mirándole detenidamente—. No vale más de dos reales de a ocho. Si vuestra reverencia los quiere, bien. No doy más.

—Traiga su merced los dos reales.

Y el sombrero pasó a hacer compañía a los demás objetos de la tienda. Con los dos reales compró pan y lo llevó a los presos.

Para el santo no había ninguna persona que fuese indigna de su caridad y de su protección, si estaba necesitada de ella. En los presos veía a Jesucristo, pues El Mismo se puso en lugar de ellos al decir: "Estuve preso y me visitasteis".

Y fray Martín podía añadir:

—Señor, estabais preso y necesitado y os socorrí en aquellos desgraciados que me pidieron una limosna.

Pero todo preso asocia la idea —no siempre verdadera— de un delincuente. Mas cuando a éste le persigue la Justicia humana, representada por sus agentes, queda convertido en "perseguido", un poco en víctima necesitada de protección.

Y fray Martín la ofreció generosa y milagrosamente a dos desgraciados que se acogieron a él.

Es un suceso presenciado por Juan Vázquez, que nos dejó el relato, en forma concisa, detallada y llena de naturalidad:

"Un día, a las dos y media de la tarde, entró don Cristóbal de la Cerda, alcalde de corte de la Real Audiencia de Lima, a buscar a dos delincuentes, que estaban en los sótanos situados debajo de la cocina de la enfermería. Y, entrando por la cocina principal al lavadero, se metieron en la huerta y prosiguieron el paso hacia el sótano.

Los delincuentes que supieron que iban en su busca, subieron por la cocina de la enfermería y fuéronse a la celda del venerable fray Martín diciendo:

—Padre, por amor de Dios, que nos socorra: que viene la Justicia tras nosotros y está ya aquí.

Y respondió el siervo de Dios:

—Vengan acá e hínquense de rodillas y encomiéndense a Dios.

Apenas lo hicieron cuando entró el alcalde de corte en la celda donde estaban arrodillados los tres: los delincuentes y fray Martín. Puesto el alcalde delante de ellos, sin verlos, dijo a los ministros:

—Miren esos colchones, si están por ahí.

Y concluye Juan Vázquez graciosamente:

"Y eran los tres cuerpos los colchones.

Y se salió de allí, visto que no había nada, cuando los tenía debajo de los pies".

NOTAS

(1) Proceso: pág. 89
(2)   "   " 308-309
(3) Antología de cuentos de misterio y de terror del Prof. Juan J. López Ibor.
(4) Proceso: pág. 236-237
(5)   "   " 174
(6)   "   " 179 y 387
(7)   "   " 196

CAPÍTULO IX

CARIDAD INGENIOSA

SUMARIO: SIEMBRA DE PLANTAS Y ÁRBOLES. UN DIBUJO SIMBÓLICO. CURACIONES "MÁGICAS" BROMAS Y AVISOS EN SERIO. "VIAJE" A MÉXICO. CURACIÓN DE JUAN VÁZQUEZ.

Su caridad raya en lo inverosímil; hace cosas peregrinas, que su protegido Juan Vázquez nos cuenta con gracia candorosa.

Una tarde de julio salieron cargados de manzanilla al "puquio" de los "amancaes". Se llama "puquio" a una fuente natural, de agua muy cristalina, en forma de estanque o pozo profundo, en cuya superficie barbolla el agua. "Amancay" —plural, "Amancaes"—, es una flor amarilla parecida a la azucena, que abunda en algunos cerros del Perú. Ambos vocablos son quechuas.

Llegando allá, se pusieron a sembrar en las huellas que dejaba el ganado que pastaba en las lomas. Vázquez observó al punto que éste se comería la manzanilla tierna. Fray Martín, riéndose, le contestó:

—Servirá de poda.

El muchacho insistió en la inutilidad de la siembra, y él replicóle:

—Tú vendrás a ahuyentar el ganado.

Fue en efecto, a los tres días y halló las plantas vivas "que parecía tener un año de sembradura o que era ese su centro".

A la vuelta se lo dijo a fray Martín. Y, pasados cinco días, volvieron con dos tercios de manzanilla.

Una vez en el lugar, el santo le dijo a Juan que hiciese tres partes de cada rama y que él las iría plantando. Como era tarde, Vázquez se puso a plantar también y para aligerar, metía en cada hoyo tres o cuatro ramas. Fray Martín lo advirtió; y, con mucho amor, le dijo:

—Teneos, muchacho, que esto no se ha de hacer si no es como yo lo voy poniendo, que Dios es Dios y obrará en todo, que nada de esto se nos ha de perder.

Concluída la faena, emprenden de nuevo el camino, en medio de un apacible atardecer, cuando está ya casi anocheciendo y el aroma de la vega es más fuerte y embriagador.

De allí a ocho días, nueva visita a la sementera. Atraviesa las huertas llenas de árboles frutales, manzanos, naranjos, higueras, ciruelos y otros muchos que, a pesar de tener dueño, son con frecuencia asaltados. Y para prevenir este mal del robo corta al pasar una rama de higuera y la planta en el "puquio". Al cabo de quince días Vázquez nota que había brotado y se lo dice:

—Gracias a Dios —explica fray Martín— dará higos de aquí a dos o tres años; y los pobres que por aquí anduvieren, podrán comer su fruto.

Las lomas de los cerros estaban cubiertas de pasto y había bastante ganado. Fray Martín tendía su manto a los ternerillos y éstos se le acercaban mansamente y se rascaban —dice Vázquez— en su ropa. Juan debió de recelar de alguno mayor o de peores intenciones y le dijo:

—Padre, que no os dé una vuelta.

—No me dará —responde—, que te prometo que no he tenido mejor día que el de hoy.

Sentáronse luego a comer la yuca y camotes que habían llevado. Ambos frutos son americanos. La "yuca" es una especie de cebolla, de la que se extrae una harina alimenticia. El "camote", llamado también "batata", es un tubérculo feculento, comestible, de sabor azucarado. Constituyen ambos frutos una comida frugal y fácilmente transportable.

Concluída la sobria merienda, fray Martín y el muchacho se volvieron al convento por las tierras del Mayorazgo de Aliaga, por el puente de madera.

Algún tiempo después, repitieron el paseo. Al llegar a los cerros de "amancaes" encuentran la manzanilla en unas partes segada por el ganado y en otras alta.

Entretenidos en sus faenas, el muchacho advierte con temor que se han detenido más de la cuenta. Se había puesto el sol y con miedo de que les sorprendiera en aquella soledad, dice a fray Martín con ademanes de apremio:

—Acabemos, padre; vámonos.

"El por toda respuesta, se despojó de la túnica, desnudóse medio cuerpo arriba, y comenzó disciplinarse como lo tenía por costumbre al toque de oración. Cerró la noche. La niebla —dice Vázquez— abromó la tierra: el frío apretaba y volviendo en sí del éxtasis que había tenido nos vinimos al convento; y yo, trotando la cuesta abajo, le hallaba siempre a mi lado, pareciéndome que no andaba. Desde que salimos del olivar de Medrano, que ya habíamos pasado la acequia, yo no sé cómo fue porque en aquel instante nos hallamos en medio del puente de Lima, que hay un cuarto de legua a lo menos, y nos metimos en el convento".

Otra vez caminaban por las veredas que cruzan las huertas en dirección a los montes Amancaes cuando, ya al término de aquéllas, fray Martín saca de la manga unas semillas de árboles frutales y comienza a sembrarlas a la orilla del sendero o camino vecinal.

—Padre fray Martín, ¿qué hace vuestra reverencia? pregunta con extrañeza el muchacho al ver al santo agacharse varias veces sucesivas.

—Mira, Juancho; estoy plantando semillas de árboles para que crezcan y el día de mañana den fruto y los pobres y caminantes que pasen por aquí cojan de ellos sin pecar.

—¿Cómo sin pecar?

—Pero, ¿no ves, Juancho, que la gente que ahora pasa coge fruta de los huertos que no es suya y ofende con ello a Dios? Cogiendo de lo que yo siembro no pecará porque para ello lo siembro y para todos ha de ser.

—Pero de aquí a que nazcan pasarán varios años y tal vez nosotros no los veamos.

—¡Y qué importa, Juancho! Lo que importa no es que lo veamos, sino que con ello evitemos que nuestro prójimo peque contra Dios robando. Pero además, Juancho, te digo que tú y yo lo hemos de ver crecidos y cargados de fruta, con lo que verás realizados tus deseos.

Y, riendo con ganas, prosiguieron ambos su paseo.

Así Juan Vázquez, confidente del siervo de Dios, fue testigo de su caridad incansable, su ángel de caridad, como el santo era mensajero del amor de Dios a los hombres y aún, como se verá más adelante, a todas las criaturas.

Caridad delicada que llegaba a estos detalles, en apariencia tan insignificantes, como sembrar manzanilla para medicina de los pobres y plantar árboles frutales para los caminantes hambrientos.

Mingote, el genial dibujante madrileño que ha hecho del santo mulato un guión biográfico en dibujos llenos de idea y unción, ha expresado magistralmente, en uno, esto que estamos diciendo sobre el carácter hondamente divino de la caridad desbordante de fray Martín.

El referido dibujo tiene un texto aclaratorio que dice: "Fray Martín pide limosna para los pobres, enseñando a la gente que son tres a pedir".

El dibujo es tan sugeridor que bastan estas pocas palabras para entender el inmenso alcance que encierran. Hay tres personajes perfectamente caracterizados, y en gradación sublime, por la cual se llega a la esencia teológica de la limosna, es decir: de la caridad que se da sin reservas.

Fray Martín está en primer término, y extiende la mano derecha en un gesto de súplica, reflejada en el semblante esperanzado: un semblante que no es triste ni demasiado alegre. Es un semblante de risueña confianza. Pues confía en que los prójimos entenderán su intención al pedir. Como diciendo:

—No pido para mí, sino para los necesitados como éste que tengo a mi derecha.

Y, en efecto, a su lado está un pordiosero sentado de rodillas, con la mano extendida, cruzada sobre la derecha en ademán de súplica, que parece decir:

—Es cierto lo que os dice el padre fray Martín. No pide para sí sino para nosotros. Porque éste que está detrás de mí así lo quiere.

"Ese", que está detrás del menesteroso (aunque más bien diría que está envolviéndole, porque es una idealización acertadísima) es la Divina Persona del Redentor, lleno de majestad suplicante, para dar a entender que, con ser Dios, se acerca para pedir una limosna.

El rostro de Jesús en el dibujo es de una belleza soberana: envuelto el talle en su túnica y manto, cubierto el rostro con barba abundante y suave que le da aspecto de Rey, pero Rey-Mendigo por amor. El amor en cuyo nombre pide limosna fray Martín con su rostro de mulato lleno de festiva esperanza...

Esa fue la realidad de su vida, pródiga en limosnas, en milagros, en abnegaciones heroicas, en sacrificios sin cuento.

Fray Martín era el amor de Dios hecho acción, hecho carne —¡una vez más!— en él. Porque Dios, de algún modo, se encarna por amor tantas veces cuantas florece un santo en la tierra. Pues los santos son manifestación de la caridad operante de Dios.

¿Qué tiene, pues, de extraño que la mano de fray Martín se viera llena siempre de riqueza para servir de puente entre los que mucho tienen y los que no tienen nada?

Sigue narrando Juan Vázquez:

Llegamos a una chácara de un español llamado Francisco de Cáceres Manjarrés, y salió a nuestro encuentro un negro alto. Y le preguntó el venerable fray Martín:

—Hijo, ¿hay algún enfermo aquí?

A lo cual respondió el negro:

—Sí, padre, mi mujer está muy achacosa por un flujo de sangre. Y la olearon hoy a mediodía.

Y nos llevó a su rancho, en donde estaba la negra. Allí la vio fray Martín y le preguntó qué achaque tenía.

Hizo la negra la misma relación que había hecho el negro. Y dijo que le habían dado a beber huevos crudos, y que le habían puesto una "bilma" de yeso y agua rosada en los lomos, y que nada le había aprovechado, porque había rodado con un caballo en las lomas, el cual venía cargado de leña y había caído por encima de ella.

Fray Martín respondió:

—Hija, no te desconsueles, que todo se te quitará con la ayuda de Dios.

Llamó al negro y díjole que saliese a una acequia y que cogiese tres animalejos, que eran tres sapos vivos, y los metiese en una olla y los pusiese a quemar, sin que saliese humo de ella.

Hecho lo que ordenó el siervo de Dios, se quemaron, se redujeron a polvo, que amarró con un trapo, y se lo colgó a la enferma en la cintura diciendo:

—Hija, yo te curo y Dios te sane. Por la mañana enviaré acá a este muchacho que venga a ver cómo has dormido. Y te traeré unas velas, pues, Dios mediante, has de dormir con quietud.

Con esto se despidió y nos vinimos al convento, a donde llegamos a las nueve de la noche caminando a pie.

Al día siguiente, como a las ocho de la mañana, me dio de almorzar y se llegó a fray Pedro de Contreras, que era refictolero, y le pidió cuatro panes, los cuales me dio fray Martín acompañados de diez velas. Y me dijo que fuera al Urigancho y que viera a la negra enferma cómo había dormido.

Yo fui y llegué a mediodía y me encontré con el amo del negro y la negra. Y me dijo:

—¿A dónde vais, mancebo?

Yo le respondí:

—Señor, vengo con este pan y estas velas a esta chácara, que me envía el padre fray Martín de Porres a traerlo a una negra que hay aquí.

Esto me sucedió sin conocer que aquel personaje era el dueño. Y me dijo:

—Ven, mancebo. ¿Dónde queda fray Martín, que dio salud a mi negra Margarita después de Dios?

Cuando llegamos al aposento, estaba ella sentada. Díjole el amo:

—Margarita, ¿cómo te ha ido esta noche?

La negra respondió:

—Señor, yo he dormido muy bien toda la noche, a Dios gracias, con la cura que me hizo aquel padre de santo Domingo. Dios se lo pague.

A lo que don Francisco le respondió:

—Pues ves aquí este mancebo que os viene a ver de su parte; y os trae unas velas y cuatro panes.

La negra lo recibió. Y me dijo que no tenía un regalo que enviarle al padre —fray Martín—, como no fuese media docena de gallinas.

Yo le respondí:

—Yo tengo orden de no recibir nada.

El amo de la negra, agradecido de lo que había

pasado, me regaló muy bien en la chácara. Y a la tarde me dio una mula y un negro que me trajese a casa.

Curaciones de este estilo, en las que no sabríamos decir dónde empieza la acción de las medicinas y dónde el carisma del milagro, realizaba el santo muchas, como las atestiguan Juan Vázquez y otras personas, agraciadas o espectadoras de los hechos. He aquí otros dos, narrados también por su confidente:

"Andábamos un día en el convento sangrando —sacando sangre, según la terapéutica de la época— y tocaron la campana para llamar a fray Martín. Díjome:

—Válgame Dios, y qué excusada llamada.

Y era que estaba un mayordomo de la hacienda de Palpa, llamado Pedro Guerrero, que estaba en la celda de san Diego muy enfermo y el doctor le deshauciaba.

Llegó allá fray Martín y le dijo al doctor que para qué deshauciaba a aquel hombre, cuando —siendo así que— su enfermedad no era nada. El doctor respondió:

—No tiene de vida más que veinticuatro horas.

Y replicó fray Martín:

—"Esas necesita solamente para ir a pasear".

Así vino a ser, pues el cuarto día estuvo bueno de toda su enfermedad.

El segundo caso es éste:

"Envióme el siervo de Dios —dice Juan Vázquez— con un recado a casa de Villarreal, que estaba enfermo en la cama, y era un íntimo amigo.

Fui yo y di el recado a su mujer y sus hijos; y, entrando más adentro, topé con el enfermo y le di el recado como me lo había mandado el siervo de Dios. Y me respondió que lo agradecía. Y que ya estaba deshauciado de todos los médicos y cirujanos de la ciudad. Que sólo le faltaba ver al padre fray

Martín de Porres. Y que así hiciera el favor de ir a verle, para que le trajese el consuelo de su presencia, ya que se moría.

Vine y dile el recado a fray Martín. Y me dijo:

—Vamos a sangrar.

Respondíle:

—Padre, si no ha venido el doctor, ¿cómo quiere sangrar?

—Con esto aseguramos el juicio —la salud mental— de los enfermos.

Hicimos seis sangrías, cogió su capa y fuimos a casa de Villarreal.

Hallamos a la señora con sus hijas y con visita, todos muy afligidos.

Así que la señora de la casa vio al siervo de Dios, todos comenzaron a llorar. El, consolándolas, se entró a la cama del enfermo y le dijo:

—Amigo mío, ¿qué es esto?

Y él respondió:

—Morir, padre.

—Pues, amigo, dadle a Dios muchas gracias, que para morir nacimos.

Volviendo la cara a la mujer, le dijo:

—¿No le ha dado algún desayuno al enfermo?

Respondió:

—Padre, no lo puede ya llevar.

Fray Martín mandó sacar unas almendras, y dijo que él le haría comer, que no era nada su enfermedad.

Y él mismo hizo una almendrada con pepitas de melón. Y, llevándola a la cama, le dijo:

—Amigo para morir nacimos. Y es de fe que el que no come se muere. Mire cómo como yo.

Y, comiendo dos cucharadas de la almendrada, dijo a la mujer:

—Levántele la cabeza.

Y le dio la almendrada a cucharadas.

Habiéndola tomado, se despidió de él y de toda la gente diciendo:

—Hoy es sábado. El martes, si Dios quiere, me ha de ir a ver vuestra merced.

Y así sucedió. Pues el martes fue a ver a fray Martín en silla de manos. Y vio a todos los enfermos de la casa, que se maravillaron de ello, pues ya le daban por muerto y enterrado.

El santo se permitía bromas, como vemos en el caso referido, a costa de los enfermos. Pero era cuando sabía que no era la dolencia de muerte. En cambio, cuando tenía conocimiento cierto —algunas veces, éste era infuso, carismático— de que no había remedio y había llegado el paciente al fin de sus días, se lo hacía saber con seriedad. Como sucedió a cierto cirujano, de apellido Zúñiga, según relata Juan Vázquez:

Este enfermo le envió llamar. Y, saliendo fray Martín por la puerta de la sacristía, fue a su casa y le halló en la cama muy malo de un tabardillo —tifus—.

Al verle entrar, díjole el enfermo:

—Yo padre, muy malo me siento y conozco que esta enfermedad es mi muerte.

Y respondió fray Martín:

—Téngalo así entendido, y dele muchas gracias a Dios por las mercedes que le hace, que en otro peor tiempo le pudiera coger.

Díjole el paciente:

—Padre, si mi hora es llegada, cúmplase la voluntad de Dios.

—Pues, hijo, así lo puede hacer. Y disponga su testamento, que mañana a estas horas ha de haber dado cuenta a Dios.

Parecía que el Señor había comunicado a su siervo todos los secretos y su poder. Porque unas veces, como queda dicho, los casos más desesperados eran para él cosas de fácil remedio. Como éste, que también refiere Juan Vázquez:

Cierto día, al llegar los dos —él y fray Martín— a la plazuela de san Lázaro, salieron de una casa dando voces diciendo que a un muchacho se le habían quebrado las piernas por haber caído de un techo.

"A los gritos —dice— nos llegamos a su casa; y, entrando, vimos que la madre lo tenía echado en las faldas con las piernas quebradas por los muslos.

El siervo de Dios le dijo:

—Señora, no hay que afligirse.

La mujer respondió:

—Padre, ¿no me he de afligir si no tengo con qué curarle y considero que se ha de morir de esta enfermedad?

Respondió fray Martín:

—No se aflija, que Dios que da la llaga, da la medicina. No es esta enfermedad de peligro.

—¿No? —replicó la mujer— si tiene ambas piernas quebradas, y por bueno que quede nunca será de provecho.

Fray Martín pidió un poco de vino.

—Entíbienlo —dijo—; y de una sábana háganse dos vendas muy buenas; que yo se lo curaré y no será nada, mediante el favor de Dios.

Y, efectivamente, lo curó.

Cayó enferma doña Francisca Vélez, esposa de don Mateo Pastor, y fue a verla. Ella le ofreció asiento a los pies de la cama. Acepta, cortés, la invitación y entonces ella con disimulo, coge la punta del viejo manto del donado y se lo aplica llena de fe. Repentinamente se siente curada, y con los brazos abiertos en ademán de abrazarle, exclama:

—¡Hay, padre fray Martín, qué gran siervo de Dios es: pues hasta su vestidura tiene gran virtud. Ya estoy buena, ya estoy libre del achaque!

Fray Martín, avergonzado, humilde, contesta:

—La mano de Dios anda por aquí, señora. El lo ha hecho y el hábito de nuestro padre santo Domingo. Dios sea bendito que toma tan vil instrumento para tan grande maravilla y no pierde su valor y devoción el hábito de nuestro Padre, por vestirle tan grande pecador como soy yo.

Dos veces, en épocas distintas, le devolvió la salud: la segunda de un tumor canceroso con sólo el contacto de su mano.

Un comerciante devoto suyo tuvo que ir a Nueva España y cayó enfermo en México. En sus largas horas de cama acordándose de su amigo. Y como si la imagen que tenía en la fantasía fuese una persona real, comienza en tono lánguido a quejársele:

—Padre mío, fray Martín de Porres: Si estuvieseis aquí, me curaríais, me sanaríais, me consolaríais.

Y queda en el silencio unos instantes, sin apartar la vista de la pared. Bruscamente le espabila el golpe de la puerta que se abre, y ve —con los ojos redondos de sorpresa— a fray Martín que, con ademanes de regocijo se acerca a su cama. Sin salir de su asombro le pregunta:

—¿Cómo ha venido vuestra reverencia?

—Acabo de llegar —responde sonriente con aire de misterio.

—¿Está en el convento de predicadores?

—Sí —dice, y añade, amenazándole jocosamente con el índice—; ¿Qué es esto, queríase morir? ¡Oh, flojo, flojo!

Saca varias medicinas y se las ofrece:

—Ea, aliéntese, que de esta vez no morirá.

Y salió de la alcoba.

Días después el comerciante se hallaba completamente bueno. Quiso devolver al santo la visita, y se dirigió al convento de los dominicos de la ciudad, pero allí le dicen que desconocen a tal religioso. Lo busca por los otros conventos, recorre las posadas, albergues, ranchos, mesones, y le dan la misma respuesta. Regresa de nuevo a Lima, va al convento del Rosario, se dirige a la celda de fray Martín y cae en sus brazos, que abiertos los tenía para recibirle, y regocijado, alegre, sonando en la sala su carcajada suave, le repite:

—¿Queríase morir? ¡Oh, flojo, flojo!

El caballero se entera luego de que fray Martín no ha realizado viaje ninguno fuera de Callao y Limatambo, y sale más convencido aún de la santidad de su amigo entrañable.

Pero hay un episodio que jamás lo olvidará Juan Vázquez. Porque no fue sólo testigo del hecho, sino protagonista. Fue el regreso que hizo por mar de un viaje a Chile; como recuerdo de él trajo un reuma agudo. Sucedió este episodio al comienzo de 1637. Buscó remedio en un hospital; pero experimentando escaso alivio, decidió ir en busca de fray Martín, que por aquellos días se hallaba en Limatambo. Tenía las piernas horriblemente hinchadas y andaba con suma dificultad. Cansado y doliente, se detuvo en el camino, junto a la calera de santo Tomás, con temor de no poder proseguir.

De pronto vio a fray Martín que se le acercaba. Sacó éste una "semita" o pan negro y unas pasas de la manga y se las alargó. Pero él, desganado, no quiso probarlas. El santo le miraba atentamente las piernas, arrodillado a sus pies, y levantando luego los ojos a lo alto, exclama:

—Señor, no permitáis que este muchacho muera; que como os lo pido, espero en vuestra bondad infinita que me lo concederéis.

Le pone luego las manos sobre las piernas y se las tienta con suavidad; le manda que las extienda, y el joven obedece con mucho trabajo; y le hace la señal de la cruz en ellas, mientras le dice:

—Levantaos, Juancho, y vámonos a Limatambo.

Respondió que no podía; mas él, dándole la mano añadió:

—Acaba, acaba. Caminemos y toma este bordón.

Comenzaron a andar, y el santo, reparando que llevaba cogidas en el borde de la capa las pasas y la "semita", le dice:

—¿No queréis comer esta "semita? Dádmela acá que yo la comeré.

Y volvió a meter la mano en su manga inagotable; y, sacando un pedazo de pan blanco, agregó:

—Comed ese pan con las pasas, que yo os ayudaré.

Juan sentíase tan aliviado que le parecía que no había estado enfermo. Cuando iba a entrar en la finca, el santo le hizo esta advertencia:

—Juancho, mira que no vayas a nadar a la acequia de la puerta ni a otra parte, porque si os mojáis os hará mal el agua.

Al día siguiente, al levantarse, como quien despierta de un dulce sueño halló —nos dice Vázquez— "sus piernas tan secas, que parecía que no había tenido enfermedad".

CAPÍTULO X

EXTRAÑOS REMEDIOS

SUMARIO: PARCHE DE CUERO. ESCALFADOR. DOS LADRILLOS. HOJA DE PLÁTANO. AGUA ABUNDANTE. VENTOSA. AGUA CALIENTE. TERRÓN DE AZÚCAR.

También en el convento seguía haciendo maravillas.

El zapatero del noviciado —un viejo donado negro— tenía una herida crónica en el brazo, y fue a ver a fray Martín un día que sintió más dolores. Mirósela atentamente, palpándola con delicadeza, y sobre la inflamación supurante le hizo con saliva una cruz diciendo sonriente:

—Ea, ánimo, buen amigo, que luego estarás bueno.

Quedóse de una pieza el doliente ante aquel modo tan peregrino de curar; y, juzgando que se burlaba de él, le llena de injurias. Fray Martín le agarra suavemente el brazo y, dándole palmaditas cariñosas en el hombro le dice:

—Ea, hermano, sosiéguese.

Coge de un rincón un zapato viejo —un desecho acaso de Juan Vázquez—, corta un trozo de cuero y se lo pone con una venda en la herida. El viejo donado salió de la celda. Al despertar al día siguiente nota que no tiene ningún dolor... y ve sólo en su brazo una pequeña cicatriz. Va a dar gracias al enfermero y a pedirle perdón por sus injurias, y al ver el calzado viejísimo de fray Martín, le ofrece hacerle unos nuevos; pero éste rehusa, diciendo:

—Nuestro Señor, hermano, le ha sanado, y así dele a su Majestad las gracias, haciendo a un pobre limosna de ese calzado; que es gran cosa socorrer necesitados (1).

Don Juan de Figueroa, capitán, regidor y familiar de la Inquisición de Lima, hombre rico, era íntimo amigo y muy devoto del bienaventurado siervo de Dios, a quien confiaba sus problemas y dificultades.

Según declara él mismo, conoció al santo desde el año 1633, fecha en que llegó a Lima desde Potosí, en donde residía, tal vez dedicado a la explotación de las minas de plata. En esa ciudad oyó hablar con mucho elogio a personas honorables, que le dieron pormenores de la vida y virtudes de aquél.

Ya en Lima, intimó familiarmente con el siervo de Dios todo el tiempo que vivió. Sin duda le movió a ello el contrastar personalmente cuanto le habían referido del religioso mulato. Pero quizá pudo influir también una curación, calificada por él de milagrosa y atribuída a su santo amigo, a los pocos días de llegar.

Se le había infectado una encía, por lo que la boca se le inflamó hasta quedar en "apostema". Hubo de guardar cama. Y fue a verle fray Martín al atardecer. Después de estar con él y observarle su dolencia, se despidió diciéndole:

—Ya es hora de irme a casa. Quédese con Dios.

Dejó en la habitación un jarro de barbero con agua y añadió:

—Quédese hasta mañana este escalfador aquí.

Cuando hubo marchado el santo, el enfermo se quedó mirando, pensativo, al recipiente puesto sobre una mesa. Llamó a un criado y le ordenó:

—Dadme acá ese escalfador.

Tomó un buche de ella y se enjuagó el lado que tenía enfermo. Al momento se le quitó el dolor y la hinchazón y se resolvió la apostema, sin quedarle cosa que fuese señal de achaque.

Admirado, comunicó su curación a unas vecinas que se hallaban en su casa. Una de ellas, que "tenía un empeine" —o impétigo: enfermedad del cutis, que lo pone áspero y encarnado, con mucha picazón— tomó un poco de agua del mismo jarro y se la aplicó a la parte enferma. De pronto, exclamó:

—¡Jesús, que se me ha quitado el empeine!

Con lo cual —dice él mismo— se inflamó más en su devoción hacia el Santo, a quien comunicaba todas las cosas de su alma. De esto veremos algunos casos más adelante.

Por todo lo cual no es de extrañar que estrechase relaciones con la comunidad dominicana y entrase familiarmente en el convento, y pudiera enterarse de no pocos hechos virtuosos referentes a su santo amigo fray Martín.

Uno es el siguiente:

El padre fray Pedro Montes de Oca, por una niñería propia de enfermo, se enojó con el Santo llamándole perro mulato. Mas fray Martín salió riendo.

Ya estaba acostumbrado a esos insultos, que para él no lo eran, por juzgarlos merecidos. Insultos nacidos, con frecuencia del mal humor de los enfermos y de ánimos irascibles (2).

Tan convencido estaba de que los merecía, que se lo llamaba a sí mismo —según vimos— en sus ejercicios de penitencia, durante la disciplina.

Al principio, semejantes dicterios le dolían, aunque los juzgase verdaderos. Mas al fin, acabó por tomarlos a broma. Como en el presente caso.

Volvió al anochecer con aire festivo y alegre con una ensalada de alcaparras, diciéndole:

—Ea, padre mío, ¿está ya desenojado? Coma esta ensalada que le traigo.

El fruto de la alcaparra es una especie de higo pequeño, muy sabroso.

El padre había estado deseándola todo el día, pues en su inapetencia de enfermo era lo único que deseaba. Por lo cual juzgó que la entrada del enfermero con el plato de su gusto era cosa de Dios. Se dio cuenta de que había insultado por la mañana a un santo varón y humildemente le pidió perdón de sus desconsideradas palabras. Después le agradeció el regalo recibido. Y a continuación le pidió que tuviese compasión de su mal, pues al siguiente día habrían de cortarle la pierna.

Entonces el santo enfermero se acercó a él, le vio la pierna y le puso las manos sobre ella.

Al momento, quedó sano de su mal.

Saltó el padre del sillón y salió de la celda para comunicar a todos el milagro que Dios había obrado por medio de fray Martín.

El santo seguía obrando curaciones milagrosas dentro y fuera del convento y en favor de toda clase de personas.

Anteriormente se dio a entender que no pocas de sus curas respondían a la gran experiencia que había llegado a tener en virtud de su largo ejercicio de enfermero. Un enfermero, que, al mismo tiempo, seguía ejerciendo de barbero y cirujano, todo tan relacionado con su oficio de asistir y cuidar a los dolientes.

Se ha podido observar que su sistema curativo tenía mucho de psicológico, algo así como un influjo sugestivo sobre los pacientes. A esto, indudable, se añadía su intuición y cierta experiencia sobre muchos medicamentos contenidos en las plantas, herencia tal vez —queda también insinuado anteriormente— de su estirpe negra.

Desde este punto de vista —su pericia personal— muchas de sus acciones curativas, incluso algunos diagnósticos sobre el desarrollo de la enfermedad en no pocos de los pacientes, no requieren ningún factor milagroso, sino especial perspicacia.

Como en los siguientes casos:

Cuenta fray Juan de Medina, fraile cooperador, haber oído que un lagarto mordió a un negro del convento que lavaba los hábitos de los religiosos y que estaba en peligro por la herida. Se llegó a él fray Martín de Porres y con un poco de ungüento amarillo, que era la medicina general con que acostumbraba a hacer semejantes curas, lo sanó luego, de suerte que al día siguiente se volvió a lavar los hábitos sin daño ni lesión alguna (3).

Francisco Pérez Quintero, joven de unos veintitrés años, vivía en el convento ejerciendo el oficio de ensamblador allá por el año 1637. Cayó enfermo de paludismo intenso —"tercianas dobles"—, por espacio de tres o cuatro meses. El doctor Navarro, que le trataba, llegó a juzgarle caso perdido y mandó que le administrasen los sacramentos. Había llegado a perder el habla.

Así las cosas, cierto día se presentó en su celda fray Martín con un compañero, donado como él, y entre ambos le llevaron a la celda del santo. Le acostaron en la cama. Luego fray Martín le puso dos ladrillos, lo más calientes que pudiese resistir, uno en los pies y otro en el estómago, le arropó y se fueron, dejándole descansar. Eran las nueve de la mañana. Al poco rato se durmió. Cuando despertó eran las cuatro de la tarde. El santo se hallaba delante con la comida preparada. El joven comió con apetito, igual que en los días sucesivos.

A los pocos días se hallaba bueno y sano.

Había estado en la celda del siervo de Dios unos quince días, durante los cuales observó la entrada del gato llamador, que en otra ocasión se refiere (4).

Juan de Villasuerte, vecino de Lima, amigo de Francisco Pérez Quintero, tenía una niña enferma de cuatro años, desahuciada del médico.

Francisco Pérez le dijo que la llevase a fray Martín de Porres, que se la curaría.

Fueron, pues, al convento y llamaron al santo. Vino éste y vio a la niña. Con un poco de saliva en su mano, le fregó el estómago, le hizo varias cruces y dijo:

—No es nada. De esta enfermedad no ha de morir.

La volvieron a tapar con su propia ropa. Al despedirse, les dijo:

—Bañen a la niña con un poco de agua tibia y pónganle en el estómago una hoja de plátano.

Así lo hicieron al llegar a casa. A las veinticuatro horas la niña tuvo un vómito muy grande. Desde entonces comenzó a mejorar hasta que sanó del todo. (5).

En algunas ocasiones no tenía reparo en llevar la contra a los médicos. Así el arzobispo de Santa Fe de Nueva Granada cuenta de sí mismo que, hallándose enfermo en el convento, en cierta ocasión —cuando aún no era obispo— con dolor de ijada, el médico le recetó una purga. Pero él —fray Juan de Arguinao— no las tenía todas consigo. Y preguntó al santo cuando éste le fue a ver:

—Fray Martín, ¿puedo dejar de tomar esta purga?

Y, al momento, le contestó:

—Déjala ahora. No la tome.

Así lo hizo.

A los pocos días estaba ya bueno (6).

Y este otro:

El padre fray Fernando del Aguila encontró en el claustro paseando al padre fray Jerónimo Bautista. Sorprendido, le preguntó:

—¿Cómo es eso, reverendo padre? ¿No se hallaba vuestra reverencia en cama enfermo e imposibilitado de una pierna? ¿Es obra del bienaventurado fray Martín?

—Acertó vuestra paternidad. Ya sabe que el cirujano que me trataba llegó a decir que la pierna corría peligro de cáncer y que sería necesario sajarla. Pero uno de los días en que el cirujano me estaba curando y volvía a decirme que era necesario cortar, entró el venerable fray Martín de Porres. Oyéndole, replicó:

—No hará tal vuestra merced. No le ha de cortar la pierna para nada. Yo se la curaré.

Y así lo hizo, en efecto, como vuestra paternidad ve. Pues me dejó curado al cabo de pocos días.

—Demos gracias al Señor por ello, que tales maravillas hace por medio de su humilde siervo (7).

Era frecuente que fray Martín devolviese la salud a los enfermos aquejados de fuertes calenturas, dándoles a beber agua en abundancia. La terapéutica de la época prohibía beber a los aquejados de tales dolencias. Fray Martín, movido por un instinto natural, entendía que era un sistema equivocado. Por eso a los enfermos de calenturas les dejaba saciar la sed.

Tal es el caso de un religioso donado.

Preguntó a éste si le apetecía tal cosa. Respondió que sí. Se la trajo. Y, sentándose sobre la cama del enfermo, le arrimó hacia sí. Y él mismo le fue dando el alimento hasta que no quiso más. Luego le dio un jarro de agua. Lo bebió y se quedó enseguida dormido.

Transcurridos unos días, se levantó de la cama sano. Y vivió muchos años (8).

Fray Lorenzo Guarnido estaba enfermo de "unas bubas muy grandes que le habían llagado todo el cuerpo". Desahuciado ya de todo remedio humano, se hallaba una noche "con grandísimas agonías, casi ya sin habla" cuando se presenta en su celda fray Martín. Preguntóle:

—¿Quiére vuestra reverencia alguna cosa que le apetezca de comer?

—No quiero ni se me antoja nada. Lo único que deseo es agua, porque me abraso de fuego.

—¿Bebería vuestra reverencia cuanta agua le trajese? —insistió fray Martín.

—Sí —respondió el paciente.

Entonces fue a buscar una alcazarra de agua y se la ofreció diciendo:

—Bébala en nombre de la Santísima Trinidad Padre, Hijo y Espíritu Santo.

El enfermo la apuró toda. Luego se quedó dormido hasta la mañana del día siguiente. Al despertar, pidió de comer. Y dijo:

—Ya estoy bueno.

Cuando el médico vino a verle, convencido ya de hallarle muerto, sorprendido de verle con vida, le tomó el pulso:

—Está vuestra reverencia bueno. ¿Qué ha ocurrido?

Entonces fray Lorenzo le refirió lo que había hecho con él fray Martín la noche precedente.

—No me extraña —replicó el doctor— que se halle vuestra reverencia bueno. La santidad de fray Martín lo explica todo (9).

Pero hay otros hechos, incluso al margen de toda intervención del santo, que no tienen fácil explicación fuera de una gracia carismática, otorgada por Dios a quienes invocaban al santo en sus trances y apuros. Con ello, sin duda que Dios quería premiar la fe que tanto él mismo había pedido a los que remedió, según leemos en el evangelio. Tales son, por ejemplo, los felices alumbramientos que algunas mujeres lograron, según atestiguan ellas mismas (10).

Cierto día —refiere Francisco Ortiz de sí mismo— oyendo misa en la iglesia de santo Domingo, como tenía por costumbre, le dio un gran dolor de cabeza y calentura que le obligó a irse a su casa. Pero antes quiso ver a su amigo querido fray Martín de Porres. Fue a su celda y le contó lo que le pasaba. El santo le respondió:

—Quiero hacerle unas sopas para que desayune.

—No me apetece nada, —replicó Francisco.

Fray Martín, sin hacer caso, marchó a prepárárselas, dejando a su amigo solo en la celda. Este quedó contemplando el pobre lecho del enfermero —"un pellejo de vaca y una pobre almohadilla rota"— y le dio ganas de acostarse en él con la esperanza de sentir alivio de su mal, confiando en la virtud del santo. Así lo hizo y al momento se sintió curado del lado en que se había acostado: "Se quitó el dolor de la cabeza —dice— y la calentura del medio cuerpo".

Entonces pensó para sí:

—Pues me ha quitado Dios este dolor por haberme acostado aquí, quiero volverme del otro lado. Quizás se me quite el mal de él.

Así lo hizo. Quedó sano al momento y dio gracias a Dios por ello, atribuyéndolo a intercesión del siervo de Dios.

Al poco entró fray Martín trayendo las sopas. Las comió don Francisco Ortiz con mucho gusto y apetito. Y se fue a su casa bueno y sano (11).

Otros hechos —envueltos, incluso, en cierto matiz humorístico—, parecen participar de ambos elementos —ciencia y carisma— inseparablemente. Vayan algunos ejemplos:

Sea el primero el hipo curado en el convento del Rosario, al religioso donado fray Antonio de Otero, carente de apetito y de sueño. Residía en la Recoleta de santa María Magdalena, pero le condujeron al otro para ver si mejoraba. Le habían sacramentado.

203

Conducido a la enfermería, fue a visitarle fray Martín y le dijo:

—¿Qué es hermano? ¿Quiérese morir, pobre recoleto? Póngase boca arriba.

Y le puso unas ventosas en el estómago.

Fue lo suficiente. Empezó a comer y a dormir, sin necesitar de otra medicina.

También bastó una manzana asada para curar a doña Isabel Ortiz de Torres de "un flujo de sangre e hipocondría", según refiere ella misma.

Fue a verla san Martín y le dijo a la madre de la enferma doña Damiana Ortiz de Pareja:

—Tenga gran confianza en Dios, que de esta enfermedad no morirá su hija.

Luego se acercó a la paciente, la abrazó, arrimó su rostro al de ella, para darle ánimos, y le dijo palabras de aliento. Ella, entonces, le dijo:

—Padre fray Martín, encomiéndeme a Dios y no deje de visitarme.

Insistió él por tres veces:

—Vuestra merced no morirá de esta enfermedad, antes bien se levantará muy pronto sana y salva. Pues, aunque esté desahuciada de los médicos de la tierra, no lo está del médico del cielo.

A los cinco días estaba en pie y fuera de peligro.

Ella lo atribuyó al contacto del rostro del santo.

Rasgo éste que significa en fray Martín una gran inocencia, sin asomo de malicia.

Y así lo interpretaron los presentes, entre ellos don Clemente de Rojas, escribano de su majestad, marido de la enferma que refiere también el caso (12).

Otro, que recuerda sucesos parecidos contados anteriormente, es el que narra doña Catalina Ramírez, oído a su marido, protagonista y testigo de la escena:

Se hallaba este señor —don Rodrigo Meléndez— en una de las celdas de la enfermería enfermo de una llaga en una pierna. Y una noche, agobiado de dolor y cansancio, comenzó a decir:

—¡Quién tuviera ahora agua caliente para darse un baño!

Al punto entró fray Martín con ella y le cumplió su deseo con admiración del enfermo, pues la celda estaba cerrada con llave por dentro.

Sin duda por la abundancia de enfermos —sabido es cómo fray Martín no tenía freno en su caridad— vivía con don Rodrigo un religioso llamado fray Juan de Salinas. De pronto le dio al religioso un "flujo de sangre" —un vómito o hemotisis, quizá—. Era media noche. Y habló a su compañero:

—Señor Meléndez, ¡quién tuviera un terrón de azúcar y agua para quitar la sed!

Y luego invocó al siervo de Dios:

—¡Ah, fray Martín!

Al punto entró el santo, con estar la celda cerrada con llave.

Sorprendido el enfermo de verle entrar con lo que había pedido, le preguntó:

—¿Cómo habéis entrado?

—Tengo mi modo —respondió placenteramente.

Este suceso le sirvió a don Rodrigo Meléndez para contarlo a sus hijos y esposa, como una bella y verdadera historia, cuantas veces querían que les refiriese cosas que le habían sucedido en el convento con el varón de Dios (13).

Que fue así lo testifican ellos mismos —Isabel, Teodora y Andrés, éste sacerdote—, casi con las mismas palabras. Lo cual indica bien cómo se les grabó el relato de su padre.

Pero si fray Martín se preocupaba de los cuerpos ejerciendo con ellos las obras de misericordia, que tanto ponderó el Señor, tenía más desvelo por las almas. Y sabía ejercer su apostolado de mil variadas formas, conducentes todas ellas a rescatarlas del pecado.

He aquí dos casos, a manera de muestra:

Cierto día, como a las dos de la tarde, iba un hombre por el claustro de la enfermería del convento y se halló de pronto, con fray Martín. Este cruzó con el caballero un saludo y, así, poco a poco, fue entrando en conversación, "entreteniéndole con pláticas espirituales, sin darle a entender cosa alguna". Duró la conversación, paseo abajo, paseo arriba, hasta las cinco. Y le despidió "con mucha suavidad y blandura".

Al llegar el hombre a la esquina del cementerio conventual, le salió, asustada, una negra que era criada de la señora, a cuya casa había tenido intención de ir para pasar la tarde; entre sollozos le dijo que se había derrumbado la casa y había hecho pedazos la cama.

Confuso y admirado el caballero, volvió a dar las gracias a fray Martín "por haberle conocido su corazón", librándole de la culpa y de la muerte, al entretenerle hablando.

El santo, "con humildes palabras, le dijo no haber sabido nada. Y que la conversación que había tenido había sido por entretenerle y parlar con él, llevado de su amistad. Y que, pues, conocía el riesgo de que Dios le había librado, que enmendase su vida" (14).

Otro suceso, reflejo de este anhelo redentor de fray Martín, es el que refiere el padre fray Juan de la Torre. Corresponde a una época anterior —año 1615—, lo cual indica que el espíritu del santo vivía ya en la plena atmósfera mística y carismática por esta época.

El caso evoca un ambiente político y militar del

que fray Martín no se hallaría ajeno, pues no lo estuvo siquiera santa Rosa de Lima: el estado de alarma en que los piratas holandeses e ingleses tenían a los dominios españoles en América.

"En la noche que el enemigo vino a este reino —alude al pirata holandés Jorge Spilbergen con cuatro navíos— que fue en tiempo del excelentísimo señor príncipe de Esquilache, entre algunos extranjeros pechelengues —piratas herejes— que quedaron en esta ciudad, fue uno llamado Esteban, tenido por cristiano; y se casó".

Hospitalizado en el hospital de san Andrés, llevaba tres días en agonía, con gran extrañeza de los presentes.

El último día acudió fray Martín, pasada la media noche "a toda prisa". Y dijo al enfermo:

—Pues, ¿cómo es esto? Estaba sin bautizarse y ¿se quiere morir?

Y "le habló tantas cosas en orden a su conversión, que lo consiguió", pues Esteban pidió el bautismo.

El santo corrió en busca de un sacerdote para que bautizase y casase al enfermo.

Recibidos los sacramentos, murió.

Afirma el testigo que el caso fue conocido. Y que él lo sabe "por habérselo oído contar a muchas personas, así religiosos como seglares, con toda publicidad y notoriedad en esta ciudad" —de Lima—.

Este mismo religioso cuenta una curación obrada por el santo "a distancia" con un fraile, en la cual se aúnan ambos factores sorprendentes: el sistema curativo y la intuición carismática de la necesidad del enfermo:

Al padre fray Miguel de Mejorada le sobrevino a deshora de la noche un gran vómito de sangre y fue a buscar a fray Martín a la enfermería para que le curase. Mas no le halló. Entonces hizo sonar tres veces la campana, que es la señal convenida para que acuda el enfermero.

Al ver que no acudía, sospechó que habría de estar en el sitio habitual de su oración: el capítulo. En efecto, antes de entrar, oyó que le hablaba el santo desde dentro:

—Váyase a la pila y, desnudo, échese dentro y sanará de su mal.

El padre se volvió admirado de que, sin haberle visto, por ser de noche, supiese quién era, el mal que padecía y el remedio conveniente.

En efecto, se echó en el pilón de la fuente del claustro y sanó (15).

De un caso parecido a éste hablamos más adelante.

Estos acontecimientos fueron como una especie de antídoto contra el asombro. Ya creían factible por el mulato cualquier prodigio, como si Dios hubiese delegado en él toda su omnipotencia.

Muestra de esto es la resurrección de que detalladamente habla el reverendo padre Fernando Aragonés, que había sido testigo presencial del hecho y compañero de fray Martín en el oficio de enfermero.

Es un relato impresionante y fuerte, a la vez que de suma sobriedad:

Había en la celda de la enfermería un religioso cooperador enfermo que tomaba unciones. Era fraile antiguo y había trabajado mucho en la Orden, de vida ejemplar y virtuosa.

Cautivado el siervo de Dios fray Martín por la virtud del enfermo, le mostraba su afecto en regalarle, servirle y visitarle. Y había puesto a su servicio a un mozo español para que le sirviese de día y de noche.

Aunque el autor de este curiosísimo "reportaje" no indique nada sobre quién es el muchacho, nos entra la sospecha de que fuese Juan Vázquez. Es una deducción que acaso carezca de fundamento objetivo. Pero un conjunto de circunstancias nos inducen a ello: el efecto de fray Martín hacia el enfermo hace pensar que pusiera para atenderle a alguien de su confianza. Juan Vázquez lo era, según queda indicado. Además, por el oficio de barbero que había aprendido de su "maestro" fray Martín (tenemos el dato "edificante" de que se brindó a que aprendiera en su propia persona) el muchacho entendía también algo de enfermero. Era un "alter ego" del santo para muchos menesteres. Y bien pudo serlo en este caso en el que tanto interés puso fray Martín por el anciano y santo fraile cooperador.

No es, por tanto, nada extraño que le dijese un día:

—Juancho. Desde hoy, vas a cuidar de fray Tomás. Ves que necesita mucha atención. No le dejes solo y sírvele lo que yo te indique ser el conveniente alimento.

—Padre fray Martín —diría el muchacho—: haré lo que vuestra reverencia ordene, pues que vos sois padre para mí, pues el que tuve está en gloria.

Y desde ese día quedó al cuidado del enfermo.

Sorprende que fray Fernando Aragonés no haga la menor alusión a él. También los testigos mantienen un extraño silencio sobre la figura de este simpático muchacho, Juan Vázquez, tan íntimamente relacionado con el santo.

Nos gusta, pues, imaginar que es Juan Vázquez el muchacho —"mozo"— español que el santo mulato puso al servicio del venerable religioso para que le atendiese día y noche.

Mas ocurrió lo previsible.

Un día, a eso de las nueve o diez de la mañana, el mozo metió unas brasas de candela para calentarle una mazamorra —bizcocho de polvo de galleta— y unas yemas de huevo, que eran su comida de todos los días.

Habiéndosela dado a comer, sacó las brasas y le dejó solo, hasta la una del día, en que volvió. Y halló muerto al enfermo.

Viéndole sin vida, salió corriendo y se lo dijo a fray Martín, que estaba con fray Fernando Aragonés en la ropería. Fueron juntos y le hallaron muerto y frío.

Entonces el siervo de Dios —dice el testigo— mandó al enfermero menor que tocase las tablas para que viniese la comunidad, la cual acudió, y le empezaron a rezar el salterio.

Fray Martín cerró la puerta y estiró el cuerpo y lo descubrió para amortajarlo, y tomó el hábito para vestírselo. Mas antes de ponérselo, hizo oración a un santo crucifijo que estaba a la cabecera del difunto.

Y, mientras oraba, yo me retiré y estuve parado arrimado a una mesa.

Acabada la oración, el siervo de Dios se llegó al oído del difunto y le dio una voz diciendo:

—Fray Tomás.

A este grito, primero respiró, como que echaba una ventosidad del vientre por la boca. Fray Martín, vuelto hacia mí, me dijo:

—Fray Fernando, vivo está.

Yo dije:

—A mí no me lo parece.

Y volvió a llamarle por segunda vez. Y respiró como cuando una persona está a las últimas boqueadas, que al resollar mueve un poco la lengua y los labios.

Volvió a llamarle por tercera vez, y entonces "azezó" —jadeó— recio. Y el siervo de Dios dijo:

—¿No veis que está vivo?

Y tapó el cuerpo.

Yo dije:

—Poderoso es Dios para dar vida a los muertos.

Fray Martín salió a la puerta y dijo a la comunidad que se fuese, que el enfermo ya había vuelto en sí.

Y yo dije para mí, que había dicho bien, pero que había vuelto de la otra vida a ésta.

Luego me dijo:

—Tráigame tres yemas de huevos, frescas y calientes.

Cuando se las traje, sólo veía que el enfermo estaba vivo por el movimiento de los ojos y de la boca. Porque estaba inmóvil y sin sentido, que parecía que no veía ni entendía.

Dióle las yemas de huevo, haciendo muchas diligencias para que las pasase. Y se quedó con él atendiéndole, sin apartarse de él hasta que estuvo en su entero juicio y salud completa. Y se levantó.

Todo lo cual yo tuve por conocido milagro. Aunque, por entonces, callé por el ruido que pudiera causar.

Dios permitió que lo callase por entonces para decirlo ahora en esta ocasión.

La ocasión era el proceso incoado de beatificación (16).

El mismo fray Fernando Aragonés refiere algunas anécdotas que le sucedieron a él con fray Martín, las cuales muestran su espíritu profético. Son dignas de contarse (17).

Algún tiempo después de su primera curación, narrada anteriormente, tuvo que hacer un viaje y, de regreso al convento hallándose en un pueblecillo de tránsito, situado en un valle solitario, poblado de indios, reiteróle nuevamente el dolor al costado con las mismas atroces punzadas de aquella noche.

Recordó inmediatamente las palabras de fray Martín de que andando el tiempo moriría del mismo mal y el temor de la muerte se le aumentó ahora con la terrible agravante de no hallar ningún sacerdote. Lleno de angustia, encomendóse con mucho fervor a santo Domingo y a san Francisco que le concedieran la gracia de poder llegar al convento.

Sus ruegos fueron oídos y, pasado el dolor, pudo llegar felizmente. Recibida la bendición del Prior se dirigió a la enfermería para saludar a fray Martín y contarle las impresiones del viaje. Se abrazaron efusivamente y luego el mulato dijo a fray Fernando con gran sorpresa de éste:

—De buenos padrinos se valió vuestra reverencia. Quiera mucho a nuestro padre santo Domingo. Y cumpla lo que le prometió.

Fray Fernando Aragonés, hacía algún tiempo que acariciaba más altos pensamientos. Cierto día, embebido en estos sueños, entró en su celda con semblante nada risueño y se dejó caer en el sillón con ademán preocupado dejándose llevar de sus cavilaciones. Una voz amiga le distrajo:

—¿Qué tristeza es ésta?

Levantó la cabeza fray Fernando y se encontró con fray Martín que le miraba con semblante risueño.

Hubo un silencio y prosiguió el santo:

—Consuélese, que de aquí a catorce años estará quitado de estas cosas.

Fray Fernando, intrigado por estas palabras sibilinas, levanta otra vez la cabeza y mira detenidamente al siervo de Dios queriendo leer en sus ojos el sentido de sus frases. Fray Martín sonreía enigmáticamente y el compañero no lograba entender el significado de sus palabras. Después de unos instantes de reflexión creyó penetrar su sentido y dijo con una mueca triste que intentó hacer sonrisa.

—Eso será porque para entonces habré muerto.

Y bajó nuevamente la cabeza.

Pero fue sólo un instante, pues la levantó enseguida para ver el efecto que producían sus palabras en el mulato. Este le miraba fijamente y había en sus ojos un destello de luz arcana, cual si en ellos se reflejara el porvenir. Sabía también lo que pasaba en el corazón de fray Fernando, un poco herido por una corrección del prior que juzgaba rigurosa. Tal vez si él fuese...

Y no se atrevía a formular ni para sí el íntimo deseo. Pero fray Martín se lo estaba leyendo en el alma. Por eso le dijo:

—No será esa la causa, sino que el hermano aspira a ser de corona y lo habrá conseguido para entonces. Mas cuando vuelva no me hallará en este mundo.

Y salió inmediatamente de la celda.

La doble profecía tuvo exacto cumplimiento.

Este don carismático de profecía, al igual que otros similares, de los que ya hemos hecho reiterada mención en estas páginas —luces, agilidad, bilocación, penetración de espíritus— es un hecho innegable en la vida de fray Martín, atestiguado —lo mismo que los otros— por toda clase de personas que le trataron: padres, cooperadores, sacerdotes seculares, seglares de toda condición y clase social y sexo (18).

No resistimos la tentación de recoger el testimonio del licenciado don Pedro Quijano Ceballos, presbítero. Era todo un personaje en la curia arzobispal por el año 1660, cuando el padre fray Antonio de Estrada, del convento del Rosario, le presentó por testigo para que declarase en el proceso de beatificación que se había incoado hacía poco. Después de una larga serie de oposiciones a parroquias y otros cargos eclesiásticos, a lo largo de su vida sacerdotal, había llegado a ser comisario de la santa Cruzada y visitador general de la Idolatría y visitador ordinario, con cuyos emolumentos había podido sostener decorosamente a sus padres hasta la muerte de éstos.

Al dirigir su pensamiento a los pasados recuerdos, pudo apreciar que san Martín de Porres ocupaba una buena parte de su vida. Le había conocido por espacio de diez años, durante los cuales le trató íntimamente y marcó en su vida una huella imborrable, tanto que está seguro de deberle a él la misma trayectoria vocacional. Concluídos los estudios, "aunque con muchas dificultades, después de heredar de un hermano suyo una capellanía, y habiéndole librado Dios de muchos casamientos", se ordenó de sacerdote en la ciudad de Arequipa y regresó luego a Lima".

En su declaración evoca unos cuantos episodios relacionados con san Martín que tienen a sus ojos el testimonio de su carisma profético.

Cierto día, cuando don Pedro solo tenía quince años, sucedía esto por el año 1625, fue a ver al convento a un hermano suyo religioso, entudiante aún, llamado fray Vicente. Ambos fueron a buscar a fray Martín. Después de un rato de charla, el santo le dio de merendar. Al despedirse para volver al Callao, en donde residía, apenas había andado veinte pasos, el santo le llamó y le dijo, extendiendo la mano:

—¿Cuándo le hemos de ver con el bonete?

No cayó de momento en la cuenta de lo que significaban tales palabras. Pero, según regresaba a su casa, cavilando, se acordó de que, tiempo atrás, habiendo estado muy grave y en peligro de muerte, había hecho el propósito de ser religioso de la compañía de Jesús.

Pasó algún tiempo. Y, en otra ocasión, regresó al convento, esta vez en compañía de su madre y de cinco hermanos más, el mayor muy malo, por lo que le conducían en una litera. Venían para impetrar la salud por medio de santa Rosa de Lima, cuyo cuerpo le mostraron.

La madre, sin embargo, mandó a fray Vicente, su hijo, que fuese a buscar a fray Martín de Porres. Vino, en efecto. Entonces ella le suplicó:

—Oh, fray Martín, pedid a Dios la salud de mi hijo.

El contestó:

—Lo haré de buena gana. Pero sepa, señora, que es voluntad de Dios que todos sus hijos mueran y que el menor —señalando a don Pedro— quede con la casa.

Este, recordando la escena, comenta:

"Y sucedió así, porque dentro de muy pocos días se fueron muriendo todos y quedé yo solo, según fray Martín había dicho.

Pasado algún tiempo, sus padres le trajeron a estudiar. Estableció su residencia cerca del convento de santo Domingo. El estudiaba en el colegio de la compañía de Jesús. Pero adelantaba poco porque no estudiaba como era debido, a causa de los malos amigos que se había echado.

Un día, como a las dos de la tarde, yendo muy pensativo y pesaroso, por su mal proceder, por la calle de santo Domingo en dirección a la plaza mayor, formulando propósitos de enmienda, se halló de pronto con san Martín, quien, dándole una palmadita en el pecho, le dijo:

—¡Ay! A estudiar mucho. Siga con esos intentos adelante, que eso sólo le ha de valer.

Sus palabras le dieron ánimo para seguir la carrera hasta concluirla, en la forma que ya queda indicado.

Narró igualmente la curación milagrosa que el santo realizó en la persona de su hermano fray Vicente cuando éste aún era novicio, hacia los años 1621, y que ya queda relatada en páginas anteriores.

Concluye don Pedro su relato con estas palabras:

"Esto que he dicho y declarado sé que es cierto,

yo lo vi. Y todo ello es público y notorio, pública voz y **fama**, y es la verdad. Y me reafirmo en el juramento que hice".

Don Francisco Blanco, el notario, leyó cuanto había aquél declarado. Don Pedro lo reafirmó, se ratificó en ello y puso su firma (19).

NOTAS

(1) Proceso: pág. 307
(2) " " 84, 247, 276, 303, 193
(3) " " 174
(4) " " 263-264
(5) " " 265
(6) " " 258
(7) " " 249
(8) " " 316-317
(9) " " 308
(10) " " 166, 187, 190
(11) " " 119-120
(12) " " 163-165
(13) " " 149-154
(14) " " 209
(15) " " 143
(16) " " 133-134
(17) " " 123-135, 143
(18) " " 146, 172, 209, 220, 221, 222
(19) " " 145-148

CAPÍTULO XI

AMIGOS

SUMARIO: BEATO JUAN MACÍAS. EL PADRE JUAN VÁZQUEZ, S. J. FRAY JUAN GÓMEZ. SANTA ROSA. DESPEDIDA DE JUAN VÁZQUEZ.

Solía san Martín durante los días de pascua visitar a sus amigos. Uno íntimo es fray Juan Macías, portero de la recoleta dominicana de santa María Magdalena.

Era un español muy de su época, que parecía llevar en la sangre, como buen extremeño, el ansia de aventuras. Porque, como tantos otros, se fue al Nuevo Mundo con el alma llena de sueños de grandezas. Y, por contraste, provenía también del pueblo bajo, humilde, sin fortuna. Y traía en su alma el recuerdo de su orfandad.

Juan Macías había dejado su patria, Extremadura, en busca de fortuna que llenara su ambición sin límites.

Pero aquí empiezan las diferencias con sus paisanos heroicos Hernán Cortés y Francisco Pizarro: Que él les superaba en ambiciones y las vio realizadas. Porque no iba buscando señoríos, reinos y oro, sino la santidad.

Para buscar ese tesoro llevaba consigo un buen guía que no le abandonaba nunca, desde el día, triste, en que sintió la orfandad entrar por las puertas de su casa, allá en Ribera de Fresno, un pueblo de Badajoz, en donde había nacido el 2 de marzo de 1585.

Sus padres, don Pedro de Arcas y doña Inés Sánchez, eran de solera hidalga, pero modestos labradores que apenas conseguían sacar a flote la familia.

Juan Macías y su hermanita más pequeña quedaron huérfanos cuando él tenía cuatro años. Acogidos por parientes, se transforma luego en pastor, a los seis años. Y en la soledad aprende a ver a Dios, a orar. Y san Juan Evangelista, se ofrece a ser su guía por las vías interiores del espíritu y por los difíciles caminos del mundo.

Pasados algunos años, el misterioso acompañante le aconseja:

—Sal de tu pueblo y márchate a lejanas tierras. No temas que yo te guiaré.

Dirige sus pasos a Sevilla, puerta entonces de la monarquía española para Indias. De paso por Jerez de la Frontera, los frailes predicadores ven en él una posible vocación y le invitan a quedarse con ellos.

Mas la voz interior le dice que no está su puesto ahí sino más allá de los mares, en donde el Señor le tiene reservado su destino.

En Sevilla se siente como perdido en la balumba de gente de toda condición. Un día ve entrar por un gran portalón a muchos hombres. Imagina ser una capilla y se decide a entrar. Pero un joven, que Macías no supo de dónde salió, le coge de la mano, le saca y le dice:

—Lejos de aquí. No es propio de ti este lugar.

Y desapareció.

Sólo después supo el motivo de tan providencial aviso.

Al fin se acomodó con un mercader. Y, como criado suyo, pasó la mar. Mas aquél le desechó por no saber Juan leer ni escribir. Y quedó solo y desamparado en tierras para él del todo desconocidas. Se hallaba en Cartagena de Indias.

Movido por un impulso interior, que no sabría decir si obedecía a temperamento aventurero o a inspiración de lo alto —las dos cosas a la vez, acaso— atraviesa todo el continente de extremo a extremo, en un recorrido cuajado de riesgos, al través de la selva inmensa, por el río Amazonas, hasta llegar a la ciudad de Quito. Fueron casi cinco meses de penurias sin cuento en un recorrido verdaderamente legendario de unas novecientas leguas.

Y un día llegó a Lima. No tardó en ponerse al servicio, como pastor, de un rico hacendado, don Pedro Jiménez Menacho, que ve como prosperan sus ganados y haciendas, como si la sombra del joven asalariado le hubiese traído la divina bendición. Así era, en efecto.

Mas un día, su invisible confidente le dice que su puesto no está en el mundo sino en el convento de santa María Magdalena, de los frailes predicadores. Consciente de ser esa la divina voluntad, que le había conducido hasta allí, librando su alma de toda contaminación de pecado, se despide de su amo, ajusta cuentas y se dirige al convento.

Se hallaba en madura juventud —treinta y siete años— cuando llamó a las puertas de la casa religiosa.

El mismo día de su llegada, la comunidad, informada por el portero fray Pablo de la Cruz, decide darle el hábito de fraile cooperador.

Era el 2 de enero de 1622.

Tal es, en breves trazos, la semblanza biográfica de este amigo de fray Martín de Porres. Y tanto intimaron en la tierra, que parece haberse comprometido a llegar a las alturas de la santidad, no sólo ante el acatamiento divino sino también ante la misma Iglesia.

Porque también, como el de fray Martín, se inició el proceso canónico de beatificación, que fue una realidad, pues ambos fueron elevados al honor de los altares por el Papa Gregorio XVI el año 1837.

Actualmente se halla su proceso de canonización muy avanzado.

Su tránsito de este mundo había sido el 2 de septiembre de 1645. Vivió, pues, seis años más después del fallecimiento de fray Martín, y pudo ver claramente el concepto de santidad en que el santo mulato era tenido por todos.

En cambio de sí mismo, fray Macías se había formado el concepto más bajo y despreciable. Mas por eso mismo quiso Dios también manifestar por su medio la Divina Omnipotencia y Soberana Bondad. Como su amigo fray Martín, era religioso de asidua y alta oración, de rigurosa penitencia, tal vez excesiva, pero testimonio de su ardiente amor a Dios y al prójimo. También, por efecto de la caridad, los milagros se escapaban de sus manos. Y los pobres de toda condición tenían en fray Juan Macías un padre, un amigo: un santo.

Lima entonces tenía el extraordinario privilegio de albergar en su seno una serie de ellos: san Francisco Solano, santo Toribio de Mogrovejo, santa Rosa de Lima, san Martín de Porres, beato Juan Macías. Y otros muchos varones y almas contemplativas, aunque no hayan alcanzado aún el honor de los altares.

Fray Juan Macías era portero. Y sentía un gozo inefable cuando fray Martín, su amigo, acompañado de Juan Vázquez, llamaba a la portería. Sucedía esto en días señalados.

Por Pentecostés, todos los años, los devotos comerciantes de fray Martín le daban dos ásperas camisas de jerga castellana. Una se la ponía él y daba la otra como regalo de pascuas a fray Macías.

Ambos amigos se trataban íntimamente. Se conocieron por medio de fray Pablo. Era éste portero de la Magdalena cuando fray Juan tomó el hábito, y los superiores, durante el noviciado, le pusieron a sus órdenes para que fuese aprendiendo.

Luego fray Pablo fue asignado al convento del Rosario, donde murió el año 1626. Aquí habló muchas veces con fray Martín sobre el buen espíritu de fray Macías.

Fray Pablo de la caridad había sido llamado por Dios al claustro desde su vida mundana durante la cual había derrochado su juventud suelta de noble libertino; porque era de alto abolengo español, natural de Guadalajara. Pero sonó tan fuerte en su alma la voz divina, que para renunciar del todo al mundo, cambió su nombre de Fernando en el de Pablo. Se dio a una intensa vida interior, que no le impedía sus deberes de portero. Y éste fue el medio de que Dios se valió para poner en contacto dos almas de tanta santidad como fray Martín de Porres y fray Juan Macías.

Fray Martín sentía especial predilección por el convento de santa María Magdalena, al que solía retirarse algunas veces, cuando quería vivir un poco en soledad.

En una de estas visitas obró una cura sorprendente. Fue así:

El año 1631, pocos días antes de cuaresma, estando los estudiantes profesos en recreo, uno de ellos —fray Luis Gutiérrez— vio a un compañero que tenía una manzana en la mano, y —por broma— quiso quitársela, sin darse cuenta de que aquél tenía en la mano un "cuchillo de estuche" muy afilado, se le clavó e hizo dos heridas en los dedos anular y meñique, muy graves.

Se los ató con un pañuelo y no dijo nada, por miedo al Maestro —padre fray Jerónimo Negreiro.

Al cabo de tres días como aumentasen los dolores, se quitó la venda y vio los dedos y brazo renegridos, hinchados y de muy mal aspecto.

Supo que estaba fray Martín. Y, como había oído hablar de sus curaciones asombrosas y de su gran caridad, acudió a él, que se hallaba en una de las celdas del convento.

Llamó a la puerta, que estaba cerrada:

—Fray Martín.

Replicó desde dentro apaciblemente:

—¿Quién llama?

Y salió.

El joven estudiante advirtió que tenía los ojos "como llorosos y apacibles". Fray Martín le dijo:

—¿Qué es angelito, qué quieres?

Este —muchacho de apenas diecisiete años— le mostró la mano.

El santo se dio cuenta de la gravedad de la situación, pero le dijo, animándole:

—No tengas miedo, niño; aunque estás tan peligroso, Dios te dará salud.

Y le llevó al lavadero de los hábitos, que se hallaba en el huerto del convento. Sacó media docena de hojas de una planta que fray Martín llamaba "de santa María", las machacó con dos piedras, y se las puso, con venda, sobre las heridas, haciendo la señal de la cruz sobre la mano enferma.

El novicio no pareció quedar muy conforme con la cura y le dijo:

—¿Es bastante con esta cura, fray Martín?

—Sí, niño, sí. Vete al noviciado tranquilo. Ya estás curado.

Efectivamente: disminuyó la calentura. Y, al día siguiente, al levantarse de la cama, halló los dedos completamente sanos. De las heridas sólo quedaban las cicatrices.

Y el novicio, ya padre, veintisiete años después, al prestar juramento y relatar el hecho en el proceso, mostró sus dedos, al juez y al notario público, para que viesen las cicatrices. Así lo hicieron con curiosidad y no poca sorpresa (1).

Fray Martín cuando se despedía de su amigo para irse, quedábase un momento solo con Juan Vázquez, para que le curase las espaldas, rojas e hinchadas. El muchacho le decía:

—Padre, ¿qué le he de curar? Porque esto no es del mal trato que hace a su cuerpo con el azote, sino de estos mosquitos que hay aquí. Vamos a nuestro convento, que allí no hay mosquitos.

Pero él contesta:

—¿Cómo hemos de merecer con Dios si no damos de comer al hambriento?

Juan protesta y fray Martín insiste:

—Se les debe dar de comer, que son criaturas de Dios. Y así, lavadme.

Lavábale con vinagre, y por eso el chiquillo tenía siempre a mano, cuando iban al platanal, un "porongo" o cantimplora.

Tenía igualmente amistad —dice Juan Vázquez— con un padre de la compañía de Jesús, que se llamaba lo mismo que el muchacho. "Y me enviaba con algunos papeles al Cercado, de donde era rector. Yo llevaba y traía la respuesta.

Un día, trayendo un papel, me encontré con un muchacho, llamado Juan Velarde, que servía al padre maestro Loaysa. Me preguntó:

—¿De dónde vienes?

Respondíle:

—Del cercado de donde traigo un papel.

Me lo cogió y lo leyó. Y me lo devolvió luego. Y nos vinimos al convento.

Viéndome el siervo de Dios, fray Martín, comenzó a reñirme muy enojado, diciéndome que cómo consentía que los papeles que yo traía los leyesen en el camino.

—De aquí en adelante —dijo— no me fiaré de tí.

Yo le respondí:

—Padre, no ha sido malicia mía. Mas otra vez no volveré a largar papel que traiga o lleve.

Y me dijo:

—Así lo has de hacer.

De allí a veinte días volví a llevarle otro papel al padre Juan Vázquez. Y también me riñó el padre, diciéndome que por qué consentí que nadie me tocase papel ninguno.

Volví con la respuesta, y díjome fray Martín:

—Así habéis de traer los papeles: como os los dan.

Tiene también amistad con fray Juan Gómez, del convento de san Francisco, y le visita muchas veces. Es también portero.

Este debe de ser el mismo de quien Ricardo Palma cuenta una de sus bellas tradiciones peruanas, titulada "El alacrán de fray Gómez". Imagino que será del agrado del lector. Resumida, es como sigue:

Cierta mañana llamaron a la puerta de su celda:

—*Deo gratias*. Alabado sea el Señor.

—Por siempre jamás, amén. Entre, hermanito.

Y entró un hombre de humildísimo aspecto.

El mobiliario de la celda se componía de cuatro sillones de vaqueta, una mesa y una tarima sin colchón ni sábanas ni abrigo, y con una piedra por almohada.

—Tome asiento —le animó fray Juan— y dígame sin rodeos lo que desea.

Expuso el buen hombre su necesidad. Era buhonero, pero se había arruinado en su pequeño negocio. Y nadie le prestaba, para rehacerlo, el dinero necesario. Prosiguió:

—Me dije al fin: Ea, buen ánimo y vete a pedirle el dinero a fray Gómez, que si él lo quiere, mendicante pobre como es, hallará medio de sacarte de apuros. Y aquí he venido.

—¿Cómo ha podido imaginarse, hijo, que en esta celda encontraría ese caudal?

—Es el caso, padre, que no acertaría a responderle; pero tengo fe en que no me dejará ir desconsolado.

—La fe le salvará, hermano. Espere un momento.

Y, paseando fray Juan Gómez los ojos por las desnudas y blanqueadas paredes de la celda, vio un alacrán que caminaba tranquilamente por el marco de la ventana. Arrancó una página de un libro viejo, cogió con delicadeza la sabandija, la envolvió en el papel, y volviéndose hacia el buen hombre, le dijo:

—Tome y empeñe esta alhajita; pero no olvide devolvérmela dentro de seis meses.

El buhonero se deshizo en frases de agradecimiento y se encaminó a la tienda de un usurero:

—Le pido que me preste quinientos duros por seis meses. Le dejo esto en fianza.

Y desenvolvió el paquete.

Los ojos del judío se abrieron de pasmo: Tenía delante una joya de incalculable valor. Era un prendedor en figura de alacrán. Formaba el cuerpo una magnífica esmeralda engarzada en oro. Y la cabeza era un grueso brillante con dos rubíes por ojos.

El prestamista la contempló con ojos de codicia:

—Le adelanto dos mil duros por ella —dijo.

—De ningún modo —replicó el español—. Sólo quiero quinientos duros por seis meses.

Hicieron las escrituras del caso. Pero el usurero confiaba en que al fin se quedaría con la joya, pues imaginaba que el otro volvería pronto por otra cantidad de dinero.

Mas no fue así, porque el buhonero, con el capitalito, rehizo negocio y fortuna. Y a los seis meses volvió a buscar la prenda de fianza. Recobrada, se la devolvió a fray Gómez, envuelta en el mismo papel.

El franciscano tomó el alacrán, lo puso sobre el alféizar de la ventana, le dio su bendición y dijo:

—Animalito de Dios sigue tu camino.

Y el animalejo echó a andar libremente por las paredes de la celda.

El relato está muy en consonancia con el carácter del santo religioso, tan en armonía con el de san Martín de Porres. Ambos pobres y ambos ricos con el poder que Dios les otorga para socorrer a los indigentes que llamaban a su corazón compasivo...

No les era fácil verse con la frecuencia que deseaban, por lo cual se escribían algunas veces y se remitían la correspondencia por intermediarios que, a menudo eran muchachos.

Esto dio, en cierta ocasión, origen a un incidente que recoge el padre fray Antonio de Mansilla.

Tuvo necesidad fray Martín de escribir un papel a fray Juan Gómez, "varón de conocida virtud y santidad"; y buscó para ello un estudiante.

Este, movido de curiosidad, lo abrió por el camino y lo leyó y volvió a cerrar y lo entregó a fray Juan Gómez, que "le riñó ásperamente". Después escribió la contestación y la envió a fray Martín por el mismo chico.

Volvió a leerlo —el motivo se comprende—. Mas, al entregarlo al dominico, tuvo que oír nueva y severa represión.

Temeroso y confuso el estudiante, le dejó el papel en las manos y se fue (2).

Es un poco sorprendente esta coincidencia con el caso mencionado anteriormente. Mas no cabe dudar de su veracidad.

Se halla el convento de san Francisco al otro lado del río, haciendo fondo al hermoso paseo de la alameda.

Atraviesa, pues, él, en compañía de Juan Vázquez, el puente de un solo arco, de piedra; construido en 1607 por el virrey marqués de Montesclaros, y toma una de las calles laterales de las siete que atraviesan el bello parque de recreo, conversando alegremente con su joven confidente, mientras atraviesan el paseo entre hileras de naranjos, sauces, olivos y nogales. Y llegan a san Francisco. Aun antes de abrirse el portón —dice Vázquez—, el de dentro reconoce al de fuera, y después de abrazarse, se encaminan a la huerta silenciosa y umbría.

Sentados mano a mano bajo un árbol corpulento, se les ha ocurrido la idea de hacer una cruz y ponerla en este mismo árbol, y con tierno embeleso, quédanse mirándola, hasta que fray Martín enternecido, dice al franciscano:

—Regalemos nuestros cuerpos, que no es justo se nos vaya el día, siendo el que tanto tenemos deseado.

Se ponen ambos de rodillas ante la cruz, se desnudan las espaldas y comienzan —por espacio de una hora— una dura disciplina.

Y, de nuevo en la portería, se despiden tiernamente.

Al tocar el tema de los amigos de fray Martín he querido referirme a los "amigos" propiamente dichos, que son los que se hallaban a su misma "altura", es decir: los santos —aunque alguno no esté en los altares.

Los demás, que tanto intimaron con él —grandes personajes, hombres de negocios, altas dignidades— son más bien "devotos", que veneraban al siervo de Dios y no se consideraban dignos de ponerse a su nivel moral. De estos devotos se hablará más adelante.

Para cumplir el tema de las amistades de fray Martín, quiero hacer una alusión a santa Rosa de Lima, contemporánea del mulato, aunque haya muerto mucho antes y nacido siete años después.

Pocos datos, muy pocos, para pretender establecer entre ambos —Martín y Rosa— relaciones de amistad. Mas bien pensamos que hubo de ser algo incidental y de carácter transitorio.

Dos testigos hacen alusión a ello: El padre fray Francisco de Santa Fe y el padre fray Francisco del Arco. Y, en verdad, el testimonio se reduce a bien poca cosa: a conversaciones breves, y de paso, cuando la santa iba a la iglesia del Rosario.

Algunas veces solía estar de conversación de espíritu —dice el primero— con ella. Y alguna vez los vio fray Blas Martínez, sacristán, que fue quien se lo contó al testigo.

El segundo dice sencillamente que, en ocasiones, ella iba a la puerta de la sacristía a consultar con él sobre asuntos espirituales.

En fin, algo que indica que se conocieron. Pero no lo suficiente como para un trato íntimo y continuado entre ambos santos. Ella murió muy joven. Y él, por el tiempo en que se encontraron alguna vez, lo era también y no se hallaba en la atmósfera de prestigio que habría de alcanzar después.

Se conocieron, pues, y alguna vez se hablaron. Y no hay base para más.

Queremos cerrar este capítulo con las últimas confidencias de fray Martín con Juan Vázquez, que tan al vivo reflejan la ternura de corazón del santo.

El mismo joven refiere su despedida:

El señor virrey conde de Chinchón, yendo a ver una tarde a fray Martín, como acostumbraba a hacerlo cada mes para darle cien pesos para sus caridades, le dijo después de haberle entregado la cantidad:

—A este mancebo le hemos de asentar en plaza de soldado, que serviría al rey y le honraremos en todo.

Juan Vázquez estaba presente y tenía el dinero que fray Martín acababa de recibir del virrey.

Al mes siguiente volvió a repetir lo mismo. Y fray Martín respondió:

—Se hará señor, lo que vuestra excelencia ordena.

—Pues, si se ha de hacer, que lleven el decreto —dijo.

Y, llamando a un criado suyo, por nombre Juan de Santiago, le ordenó que hiciese el memorial allí mismo. Y lo firmó.

Fray Martín le dio las gracias:

—Bien puede tener la plaza —explicó— y acudir a las muestras y al servicio de vuestra excelencia.

Al salir de allí, dijo al muchacho:

—Juancho, por la mañana habéis de ir al Callao sin falta; y en la compañía del Maestro de Campo, o a la que vos pareciere, podéis dar este memorial y decreto para que os asiente —reserve— una plaza, que lo harán luego.

Yo salí de la ciudad —dice él— por el año 1637, ocho meses corridos ya del año, y en el camino encontré a don Juan de Luza, alférez de la compañía del capitán Martín de Zamalvide. Y me preguntó:

—¿De dónde sois?

—De España, de la provincia de Extremadura.

—¿Y a qué vais al Callao?

—A sentar plaza, porque el señor conde —el virrey— tiene gusto de servir con ella al padre fray Martín de Porres.

Y él respondió:

—Irá vuestra merced conmigo a la compañía, que yo también me tendré por dichoso en tener a vuestra merced en la compañía, por ser cosa de aquel siervo de Dios.

Al salir de las casas reales, en donde me acababa de asentar —dice— como soldado, nos encontramos con el padre fray Martín, que abrazándome me dijo:

—Ya, hijo, tenéis amo a quién servir.

Se volvió a don Juan de Luza y le dijo:

—Vuesa merced, señor alférez, por amor de Dios, sírvase de sobrellevar a este mancebo, porque no podrá él estar tan experimentado como los que ya están hechos a la milicia.

El alférez replicó:

—Será todo, padre, a la medida de vuestra reverencia.

Y se pusieron a caminar hasta san Agustín, en donde se despidió el alférez de fray Martín diciendo:

—Le aguardo a comer al mediodía en mi casa.

Respondió el santo que se lo agradecía; pero que tenía mula para volverse al convento.

Don Juan de Luza se alejó y quedaron Juan Vázquez y fray Martín.

Este le iba diciendo, según bajaban a la plaza, la obligación que tenía; y que si quería acertar a servir al rey, que siempre se arrimase a su servicio, que así acertaría.

Y le replicó:

—Padre ¿con qué he de comer? Porque aquí dicen que no pagan sino al cabo de ocho meses.

Respondió fray Martín:

—Yo tendré cuidado de llevarte para que comas. Mas no hará falta.

Y le dio cinco pesos, diciéndole:

—Si necesitas algo, fray Alfonso te dará de mi parte lo que necesites.

Era éste un religioso anciano, muy amigo de fray Martín, residente en el convento del Callao.

"Y fue éste tan cuidadoso —recalca Juan Vázquez— que siempre tenía cuidado de ver si me faltaba algo, porque así se lo había rogado fray Martín".

Este, casi todos los días iba a verle al Callao. Y el alférez Juan de Luza, por pensar que con ello daba gusto al santo varón de Dios, el año 1639 nombró barbero a Juan Vázquez en la compañía.

Llegó, por fin, el momento de la partida. Abrazados los dos, le dijo:

—Adiós, Juancho, que ya en este mundo no nos volveremos a ver. Y si nos viéramos, dudarás.

Pero el corazón humano, y más en los santos, es muy sensible. Por eso le costaba tanto a fray Martín separarse definitivamente del joven, al que había cuidado como a un hijo por espacio de casi tres años.

Cuando, quince días después de esta despedida, Juan Vázquez se presentó en el convento para saludar a fray Martín, éste le salió a recibir antes de que abriese la puerta de la celda.

Al dar unos golpes de nudillos, dijo desde dentro:

—¿Eres tú, Juan Vázquez?

—Sí, padre fray Martín. ¿Cómo ha sabido que era yo?

El santo abrió sin contestar a su pregunta.

Luego de hacerle, pasar le preguntó:

—¿Y qué piensas hacer?

—Irme a Tierra Firme.

Se llamaba Tierra Firme a la región de Panamá, por ser la primera tierra descubierta del continente por Vasco Núñez de Balboa, en contraste con la multitud de islas Antillas. Luego, por extensión, se llamó de igual manera toda la tierra costera del Atlántico hasta lo que hoy es Venezuela.

—¿Por qué no te quedas en Lima? Yo te daré quinientos pesos para que halles aquí modo de vida. Y te puedo pasar la plaza del Callao a Lima. No vayas.

—Padre, haré eso que me dice cuando vuelva del viaje que voy a emprender.

—Hijo, entonces será tarde, que no te los podré dar. Tómalos ahora.

Y concluye Juan Vázquez su relato:

"Como así fue. Pues de vuelta del viaje hallé muerto al venerable fray Martín.

Y de todo esto doy fe" (3).

NOTAS

(1) Proceso: pág. 112-113
(2)   "   "   173
(3)   "   "   401, 185-186

CAPÍTULO XII

MAGO DE DIOS

SUMARIO: LA MULA SANADA. SAN FRANCISCO DE ASIS Y SAN MARTIN. INOCENCIA PARADISICA. PERROS, NOVILLOS Y TOROS. LOS RATONES. UN CONJURO EFICAZ.

En cierta ocasión, habiendo hallado fray Martín a una mula en un muladar, a punto de morir porque le habían quebrado una pierna y estaba muy llagada, la cogió, le curó y entablilló la pata rota y le dijo:

—¡Criatura de Dios, sana!

Y dentro de breves días estuvo del todo buena (1).

Produjo novedad el suceso y todos querían averiguar dónde y cómo se había hecho con el animal, que, al cabo de un tiempo, gordo y fuerte, prestó buenos servicios al convento.

La ternura de fray Martín con los animales era cosa bien sabida de todos, y no podía extrañar este gesto compasivo en él, sino el modo sorprendente del caso.

El mulato veía en los seres irracionales un destello del divino amor, una chispa de la infinita misericordia del Creador de todo, y en ellos hallaba algo que los constituía en hermanos suyos, y, por ello, dignos de su ternura. Es un cariño semejante al que sentía el seráfico san Francisco de Asís.

Semejante, pero al mismo tiempo un poco —o un mucho— diferente.

Fray Martín, en su conducta con los animales, salvando el factor sobrenatural, del que hablaremos enseguida, muestra su "primitivismo elemental" que parecía herencia de su raza negra.

Rasgo característico de ésta es su simplicidad, su infantilismo. Los negros —más que otra raza alguna— muestran en todo un alma de perpetuos niños.

Es necesario tener en cuenta este aspecto de la personalidad de fray Martín para explicarse ciertas reacciones temperamentales, algunos comportamientos que nos parecen extraños. Tal, por ejemplo, la escena del perro del procurador, cuyo episodio narraremos después.

No es fácil imaginarse a san Francisco de Asís, por muy enamorado que estuviese de las "criaturas", riñendo a un sacerdote por haber dado muerte a un perro inútil. Sabía perfectamente que el animal, por muchos servicios que hubiese prestado, no era más que un instrumento al servicio del hombre.

Cierto que a san Francisco le agradaba no arrancar los árboles del todo y que prefería dejarles algunas raíces para que pudiesen brotar de nuevo, por ese hondo sentimiento poético de la vida. Pero no entraba en su espíritu calificar de ingratitud a nadie porque diese muerte a un perro.

Lo que el santo de Asís, y cualquier persona de nobles sentimientos, condena, es el ensañamiento con los animales, no tanto por ellos en sí cuanto por el desorden moral que semejante conducta manifiesta.

Es, pues, necesario destacar esta actitud de fray Martín, que responde a un primitivismo ingénito, hereditario, que le hacía ver ciertas realidades —como ésta— desde un punto de vista distinto del nuestro.

Esto, por supuesto, no prejuzga ni niega, sino que matiza la acción de Dios en él. La gracia —invasión de Dios en las almas— asimila, transforma y eleva pero no mata, el modo de ser de aquellos sobre quienes obra. Y aquí está la maravilla de Dios, y a la vez el misterio de su acción. Estamos en el eterno problema divino-humano de no saber dónde empieza y acaba la acción de Dios y dónde se inicia y concluye la acción y comportamiento humanos. Diríamos que son dos acciones tan identificadas que se funden en una sola acción. Como dos líneas que, siendo paralelas, llegaran a aproximarse tanto la una a la otra, que resultase una línea sola.

Así hay que entender la psicología de fray Martín de Porres. El es él con todas sus deficiencias temperamentales heredadas y con sus buenas cualidades, también recibidas de sus padres. Y él es también el santo penetrado de Dios hasta la médula, que "vive" y obra en él de mil formas sorprendentes.

Este modo de ser, con atavismo africano en su sangre, explica también, en parte al menos, su curiosa terapéutica curativa y su farmacopea, como hemos visto, de polvos de sapo, carnes de pollos negros, hierbas y emplastos, que parecen recetas transmitidas por generaciones de brujos. Aunque hallaba también su ambiente en la medicina general, tan cargada de recetas caseras.

Pero, aún esto mismo era, en ocasiones, medio discreto de disimular los milagros que Dios obraba en beneficio de los prójimos necesitados, por su medio, según indicamos anteriormente.

Y esta misma forma de curar envolvía un algo de picardía santa, porque así hallaba medio de atribuir sus curaciones de "mano de santo" a sus plantas medicinales, a su ciencia de cirujano y médico... y a su arte de conocer a las personas, remediando sus necesidades, en más de una ocasión, por medios psicológicos.

Que, en el fondo, era ser "un poco brujo", como

le llamó, en cierta ocasión, un novicio. Pero un brujo "al servicio de Dios".

Por eso llegó a vivir la hermandad con la naturaleza en términos que llamaríamos increíbles.

Añádase a esto que hay almas que vuelven a encontrarse en el mismo estado de inocencia que el hombre tuvo en el Paraíso. Es tan viva la "impresión" y el obrar de Dios en ellos, que los animales "sienten" sobre sí el poder de esas almas y se someten y obedecen plenamente. Tal era el dominio que tenía fray Martín.

Unos cuantos casos servirán para comprobar este aspecto de su personalidad espiritual.

Estaba cierto día fray Martín sembrando plantas medicinales en la huerta del convento cuando sonó, de pronto, un disparo de escopeta. Momentos después vio caer a poca distancia de él un gallinazo o cuervo americano con una pata rota. Lo cogió, movido a compasión, sin que el ave —asustadiza de suyo— hiciese movimiento alguno. Le curó la herida y la acomodó en un lugar de la huerta.

Por unos días siguió llevándole de comer hasta que, por fin, ya curado, remontó el vuelo (2).

Durante su estancia en Limatambo, sucedió que hallándose los empleados en la faena de la trilla, se escaparon unas yeguas indómitas —"chúcaras"— y saltaron una tapia.

Fray Martín, que se hallaba presente, fue tras ellas y las alcanzó —con gran sorpresa del padre fray Juan de Zárate, que llegó a atribuirlo al don de "agilidad"— y las condujo de nuevo a la era (3).

Lo más notable del caso no es aquí precisamente la rapidez con que les dio alcance sino el dominio que mostró tener sobre ellas, con ser bestias no domesticadas. Como si el santo desconociese el peligro, o tuviese un extraordinario dominio de sí mismo, que le hacía sobreponerse al temor y miedo.

De ello dará muestras en otras ocasiones, que se narran más adelante.

Tal vez hubiese algo de todo esto, unido al poder sobrenatural alcanzado sobre la naturaleza.

El siervo de Dios se hallaba paseando por el claustro de la enfermería con algunos enfermos cuando alguno vio de pronto venir hacia ellos un enorme mastín dando sordos y lastimeros aullidos.

—¿Por dónde habrá entrado este perro? —pregunta uno, extrañado.

—Tal vez por la puerta falsa que alguien habrá dejado abierta.

—Fray Martín —dice otro viendo la actitud del can—. Este perro viene en busca de su reverencia para que lo cure.

—¡Pobrecillo! Bien lo necesita.

Y acercándose a él, se acerca para observar de cerca lo que tiene: Una doble herida que le atraviesa el vientre y de la que mana sangre en abundancia. Se encara con el animal y le riñe, amenazándole con el dedo índice:

—¿Quién le mandó al hermano perro ser bravo? Eso sacan los que lo son.

—¡Cómo fray Martín! ¿Sabe su reverencia quién le ha herido?

—No hay de qué sorprenderse. Fray Martín lo sabe todo —dice— uno de los presentes en voz baja.

—Seguro que quiso morder a alguien y éste le atravesó con su estoque.

—Eso es precisamente —aclara el mulato.

Y se queda mirando al perro que comienza a moverse con zalamería, se echa al suelo con el hocico pegado a los baldosines y mira de reojo al bendito enfermero mientras le reprende. Lo coge de la oreja y lo lleva a su habitación, donde le lava con vino la herida, le da unos puntos y le manda con imperio que no se mueva de la cama de pieles que le ha preparado. El perro gruñía sordamente mientras le curaba, pero sin moverse.

Curó al cabo de unos días (4).

Y, ya que de perros se trata, narraremos un caso, famoso en el convento. Tan famoso que son varios los relatos hechos en el proceso de beatificación. Por más gráfico y objetivo recogemos el de fray Laureano de los Santos, fraile cooperador.

"El padre procurador, fray Juan de Vicuña, tenía un perro grande de mucha edad que, por tenerla, se había llenado de sarna, de que causaba mal olor a los religiosos, por cuya causa el padre mandó a unos negros que lo matasen.

Uno de ellos, hallando el perro durmiendo, cogió una piedra grande y se la dejó caer sobre la cabeza y se la abrió, a consecuencia de lo cual murió. Lo cogió luego para tirarlo al río. Mas, cuando iba, le salió al encuentro fray Martín y se lo quitó a la vez que le reñía mucho por haberlo matado. Luego cogió al perro en sus brazos, a pesar de estar tan asqueroso, y lo llevó a su celda.

Fray Laureano, presente en la escena, deseoso de saber en qué paraba todo aquello, le acompañó.

Ya dentro de la celda, puso al perro en el suelo. Este se levantó sobre las dos patas delanteras y comenzó a hacer con la cabeza como ademanes de agradecimiento. Fray Martín comenzó a lavarle la sangre. Fray Laureano le preguntó:

—¿Quiere que le traiga un poco de vino aguado, para lavarle mejor?

—Sí —respondió él.

Marchó, pues, al refectorio por ello. Y se lo trajo en una bacía.

Mientras tanto, el santo había ya cosido la cabeza del perro con hilo y aguja. Y volvió a lavarle con vino la herida. Después, en un rincón de la celda, le acostó sobre un poco de lana.

A la mañana siguiente, en cuanto fray Laureano vio a fray Martín, le preguntó:

—¿Qué tal está el perro? ¿Ya está sano?
—No le he visto aún —replicó él.
—¿Vamos a verlo?
—Sí. Pero le llevaremos algo de comer.

Y fueron a buscar un trozo de carne de las sobras de la enfermería.

Fueron luego a la celda de fray Martín. Este se acercó al perro y cariñosamente le dio unas palmaditas en la barriga. El perro empezó a gruñir.

Fray Martín, vuelto a su compañero, le dijo:
—No morirá de este golpe el perro.

Pasaron tres días. Fray Laureano, viendo a fray Martín, le preguntó por el perro:
—¿Qué es de él? ¿Ya está bien?

Respondió el santo:
—Esta mañana, al ir a tocar la campana del alba, se salió de la celda y no le he vuelto a ver.

Pasados algunos días, fray Laureano vio al perro acompañando al padre procurador fray Juan de Vicuña "bueno y sano, que parecía, que no había tenido nada" (5).

El padre fray Fernando Aragonés añade que fray Martín fue a quejarse al padre procurador por haberse mostrado tan cruel y poco agradecido con el perro "después de haberle servido y acompañado tantos años" (6).

Una noche de primeros de enero de 1629, se hallaba el padre Diego de la Fuente, predicador general, preparando un sermón cuando oyó, de pronto, en el silencio de la noche ya muy avanzada, una voz imperativa como poniendo paz:

—El hermano es mayor. Deje comer a los que son menores.

—¡Cómo! ¿Fray Martín aquí? —exclamó el padre, sorprendido.

Y se asoma a la ventana que daba precisamente al patio, dentro del estudiantado, donde sonaba la voz. Y ve al mulato en medio de cuatro becerros bravos que tranquilamente comían montones de alfalfa traídos por él, igual que algunos cubos de agua para que bebieran.

Hacía cuatro días que los animales estaban a dieta rigurosa. Y no por descuido sino con su cuenta y razón: para que estuvieran más bravos. Pues los habían traído con autorización de los superiores de la finca del "Chancai", propiedad del convento, para que los estudiantes se divertiesen con la lidia durante las vacaciones. Pues como españoles no resistían la tentación de presenciar una corrida de toros, aunque fuese en miniatura.

Por esos días se habían celebrado unas muy sonadas en la ciudad de Lima con motivo de los festejos celebrados en honor del conde de Chinchón, nuevo virrey del Perú.

Los jóvenes religiosos habían oído ponderar mucho las corridas; y el ruido de la fiesta les había despertado sus aficiones taurinas.

Obtenido el permiso de los superiores, trajeron los animales a un patio del estudiantado y los tuvieron sin comer para aumentarles la fiereza.

Pero se enteró fray Martín; y, movido a compasión, se propuso llevarles de comer; y entró en el patio de la manera milagrosa que solía hacer. Se acercó a los animales, tristones y mohinos, sin que dieran muestras de hostilidad alguna. Pero en cuanto vieron la comida se abalanzaron a ella; y el más grande comenzó a cornear a los demás con sus brotes de cuernos, como si recelara no tener bastante.

Fray Martín lo coge por uno de los cuernos y lo sujeta, pegándole suaves palmadas en el testuz, y le dice, como si hablara con una persona:

—Estaos quieto, que para todos hay.

Los otros, ya confiados, pudieron acercarse y comer tranquilos.

El padre Diego miraba atónito la escena, pues la noche era bastante clara, y cavilando por dónde habría entrado el santo, éste desapareció de la misma forma misteriosa con que había entrado (7).

Cierto día entró en el noviciado cuando los novicios jugaban con un toro. Estos le avisaron:

—Fray Martín, guárdese del novillo.

—Yo no me meto en jugar, —contestó.

El animal parecía embestirle. Mas, al llegar, se paró repentinamente, con admiración de todos (8).

Francisco Ortiz, al que ya nos hemos referido en otro lugar, refiere un suceso parecido. Hablaba un día con fray Martín en el convento del Rosario:

—Si quiere ir a su casa —le dijo fray Martín— yo le acompaño, porque voy al palacio del arzobispo.

Al salir, vieron que lidiaban un toro junto al cementerio, por donde tenían que pasar.

Le dijo don Francisco:

—Daremos un rodeo. No es conveniente pasar por allí.

Fray Martín siguió adelante sin replicarle.

Entonces, al ver que no le hacía caso, se dijo:

—Mientras el toro anda a las vueltas con el padre, que es santo, me meteré yo en casa.

Y se puso al lado opuesto.

Fray Martín pasó junto al toro sin hacer caso de él ni mirarlo siquiera. Y el animal no se movió, con gran sorpresa de los presentes.

Y prosiguieron tranquilamente su camino.

Cuando después don Francisco Ortiz contó el caso a personas que conocían al santo, dijeron que "él no hacía caso de tales animales ni se le daba nada de ellos, porque no le ofendían" —no le atacaban— (9).

Y ello era porque "como en el siervo de Dios, al parecer —escribe con gracia su biógrafo fray Juan Meléndez— no había pecado Adán, gozaba de la regalía de que le obedeciesen los animales".

Este señorío sobre todos, y su maternal desvelo por ellos, en especial sobre los ratones, se advierte en los casos siguientes:

Una mañana, el viejo hospedado en la ropería se vistió dando bufidos de indignación: los ratones le habían roído las medias.

Rióse de su enojo el donado y subrayó irónico:

—Muy bueno es que a uno le falten las prevenciones y quiera que a un ratoncillo le falten los dientes. Quite esa trampa, que no es bien les coja la industria cuando les animó al destrozo la ocasión.

El viejo hizo como que obedecía; pero cuando fray Martín se fue, colocó la trampa con tal arte que al día siguiente había caído en ella un ratoncillo. Mas al querer matarlo, sañudo, para vengar sus medias rotas, llegó el santo, que se le impidió.

Mas no deja de reconocer éste el daño que los ratones, harto numerosos, hacen en la ropería. Eran todos descendientes de algunos que, hacía casi un siglo, deseosos de aventuras y nuevas tierras, se habían adueñado de un sótano en un barco viejo cargado de bacalao, y que —según la leyenda cuenta— pertenecía a un obispo de Palencia, llamado don Gutiérrez.

Fray Martín coge el ratoncillo, lo pone en la palma de la mano izquierda, y le dice muy serio:

—Vaya, hermano, y diga a sus compañeros que no sean molestos ni nocivos, que se retiren todos a la huerta, que yo les llevaré el sustento diario.

El viejo, lleno de asombro, salió a contar el caso.

Cuando al siguiente día se dirigió el mulato a la huerta con sobras de comida, los ratones se le acercaron, confiados.

Espectáculo éste, entonces, presenciable cada día.

En cierta ocasión fue el santo quien sorprendió a un ratoncillo haciendo de las suyas en la ropería de los enfermos. Lo cogió en su mano y le dijo:

—Hermano, ¿por qué hace daño él y sus compañeros, en la ropa de los enfermos? No le mato para que avise a los demás para que vayan a la huerta, que allí les daré de comer todos los días.

Así lo hizo desde entonces. Y no volvieron a salir de allí. Nos hace este relato don Marcelo de Ribera (10).

Nuevamente es el padre fray Fernando Aragonés quien refiere otro curioso episodio, del que fue testigo presencial:

Debajo de un sótano, que estaba debajo de la enfermería, parieron una perra y una gata.

Temeroso fray Martín de que muriesen de hambre madres e hijos, les llevaba todos los días un plato de sopas. Y, mientras la comían, les decía:

—Coman y callen y no riñan.

"Y parece que le obedecían" —dice el testigo—.

Mas sucedió que un día salió un ratón a querer comer en el plato. Estaban los cachorrillos solos. Al verle, dijo fray Martín:

—Hermano, no inquiete a los chiquillos. Y, si quiere comer, meta gorra y coma.

Así lo hizo. Y comieron todos en el mismo plato, sin inquietarse.

"Yo lo vi —cuenta fray Fernando Aragonés— porque me llamó el siervo de Dios para presenciar el espectáculo (11). No tardó en correrse el suceso por el convento, y aún por la ciudad, hasta que pronto comenzó a cantarse en romances y coplas callejeras.

Mas no acabó, por lo visto, con la muerte el señorío del santo, sino que parece ser una prerrogativa que sigue ejerciendo desde el cielo. Véase, si no, el siguiente caso del año 1958, y que tiene todas las garantías de autenticidad:

Fray Pío, dominico residente en Adelaida, antigua capital de Australia, cuenta de un amigo suyo que sufrió durante nueve años las molestias de unos huéspedes tan impertinentes como los ratones. Anidaban en los agujeros de las paredes de su casa, se multiplicaban a su antojo, le roían los alimentos; y, sobre todo, por la noche no le dejaban dormir ni descansar, poniéndole los nervios excitados por tantos ruidos y molestias. Cayó en sus manos el libro "Conozca a fray Martín", y, habiendo leído el episodio del santo llevando a los ratones del convento a la huerta, pensó en acudir a él en su apuro.

Por la noche estaba pensando que ya no le quedaba nada por hacer, cuando una vez más le vino a perturbar el ruido y las carreras de sus pequeños enemigos. La desesperación se apoderó de él; pero, aunque malhumorado, invocó en alta voz al santo:

—Oh bendito fray Martín, echa fuera de aquí a tus ratones.

Un silencio absoluto siguió a sus palabras; y quedó profundamente dormido.

No le molestaron más en dos meses. Pero al cabo de este tiempo volvieron otra vez a sus correrías y ruidos. Le dijo ya con más confianza:

—Beato Martín, no permitas que tenga que bajarme de la cama. Por favor, lleva fuera de aquí a tus amigos los ratones.

Volvió a quedar todo en silencio.

Ya son pasados tres años, sin que gracias a Dios y al bienaventurado fray Martín, haya vuelto a oír los ruidos de los ratones.

NOTAS

(1) Proceso: págs. 294
(2) " " 169
(3) " " 221-222
(4) " " 88
(5) " " 369-370
(6) " " 157-158
(7) " " 137, 174
(8) " " 174-175
(9) " " 120-121
(10) " " 137
(11) " " 158

CAPÍTULO XIII

AUREOLA DE SANTIDAD

SUMARIO: EL CONDE DE CHINCHÓN. VISIÓN RETROSPECTIVA. INTIMIDAD CON FRAY MARTÍN. INDULTO INESPERADO. DON JUAN DE FIGUEROA. DON BALTASAR CARRASCO. TESTIMONIOS. OBEDIENCIA SINGULAR. PRELADOS AMIGOS. MANO MILAGROSA. CONCEPTO DE SÍ MISMO.

El 18 de diciembre de 1628 llegaba al Callao el nuevo virrey del Perú, don Luis Jerónimo Fernández de Cabrera y Bobadilla, conde de Chinchón.

Le esperaban los tribunales de la ciudad de Lima con numerosas comunidades, presididos por el virrey saliente, excelentísimo señor don Diego Fernández de Córdoba, marqués de Guadalcázar y conde de Posadas.

Inmediatamente que se tuvo noticia de la llegada del décimo cuarto virrey del Perú, los fuertes del puerto dieron salvas de artillería, así como los numerosos navíos surtos en él.

Ambos virreyes, el saliente y el entrante, se saludaron con mucha afabilidad y cortesía. Don Luis Jerónimo permaneció en el Callao hasta que don Fernando embarcó.

Sólo entonces fue cuando el conde de Chinchón decidió entrar en la ciudad de Lima y tomar posesión de su cargo.

La recepción oficial, en compañía de su joven esposa, se hizo en Lima el 14 de enero de 1629, en medio de un lucido cortejo. Montado en magnífico caballo enjaezado lujosamente, le acompañaban los regidores vestidos de sus largas y ricas togas. Uno de ellos empuñaba las riendas del potro. Delante, como abriendo marcha, una compañía de arcabuceros a pie, y detrás otra montada, con lanza a la jineta. Después iban cincuenta caballeros, todos nobles, armados de arcabuces y calados los morriones. Formaban en la comitiva todos los tribunales, que acudieron a rendir pleito homenaje al representante de su católica majestad Felipe IV: La real Audiencia, el santo Oficio, la santa Cruzada, Contaduría Mayor, Cabildo de la ciudad presidido por el alférez mayor, que era el guardián de las armas y estandartes Reales; la Caja real; tribunal del Consulado, de igual categoría que la casa de Contratación de Sevilla: la universidad, el arzobispo con su cabildo y las comunidades religiosas.

Estas corporaciones, después de rendir homenaje al virrey, se incorporaron a la comitiva. Todo lo cual constituía un grandioso espectáculo, que la muchedumbre contemplaba llena de curiosidad.

Cuando hubo llegado a palacio, rindióle honores la compañía de Alabarderos, que hacía guardia en la residencia virreinal noche y día.

Todo Lima se hallaba presente en la plaza mayor para celebrar tan fausto acontecimiento. Con cuyo motivo hubo fiestas varios días: corridas de toros y otros muchos juegos para solaz del pueblo.

El conde, caballero de gran corazón y muy generoso, distribuyó entre los pobres sumas cuantiosas de dinero.

Tal es el virrey que, desde el comienzo de su gobierno, se hizo muy devoto e íntimo amigo de fray Martín.

No era el primer virrey que fray Martín había conocido e, incluso, tratado. Aunque ninguno con la familiaridad con que trató al recién llegado.

A medida que el santo iba cobrando influencia en el ambiente social de su tiempo, por necesidad hubo de conocer los cambios que se operaban en la ciudad, en el mismo virreinato y en la mentalidad del ambiente en el que vivía y ejercía su poderoso influjo, en virtud de las amistades que tenía en las altas esferas de la sociedad; precisamente para beneficiar a las más bajas y humildes, como eran buena porción de españoles, la población india, que vivía como al margen del mundo colonial y la masa negra y mulata. Esta raza, como de mayor iniciativa y más apta para el trabajo, mostraba más vitalidad. Los indios sólo daban muestras de inquietud, a largos intervalos, cuando los descendientes de los incas —o falsos aspirantes a serlo— promovían una sublevación. Y de nuevo el indio volvía a su clásica indolencia y apatía y su tradicional vivir. Aunque un buen sector de esta población nativa se había incorporado plenamente a la corriente colonizadora.

San Martín, a sus cincuenta años, tenía ya una experiencia del fluir de las cosas humanas. Tres reyes había conocido en su existencia, más de vaga referencia que de conocimiento a fondo. Aunque sabía que todos eran católicos y propagadores de la Fe. En su alma guardaba una profunda gratitud, porque gracias a la obra de los monarcas españoles, él había nacido cristiano y tenía el don imponderable de su fe y vida religiosa. Por ellos había rezado cuando hacían en comunidad el anuncio de su fallecimiento.

Felipe II acabó sus días cuando era él un religioso jovencito, el año 1598. Le sucedió su hijo Felipe III, que reinó veintitrés años y falleció en 1621. Y reinaba entonces en las Españas y en el Perú, como en todas las Indias, el rey Felipe IV.

De lo que sucedía en el Viejo Mundo se enteraba por las salpicaduras que llegaban al Perú. Los enemigos de España principalmente ingleses y holandeses —por ser éstos protestantes, y aquélla la sostenedora de la causa católica— aparecían por las costas de los dominios españoles de América en forma de piratas, deseosos de interrumpir el comercio y comunicaciones entre los Reinos de las Indias y la metrópoli.

San Martín vivió los momentos de angustia por los que atravesó el Perú en diversos períodos. Y las medidas de defensa que los virreyes adoptaron.

Se hizo alusión ya anteriormente al primer trance difícil en tiempo del virrey don García Hurtado de Mendoza, marqués de Cañete, hijo, entre los años 1589-1596. También don Juan de Mendoza y Luna, marqués de Montesclaros, virrey entre los años 1608-1615, hubo de hacer frente al pirata holandés Jorge Spilberberg, que a pesar de haber infligido una grave derrota a la escuadra virreinal, no se atrevió, sin embargo, a desembarcar.

El virrey príncipe de Esquilache, que gobernó seis años, entre 1615-1621, tomó en serio sus medidas de fortificación, para evitar nuevas sorpresas: fortificó el Callao y constituyó una escuadra y un buen cuerpo de tropas. Se llamaba don Francisco de Borja y Aragón.

Le sucedió, con un breve interregno de la real Audiencia, el virrey don Diego Fernández de Córdoba, marqués de Guadalcázar, hombre de mucho celo y buen gobierno.

En su tiempo (1622-1629) se consagró la catedral de Lima, cuya construcción llevaba ya muchos años. También hizo frente con éxito al pirata holandés Jacobo Clerk.

Indudablemente, estos hombres hubieron de oír hablar del mulato del convento de santo Domingo, pues no era posible que san Martín, ya por estas fechas, pudiera pasar inadvertido en la corte virreinal, teniendo en ella por amigos a muchos hombres conspicuos de la Audiencia, como se irá viendo en este mismo capítulo.

A don Diego Fernández de Córdoba le sucedió, como se dijo, don Luis Fernández de Cabrera y Bobadilla, último virrey que conoció fray Martín y de quien llegó a ser muy devoto y a imitar mucho, como se verá.

¿Cómo nació en don Luis Cabrera de Mendoza este afecto y admiración entrañable hacia el humilde religioso? No es difícil suponerlo: Tenía el santo mulato grandes amistades con personas de alta sociedad, quienes por sus cargos estaban en contacto con la persona del virrey. Entre ellos, el regidor don Juan de Figueroa.

El noble conde de Chinchón hubo de oír hablar muchas veces de las acciones extraordinarias de fray Martín y de su caridad inagotable. También llegó a su conocimiento la obra cristiana y social que había realizado y seguía haciendo, de la que era una muestra el hospital para niños de ambos sexos que su buen amigo don Mateo Pastor había erigido y sostenía a su costa, a instancias del santo.

Todo esto fue interesando vivamente el ánimo noble y bondadoso del virrey, y engendró en él viva admiración, primero, y reverencia devota, después, hacia el humilde mulato.

Resultado práctico fue intimar con él, ir a verle con frecuencia al convento y darle cada mes, a veces en propia mano, cien pesos para sus caridades. Y el mismo don Luis Jerónimo tomó a su cargo el hospital-hospicio, fundado hacía un año; y nombró a don Mateo patrono del mismo.

Esta intimidad del virrey con fray Martín, cada vez en aumento, no pasó inadvertida para la gente del pueblo, que procuraba sacar utilidad de ella en provecho propio, como lo demuestra el episodio de los dos delincuentes, ya narrado.

La gente comentaba con agrado ciertos hechos, atribuídos a la buena influencia del santo dominico con el virrey. Uno de estos sucesos fue el siguiente, acaecido por este tiempo:

Al cruzar un día por delante de la cárcel, vio asomado a la reja de la capilla a un reo que, según era público, habría de ser ahorcado en el plazo de unas horas. Era uno de tantos españoles que, buscando fortuna, terminó en el presidio. Se llamaba Juan González.

Su historia es bien original.

Tenía veintidos años y había sentado plaza de soldado para ir a Chile. Pero luego, arrepentido, sin duda, se fugó y se acogió al sagrado del convento del Rosario, en donde se hallaba el siervo de Dios.

Quizá esperaba encontrar el apoyo de fray Martín, cuya fama de protector de necesitados era ya universal en Lima y fuera de Lima. Nos hallamos en el año 1633. ¿Conoció Juan González la historia de los dos ladrones ocultos por fray Martín en su celda y librados de la Justicia? ¿Quién sabe? Puede ser que sí.

Lo indudable, según referencias de testigos, es que le protegió el santo. Y le aconsejó más de una vez que no saliera del convento, porque podría, en un descuido, caer en manos de los agentes de la Justicia.

Al fin, así vino a suceder.

Viéndose perseguido por el jefe de los alguaciles, un tal Francisco Núñez, le hizo frente y le derribó en tierra. Los alguaciles venían detrás a distancia.

Ya tenía Juan González la daga en alto para clavarla en el vencido cuando éste le gritó:

—¡Por amor de Dios y de la Virgen Santísima, no me mates, que estoy en pecado mortal!

El soldado le perdonó la vida.

En esto llegaron los otros esbirros. Entonces, el "barrachel" —jefe— Francisco, ingrato, le hizo preso, y le condujo a la cárcel. Y fue sentenciado a muerte de horca. Era el 17 de marzo.

No tardó fray Martín en enterarse de la suerte de su "protegido" y de las circunstancias del prendimiento, como su gesto de perdonar al jefe de los alguaciles. Y decidió salvarle de tan triste fin. El modo no parece ya tan claro: si fue orando a Dios por él o intercediendo ante el virrey o ambas cosas a la vez, que sería lo más probable.

Acudió, pues, a la cárcel, con el pretexto de pasear, y cruzó por delante de la reja, a la que se asomó el reo.

—¡Fray Martín! —exclamó éste.

El santo se acercó.

—Encomiéndeme a Dios para tener una cristiana muerte.

—Así lo haré, hijo mío.

Y, para darle más ánimos, estuvo hablando con él un largo rato. Y luego se alejó, dejando al joven más animado y tranquilo, ya resignado a morir.

Pero, largo rato después, recibió, de manos de un negro, enviado por el santo, una carta en que le decía que "tuviese buen ánimo; pues, aunque estaba dada la sentencia definitiva, en aquella ocasión no moriría".

Poco después, los alguaciles fueron a buscarle para conducirlo al suplicio.

Se organizó el cortejo, en cuyo centro iba el reo escoltado por soldados, a los que precedía el pregonero proclamando, de trecho en trecho, la sentencia de horca "para escarmiento de los malos".

Cuando el reo alzó los ojos, hallábase ya junto a la escalera de la horca, levantada sobre el tablado, en el centro de la Plaza Mayor. Junto a la horca había un par de verdugos.

Al ver tan cerca su fin, dudó de la palabra del siervo de Dios. Un sudor frío, como anticipo de la muerte, le corría por el rostro, y quedóse clavado con espanto al poner el pie en el primer peldaño. Uno de los esbirros le empujó hacia adelante, y entonces, dejándose llevar, subió los escalones con la vista fija en los tramos, por no ver la horca fatídica, de la cual colgaba, formando roscas en el pavimento, una larga soga. Mas apenas había subido media docena de peldaños, cuando resonó en toda la plaza un griterio ensordecedor, subrayado por un gigantesco aplauso, con vivas atronadores a la virreina. Levantó Juan González la vista, y vio asomada a una ventana del palacio a la condesa de Chinchón que, sonriendo, agitaba un pañuelo en señal de indulto.

¿Qué había ocurrido? Algunos lo atribuyeron a la influencia de fray Martín en palacio. El reo creyó sencillamente en un milagro del frailecito. Vuelto a la cárcel, le envió éste ropa y treinta pesos. Y recibió por fin el indulto y le dejaron libre. Entonces fue a ver a su protector al convento.

El santo le recibió amorosamente. Mas no dejó de reprenderle, de amonestarle a buen vivir y de darle saludables consejos, que el soldado escuchaba compungido.

Por fin le preguntó:

—¿A dónde quieres irte ahora?

—Padre fray Martín, quiero irme a las provincias de arriba.

(Se refiría, sin duda, a Panamá).

—Me parece bien —le dijo el santo.

Y le entregó veinte pesos de ocho reales para el viaje.

Este sorprendente caso, junto con los anteriormente narrados, nos muestran otro aspecto de la caridad de fray Martín, que él veía por encima de todos los compromisos de la justicia humana, con frecuencia un poco leguleya, y demasiado "tiesa" en ocasiones en cuanto a su aplicación, con más rigor de justicia que suavidad de misericordia. Y el santo, que veía la caridad —el amor al prójimo— como un destello del amor de Dios, sabía ir a lo esencial penetrando en las intimidades del corazón humano, de los delincuentes, menos culpables de lo que, a veces, externamente parecen.

La veneración que por él sentían todos era cada vez más profunda. Había quien le consultaba en todos sus asuntos. Don Juan de Figueroa era uno de ellos. Había pedido el título de "Familiar de la Inquisición" a España; tardaba la respuesta en llegar más de lo debido, y expuso a fray Martín su congoja.

—No le dé cuidado —le decía—, que ya vienen los despachos.

A los quince días tenía ya el deseado nombramiento.

Igual sucedió al querer comprar el oficio de ensayador y fundador mayor de la Moneda en Potosí. Pero se opuso el virrey. Fue entonces a consultar con fray Martín para saber qué haría con el dinero.

—Tenga prevenida su plata —le dijo el fraile—, que el oficio ha de ser suyo.

Pasados dos años, una cédula real mandaba que se diese el empleo al mejor postor. Y lo adquirió él.

Poco tiempo después le volvía a aconsejar familiarmente que no enviase la plata preparada a España. Esta vez desatendió la advertencia. Luego, con gran espanto, se enteró de que las remesas de plata se las habían repartido en el camino sus comisionados y que luego habían naufragado con todo el cargamento. Y tuvo que enviar otra nueva.

Por este mismo tiempo acaeció un suceso muy típico de aquella época. Llegaron a Lima unas cuentas de un rosario que decían habían pertenecido a la reverenda madre Luisa de Carrión. Y el pueblo comenzó afanosamente a tratar de adquirirlas, pues les atribuían la virtud de salvarse quien las tuviera. Como eran pocas, naturalmente, se cotizaban a un precio altísimo; don Juan de Figueroa adquirió tres de esas cuentas mágicas, y no vio ya el momento de darle una a su amigo. Pero el fraile ni se dignó mirarle diciendo escuetamente:

—Déjala ahora.

Y continuó en su ocupación.

Insistió don Juan varias veces, con el mismo resultado negativo, hasta que comprendiendo, al fin, que pecaba de importuno, salió.

Pocos días después llegó una severa orden de la Inquisición de España a la del Perú, mandando recoger con toda urgencia aquellas cuentas, fomentadoras de superstición. Don Juan de Figueroa se apresuró a entregarlas. Y comprendió entonces la actitud de fray Martín.

No era él sólo quien seguía sus consejos. También don Mateo Pastor, ya mencionado, y otros muchos funcionarios de la ciudad —oidores, regidores, comerciantes— iban a su celda. Y sentían por él gran devoción.

Muestra de este ambiente de veneración es lo que refiere de sí mismo don Baltasar Carrasco de Orozco:

"Conocí —dice— al venerable hermano fray Martín de Porres, de la orden de santo Domingo, el año 1926. En su trato noté que era un religioso de gran virtud. Le vi frecuentar los sacramentos y trabajar en el convento del santísimo Rosario, cuidando la enfermería y otros deberes a él encomendados por sus superiores.

Era cosa corriente entre la gente, y aún entre los religiosos, ir al venerable hermano y pedirle que les encomendara en sus oraciones.

Viendo su gran virtud, yo estaba impaciente por participar de los beneficios de su oración y de las gracias, de las que yo estaba seguro derramaba el Señor sobre su alma".

Como ejemplo de lo que dice, narra enseguida un curioso percance que le sucedió con él:

"Le pedí muchas veces que me prohijase, de tal manera que yo le pudiese llamar padre, y él a mí hijo. Pero se resistió mucho tiempo. Replicaba:

—¿Para qué quire tener a un mulato por padre? Pues yo mulato soy. Eso no parece bien.

Yo le rebatía:

—Será a mí, que soy español, a quien digan que tengo padre mulato. Pero a vuestra reverencia no le dirán sino que tiene un hijo español.

Mas no conseguía el intento, por más que puse algunos religiosos por intercesores.

Mas, al cabo de dos años, cierto día, estando yo en la sacristía, se me acercó el siervo de Dios, después de comulgar en comunidad, y me abrazó llamándome hijo. Y añadió festivamente:

—Y como vos sois mi hijo, vuestros hijos son mis nietos.

Esto era el año 1628. Desde entonces, nuestra amistad fue muy estrecha.

Hablé con él frecuentemente, visitándole en la enfermería del convento o en la Recoleta, a donde iba, cuando otros religiosos iban allí a reponerse, para arreglar el jardín; ocupación ésta muy de su agrado.

Pudo comprobar que aquellos a quienes hablaba, sentían gran alegría.

Era tan observante de sus deberes religiosos que sus superiores y hermanos en religión parecían no tener otro consuelo mayor que estar en conversación con fray Martín. A todas horas acudían a él para animarse en la práctica de la virtud y crecer en santidad". (1).

Hasta aquí, la referencia de don Baltasar Carrasco de Orozco, abogado de la real Audiencia de Lima.

En su informe recoge bien el concepto de santidad en que era tenido fray Martín de Porres fuera y dentro de su comunidad.

En efecto, había llegado a un punto en que todo lo que hiciese no admitía más interpretación que la de ser movido por el espíritu de Dios. Es sorprendente cómo los religiosos más graves y de más alta dignidad se consideraban honrados con su trato.

Podrá formarse una breve antología con los testimonios de los religiosos de más prestigio que hablan de fray Martín con el máximo elogio:

El muy reverendo padre maestro, fray Juan de Barbazán, dice:

"Tuve su vida por una maravilla. Y, después, su muerte por un consuelo triste o una tristeza alegre. Vi que le consultaban como a un oráculo del cielo: los prelados, por la prudencia; los doctos, por la doctrina; los espirituales por la oración; los afligidos, para el desahogo. Y era medicina general para todos los achaques... Y en todo el tiempo de veinticuatro años y más que le traté, no le oí ni vi materia que no hiciese reverenciarle por santo" (2).

El padre fray Fernando Aragonés, tantas veces mencionado, resume en unas palabras el alto concepto que tenía formado de él:

"Fray Martín de Porres fue vivo ejemplo y dechado de toda virtud y un espejo de toda santidad. Porque quien viera, como yo vi y experimenté, su gran obediencia, su pobreza, su castidad, su profunda humildad, su ardentísima caridad, su encendida fe, su altísima contemplación, sus ásperas penitencias y tan continuas, sus lágrimas, sus dilatados ayunos, su pureza y fervorosa oración con un desprecio de todas las cosas del mundo... viendo todas estas virtudes juntas en un sujeto ¿no diría que era un santo?"

Era de natural sosegado, recogido, compuesto, callado, humilde, pobre, obediente, casto, pío, y compasivo en que se veía el ardiente celo de su caridad. deseando no sólo la salud de los cuerpos sino la verdadera vida de la gracia, que es la salud de las almas, exhortando a la virtud a los tibios, deseando encenderlos en el amor de Dios en que él se abrasaba; regalaba y servía a los que sabía que eran virtuosos y les socorría en sus necesidades para que éstas no les apartaran de sus ejercicios.

Era observantísimo de sus Constituciones, como

se veía en su plan de vida, en su compostura, modestia, religión, silencio, recogimiento, ayunos, oraciones, disciplinas, limosnas, abstinencias, mortificaciones, contemplación, y todas esas cosas santas que se advierten en quien vive de Dios, como fray Martín de Porres, en quien estaban tan unidas las dos vidas activa y contemplativa que, cuando se ejercitaba en la caridad, sirviendo a los enfermos, traía su espíritu recogido, compuesto y devoto, porque tenía presente a su Creador, tratando y conversando con El en su alma. Sus palabras eran pocas y de edificación. Era muy grande y ejemplar en su sinceridad cristiana y en la simplicidad de sus palabras y obras, en que se descubría su celo, caridad y virtud; tan compuesto y recatado que nadie se ofendió de lo que dijo".

"Como tenía a Dios tan vivamente en su alma, nada le era dificultoso. Y se echaba de ver en su mucha virtud, santidad, paciencia, sufrimiento, humildad y ardentísima caridad, en que fue extremado, de la cual me parece imposible tratar, porque no tiene bastante encarecimiento ni ponderación ni palabras de elocuencia humana.

Perfeccionóse mucho en todas las virtudes los años que pasó en religión, que fueron muchos, viviendo siempre con una sed insaciable de obrar mucho en el servicio de Dios. Y así eran su fe y esperanza y caridad tan encendidas, y su alma una lámpara tan encendida de fervorosos afectos y crecidas obras que gastó toda su vida en servicio de Dios y utilidad de la salud de los prójimos, sin quedar diligencia que no pusiese para ello en práctica. Y así, todos los frailes, indios y negros, chicos y grandes, todos le tenían por padre, por alivio y consuelo en sus trabajos" (3).

El padre fray Francisco de Arce habla así:

"En la virtud de la fortaleza, fray Martín fue muy constante; y tan sufrido que, en todos sus achaques y enfermedades, fue muy paciente y humilde, llevándolos con equidad de ánimo por amor de Dios y conformidad con su voluntad divina y como si no padeciera nada. Muchos años continuos padeció una enfermedad de calenturas, llamadas cuartanas, que llevaba —soportaba— en pie lo más del tiempo, con mucha paciencia y sufrimiento".

Como hombre de mucha virtud y santidad y de mucha penitencia, le estimaban y querían y hacían mucho caso de él los Prelados, así Provinciales como Priores del convento grande de nuestra señora del Rosario, de la Recoleta de santa María Magdalena y del Callao. Y todos los demás religiosos le estimaban y tenían en grande veneración" (4).

La cita, en su brevedad, no puede ser más expresiva. Ello explica lo que sabemos por otros testigos:

Que fray Martín, por su espíritu de observancia, por la austeridad y santidad que trascendía de toda su persona, inspiraba en todos respeto y hasta temor, hasta el punto de hacerse el silencio cuando él pasaba por el claustro, no sólo de los estudiantes y novicios, sino incluso de los padres.

Tal era el prestigio alcanzado que llegó a permitirse consejos a ciertos religiosos, que no habrían recibido fácilmente de otros ni de él mismo de no sentir por él tanta veneración. Pues dice el padre fray Antonio de Estrada que "viendo —a ciertos religiosos— empeñados en ocasiones de elección, les dijo que no se cansasen en pretender conseguirla, porque no habían de llegar a alcanzar".

Este mismo testigo relata un suceso que pone bien de relieve la gran estima en que era reputado el siervo de Dios por toda la comunidad.

Dice que "cierto prelado —provincial—, por mortificarle y también para probar su espíritu y conocerle, le dio algunas represiones gravísimas, de que se siguió algún escándalo y sentimiento grande de la comunidad, por ser —él: fray Martín— tan querido y estimado".

El santo, "con grandísima humildad", se echó a los pies del prelado, besándoselos muchas veces:

Ahora conozco el buen celo de vuestra paternidad —dijo— y el mucho amor que me tiene, pues trata a este perro mulato como merece.

Concluye su relato el padre Estrada diciendo que lo oyó referir en el convento, "donde era público y notorio" (5).

Y el excelentísimo y reverendísimo señor don fray Juan de Aguinao, arzobispo del Nuevo Reino de Granada, dice esto, de gran trascendencia, pues encierra en pocas palabras la santidad de fray Martín:

"En lo adverso y próspero de esta vida mortal, siempre vi al venerable fray Martín de Porres con un mismo semblante, sin que lo próspero le levantase ni lo adverso le deprimiese o contristase; de lo cual se seguía que en las adversidades, acaecimientos y enfermedades, siempre se mostraba pacientísimo, conformándose con la voluntad de Dios, que era su norte y guía" (6).

En este ambiente de veneración se explican comportamientos, inconcebibles antes, como el del muy reverendo padre maestro fray Juan López, que fue visto por más de un religioso ir besando las huellas del santo mulato cuando éste cruzaba de un lado para otro por los claustros.

Era la respuesta inconsciente a lo que fray Martín había venido haciendo desde el comienzo de su vida religiosa:

"Por la mañana, al primer religioso sacerdote que encontraba, hincado de rodillas delante de él, le besaba las manos".

El padre Francisco de Santa Fe refiere que lo presenció varias veces (7).

Y también se comprende, en este ambiente de veneración, que sus hechos y palabras se tomasen como divinos oráculos, en frase de un testigo. Por eso cabían situaciones con perfiles cómicos como ésta, referida por el padre fray Juan de Vargas Machuca: Hallándose en compañía del padre fray Bernardo Márquez en una dependencia del convento, le sobrevino repentinamente un gran dolor de estómago, por cuyo motivo pidió que llamasen al santo enfermero. Acudió éste. Y, para que no se marchase antes de que le curase del todo —dice— "conociendo las maravillas que ha obrado por su mano la Majestad de Dios, le pedí a mi compañero que cerrase la puerta y echase la llave y me la diese. Así lo hizo".

Fray Martín quiso salir.

—¿Quiére abrir su reverencia la puerta?

—No le abro, fray Martín —le respondió— mientras no me cure.

—Ponga la cama entre la puerta y la ventana al aire. Y descansará bien esta noche.

No sabríamos decir si la réplica de fray Martín fue una gracia un tanto irónica o un anuncio profético. Lo cierto es que el enfermo lo tomó al pie de la letra. Abrió la puerta y dejó salir al enfermero. Luego se acostó y durmió hasta el día siguiente. Lo que le produjo no poco asombro, porque "era —dice— de poco dormir" (8).

Su dosis de humorismo le servía a fray Martín para salir "con la suya" sin quebrantar la obediencia debida. Tenía, pues, una santa picardía que desconcertaba a los superiores, quienes acababan por dejarle hacer. Merece, a este propósito, referir un caso. Lo cuenta el padre fray Antonio de Estrada.

"Estando muy enfermo —dice— de unas cuartanas muy rigurosas que el siervo de Dios padecía todos los años por el invierno, al ver que no tenía cama en qué dormir, pues era unas pieles de carnero y una frazada muy pobre, sin más abrigo, le mandó el padre provincial, fray Luis de Bilbao que "bajo obediencia" echase sábanas en la cama. El siervo de Dios replicó con mucha humildad:

—A un perro mulato, que en el siglo no tuviera qué comer ni en qué dormir, manda vuestra paternidad que se acueste entre sábanas? Por amor de Dios, que vuestra paternidad no me lo permita.

Mas el padre provincial, en atención a su enfermedad, se lo volvió a mandar. Acontecía esto a las siete de la tarde. Al día siguiente volvieron el padre Estrada y el provincial a la celda de fray Martín. Y vieron que estaba con sábanas, corforme a lo mandado. El padre provincial le dijo:

—Fray Martín, me alegro de que me haya obedecido.

Y se salieron de nuevo.

Ya fuera, le dijo el padre Antonio al provincial:

—Vuestra paternidad estará creído que fray Martín está desnudo entre sábanas. Pues está vestido, sin que ellas le sirvan de ningún alivio.

Al oír esto, entró de nuevo. Descubrió la cama, y "hallaron que estaba entre las sábanas vestido y calzado de la misma suerte que andaba por el convento".

Al padre provincial no le hizo mucha gracia:

—Fray Martín, ¿cómo ha hecho esto?

—Padre, para un perro mulato —replicó riéndose— es muy sobrado regalo. Pero he cumplido con la obediencia, que me he puesto sábanas.

Los dos salieron mirándose uno al otro.

En otra circunstancia parecida, burló también al padre prior fray Juan de Zárate; quien, al saber la jugarreta del mulato, replicó a los que fueron a decírselo:

—Dejadle, que es teólogo místico (9).

Como diciendo: El sabe lo que hace.

Dios hace que toda la grandeza humana se sienta ennoblecida reverenciando a un mulato, en quien brilla la Majestad Divina. Y los humildes, los que nada son en el mundo, van comprendiendo, con el ejemplo del santo, que pueden ser inmensamente grandes ante Dios, único que aprecia las cosas en su justo valor.

Y llega fray Martín al comienzo del año 1639, cuando está a punto de cumplir los sesenta de edad. Parecía ya divinizado. Su misma figura infundía reverencia: pelo blanco, que hace resaltar su rostro negro y seco, como una aureola de santidad, cual si le nimbasen ya en vida los destellos de la gloria.

En estos últimos meses de su vida adquiere, entre otros, dos nuevos amigos pertenecientes a la alta jerarquía eclesiástica, que también se honraban visitando y tratando al donado de santo Domingo.

El arzobispo de Lima, don Pedro Villagómez, le aprecia y le obsequia con largueza de príncipe. También cultiva su amistad don Pedro de Ortega y Sotomayor, llamado el teólogo por la eminencia de su saber, que en reñida contienda ganó muy joven la cátedra de san Marcos en unas oposiciones que se hicieron famosas, y llegó a ceñirse las mitras de Trujillo y el Cuzco. El obispo de Arequipa, que antes de ir a su nueva diócesis, quiso despedirse de fray Martín. Y el obispo de la Paz que, habiendo sido nombrado arzobispo de México, juzgó conveniente reponerse por completo de un catarro pulmonar.

Era persona muy afecta a la orden dominicana. Había sido, durante algún tiempo, Chantre de la catedral de Lima, provisor y vicario general del arzobispado, a la vez que catedrático de Derecho Canónico en la universidad. Tan lejos fue en su devoción a la Orden de Predicadores que fundó para éstos una cátedra de teología moral con seiscientos pesos de renta.

Mas esta gran estima no es sólo por la virtud del donado, sino también gratitud por la curación que el Señor quiso obrar en el arzobispo electo por medio del santo. Sucedió así:

Pensó el excelentísimo señor Feliciano Vega que

sería cosa de una semana o poco más el reponerse de su dolencia. Mas el ilustre enfermo, en vez de mejorar, se fue agravando de manera tan alarmante que los médicos le advirtieron que se preparase a bien morir. Aceptó el prelado la divina voluntad. Hizo testamento y pidió los auxilios espirituales.

Junto a la misma cama se hallaba el padre fray Cipriano de Medina, que le asistía por expresa voluntad de los superiores, pues era sobrino del prelado. Por estas fechas era ya catedrático en el convento.

Se hallaba, pues, acongojado por la triste separación de su amado tío, mucho más larga y definida de lo que poco tiempo antes había imaginado.

De pronto, en el hondo silencio de la habitación, exclama como inspirado:

—¿Cómo vuestra señoría no ha mandado llamar a fray Martín de Porres? A buen seguro que le hubiera sanado y no habría llegado a tanto la fuerza del achaque.

Iluminóse el rostro flaco y descolorido del enfermo con un rayo de esperanza y respondió con voz débil, pero lleno de fe:

—Tiene razón. Vaya, sobrino, al convento y dígale al provincial que me envíe a fray Martín.

—En llegando él —dice el padre Medina, como dándole instrucciones— mándele vuestra señoría poner la mano donde padece el dolor, y verá cómo le sana; que la experiencia que en el convento se tiene de los prodigios que obra el Señor por sus manos me da tanta confianza.

Y salió. Expuso al padre provincial, fray Luis de La Raga, en pocas y atropelladas palabras, el deseo del señor arzobispo, su tío, y el padre dio orden inmediatamente de que buscasen a fray Martín. Pero no le encontraban. Al cabo de un rato viene un donado jovencito diciendo:

—Hoy fray Martín es invisible, porque lo he visto

yo comulgar.

Al oírlo el padre Cipriano, que paseaba nervioso por la sacristía, se acercó al padre Luis:

—Padre, mande vuestra paternidad a fray Martín que comparezca al instante, y verá con qué facilidad le obedece.

Así lo hizo el provincial con tono solemne. Al momento de intimar el precepto, entra el donado, sencillo, como si sólo hubiese estado a unos pasos de aquel lugar.

Inmediatamente le manda que vaya al palacio del arzobispo y que le obedezca como a prelado propio.

Pronto llegó a oídos del enfermo la grata noticia de que fray Martín se acercaba, y la habitación se llenó de numeroso personal: familiares, domésticos, amigos, médicos, caballeros y damas.

Nada más entrar el mulato, comenzó el prelado a reñirle con cierta dureza por su tardanza, que probaba el poco deseo que tenía de visitarle.

Ante aquellas palabras, el religioso postróse en venia, con admiración de todos los presentes, y así estuvo hasta que el arzobispo dio una palmada. Mandóle el prelado que le diese la mano. Pero al notar que todas las miradas estaban fijas en él, una oleada de rubor le subió a su negro rostro. Y dijo:

—¿Para qué quiere, señor, un príncipe, la mano de este pobre mulato?

A fin de vencer su recato y humildad, le atajó el enfermo con tono algo seco:

—¿No se os ha mandado, fray Martín, que me obedezcáis como si yo fuese vuestro propio prelado? ¿No sabéis que es más del gusto de Dios la obediencia rendida que el sacrificio voluntario?

—Así es, señor —responde él, bajando la cabeza.

—Pues dadme la mano, y ponedla en este lado, donde me aprieta el dolor.

Aún trató de excusarse con humildes súplicas,

pero cedió al fin. Y el arzobispo cogióle su mano y apresuradamente se la puso en el costado. Se la tuvo puesta unos momentos, apretándola con fuerza y devoción, mientras el siervo de Dios, avergonzado, tenía los ojos fijos en el suelo. Después el enfermo retiróla suavemente, fijando, agradecido, su mirada en fray Martín, y dio unos respiros profundos y largos de alivio. Sentíase completamente bueno.

Don Feliciano le obligó a pasar —lleno de gratitud— todo el día en su casa; mandó, además, un recado al padre provincial, pidiéndole muy encarecidamente que le permitiese llevarle consigo a México. Agradeció fray Martín mucho tal idea, porque allí tendría modo más fácil de pasar a Filipinas y a China y al Japón para desplegar su celo misionero (10).

Cuando lleno de ilusiones se hacía estos planes, los vino a cortar en seco una negativa del provincial, diciendo que el mulato era de todo punto indispensable en el convento.

El prelado conformóse con tenerlo consigo todo el tiempo que le fue posible, abrumándole de atenciones, que los familiares y servidumbre imitaban.

El santo, huyendo de la vanagloria, cogía, al volver al convento, la escoba y el cepillo, limpiando con afán las más bajas dependencias, convencido de que aquél era el único sitio que debía ocupar. Y tan fuerte fue ahondando en este bajo concepto de sí mismo que, al pensar en el motivo de las honras que le dispensaban, juzgó que era tomado por bufón, loco y mentecato, de quien todos se reían. Por eso, cuando un joven estudiante, confiado en su influencia con el arzobispo, le dijo muy risueño y optimista:

—Fray Martín: con el valimiento que tiene con este príncipe de la Iglesia, me aseguro la dispensa para ordenarme si interpone la autoridad.

El, sonriendo cariñoso, pero compasivo por lo que reputaba lamentable equivocación, contestóle:

—No es valimiento el mío, hermano, sino mofa, escarnio y burla que me hacen. Entretiénense conmigo como con un loco; y si no, dígame: ¿cómo lo humilde de mi color, lo ruin de mis costumbres y estragado de mi vida pueden granjearse aplausos y valimientos de príncipes? ¿No ve que es engaño manifiesto? Más estimo barrer los lugares inmundos del convento, que pasar por esas pesadas burlas que tiene el hermano por honras que me hacen.

Quedó el muchacho suspenso al escucharle, y no sabiendo qué decir, dio media vuelta, y se retiró.

Es el mismo religioso humilde de sus primeros años, tanto más bajo y despreciable a sus propios ojos cuanto más le honraban y estimaban. Antes, siendo un donado desconocido, se consideraba dichoso. Ahora suspiraba por el momento de verse libre del tufo de honra que le envuelve y desea volar a Dios... Y el Señor, que ha tenido en la persona del mulato un plan providencial y de honda enseñanza, quiere dar fin a su obra y determina llamar hacia sí a su fiel siervo.

NOTAS

(1) Proceso: págs. 231-234
(2)   "   "   110
(3)   "   "   229-156, 130, 159
(4)   "   "   229, 225
(5)   "   "   210, 208
(6)   "   "   259
(7)   "   "   321
(8)   "   "   118
(9)   "   "   204-205, 220
(10)   "   "   317

CAPÍTULO XIV

FELIZ TRÁNSITO

SUMARIO: EL HÁBITO NUEVO. LA ÚLTIMA ENFERMEDAD. EL VIÁTICO Y LA UNCIÓN. LA TÚNICA DESPRECIABLE. FUERTE ABRAZO. VISITA DEL VIRREY. LUCHAS FINALES. DULCE FIN.

Transcurrían los últimos meses del año 1639. Él presentía su fin. Y, como preparándose para salir al encuentro de Jesús, se puso un hábito nuevo: de duro cerdellate, más áspero que ninguno de los que hasta entonces había tenido; pero nuevo, planchado y limpio.

El padre fray Juan de Barbazán —refiere él mismo— le dijo, "como por trisca" —ironía—:

—Enhorabuena fray Martín.

Padre mío —contesta jovial—, con este mismo hábito me han de enterrar.

A mediados de octubre le atacó una fuerte calentura o "tabardillo", como dice su biógrafo el padre Meléndez. Procuró, sin embargo, atender a todas sus obligaciones: pero la fiebre aumentaba y, después de varios días de lucha por sostenerse en pie, vióse obligado a postrarse en cama.

El "tabardillo" a que alude el biógrafo es el tifus exantemático, peste frecuente por aquellos años en Lima. Esta enfermedad explica los síntomas que los testigos advierten en el enfermo, como sus espasmos y altísima fiebre y delirios.

Esta epidemia, que causó a lo largo de la Historia grandes mortandades, especialmente en los ejércitos, se conocía genéricamente con el nombre de "pestilencia". Y en el siglo XVI comenzó a observarse que presentaba unas características propias, aunque se ignoraba la causa que las producía. Se advertía que, con frecuencia, enfermaban, no el mismo día sino de un modo paulatino, numerosas personas que habían estado muy proximas sin poder asearse bien.

Hoy se sabe que el trasmisor del tifus exantemáco es el piojo gris de los vestidos.

Esto explica que fray Martín hubiese podido contraer la enfermedad al estar en contacto con gente llena de miseria, a la que tan solícitamente atendía, sin descanso, en la forma que ampliamente se ha dicho. ¿Cómo él podía sentir "asco" de los muchos animalitos que, en más de una ocasión, pudo advertir en su hábito y en su túnica interior? A pesar de su esmerado aseo personal, era poco menos que imposible librarse de esos parásitos.

Lo cierto es que llegó un momento en que sucumbió a los efectos del mal, cuyos síntomas se manifestaron en él, con pasmo y sorpresa de sus hermanos de religión, ignorantes del mal verdadero que padecía.

Los atacados de tifus exantemático ardían de fiebre, se quejaban de violentos dolores de cabeza y tiritaban, deliraban, perdían fuerzas y no se reponían o lo hacían con suma lentitud.

Esto mismo es una prueba de que la clase de dolencia que los santos experimentan y con las que mueren no se distinguen en nada de la de los demás mortales. La diferencia está en la manera de aceptar esa prueba y en el espíritu de entrega con que se confían al Señor.

La última enfermedad de fray Martín fue pues una de las más desagradables, cuya impresión en los religiosos fue bien fuerte.

Pero en ella brilló más su santidad.

Comprendió que ya era el anuncio de la muerte próxima y dio gracias a Dios.

Caido en su pobre cama de tablas que ahora.

por mandato del prior, tenía colchón y sabanas, los religiosos comenzaron a visitarle continuamente. Ellos son los que, al jurar como testigos en el proceso de beatificación, tantas veces mencionado en esta biografía, nos han dejado la descripción emocionante y viva de sus últimos días y horas.

Uno de los religiosos trató de animarle diciéndole que era un mal pasajero y que pronto recobraría la salud.

Contestó él que era su última enfermedad y que nada evitaría su muerte, por haber llegado su hora.

Todos entendieron enseguida lo cierto de estas palabras, porque a los pocos días comenzó a decaer rápida y ostensiblemente. Le daban desmayos, durante los cuales deliraba. Aunque sus delirios eran más bien actos de amor, de fe y confianza en la virtud purificadora de la Sangre de Jesucristo.

Llamado el médico don Francisco Navarro (de apodo "Per Omnia" —según dice un testigo)— entró en la celda del enfermo, acompañado del padre prior fray Gaspar de Saldaña. Fray Martín, rodeado de religiosos en silencio, estaba como aletargado.

El médico miró al paciente, le puso la mano en la frente y notó que tenía muy subida temperatura. Se volvió al prior y le dijo en voz baja:

—Es necesario matar unas aves y aplicarlas después a la frente del enfermo para que se disminuya la fiebre.

Oyólo fray Martín, abrió los ojos y le dijo apagadamente al doctor:

—¿Para qué van a quitar la vida a esas criaturas de Dios si no ha de aprovechar el remedio? Porque es voluntad divina que yo muera.

Esto mismo repitió varias veces al enfermero que le atendía, padre fray Antonio Gutiérrez, cuando le llevaba para que comiese palominos y gallinas, lamentando lo inútil de esas muertes (1).

Comprendió el médico lo acertado de sus palabras y despidióse del doliente, con promesa de volver otra vez.

En vista de que avanzaba el mal, ordenó el padre prior un turno de vela al enfermo de manera permanente, para que diesen aviso a la comunidad cuando el final se acercase.

Durante estos días, en los que aún conservaba la lucidez, aprovechólos el enfermo para confesar. Y lo hacía con gran compunción de sus faltas, como había hecho a lo largo de su vida. El padre fray Fernando de Aguila dice a este propósito que "le vio confesar a menudo con grandísimas señales de penitencia" (2).

Llegó el 1 de noviembre. Fray Martín presentía el próximo desenlace. Y llamó a uno de los religiosos que le asistían para que le trajesen el viático.

Salió éste a dar aviso al prior quien dio orden de tocar la campana conventual para convocar a la comunidad en la iglesia y llevar al enfermo el Santísimo.

Revestido el prior, toda la comunidad con velas encendidas, recorren los claustros rezando alternativamente las preces y salmos del ritual. Despacio avanza la procesión por el claustro principal, donde la fuente murmura, como rezando también, y entra en la enfermería. Cuando llegan a la celda del paciente, quedan los religiosos a la puerta formando hilera, de rodillas con las velas encendidas. Al entrar el prior, fray Martín, con esfuerzo, se sienta en la cama, con los ojos fijos en el Santísimo, puesto en un altarcito con dos velas.

El padre prior le hace las preguntas del ritual, que él contesta con honda fe y devoción:

—¡Creo!

—¿Crees —prosigue el padre— que en la hostia consagrada está el Cuerpo y Sangre de Nuestro Señor Jesucristo con su alma y divinidad?

—¡Creo!

Todos lloran en silencio, aunque algunos procuren contener las lágrimas.

El prior arrodillándose ante el altar, tomó en sus manos la cajita redonda —píxide— e inició el "confiteor", que siguió rezando toda la comunidad. Después de impartir la absolución al enfermo, le administró el viático.

Al comulgar, fray Martín quedó en íntimo recogimiento, con el rostro encendido, disfrutando de la paz que el sacerdote había deseado al paciente en el momento de entrar.

Los frailes se levantaron, apagaron las velas y se quedaron de pie hasta el momento de administrar al paciente la extremaunción, pedida por el mismo, pues deseaba recibir los sacramentos con plena lucidez. La recibió, en efecto, con suma devoción.

Sólo entonces se retiró la comunidad, en silencio.

Quedaron los encargados de velarle, con algunos padres que acompañaban al obispo de Cuzco don Pedro de Ortega, entonces arcediano aún del cabildo de Lima.

Había corrido ya por la ciudad la noticia del estado de fray Martín y la administración de los sacramentos. Y acudieron a verle gentes de todas las clases sociales.

Es éste un detalle en el que han insistido mucho los testigos del proceso de beatificación. Su celda se transformó en un lugar de cita para lo más granado de Lima, igual que la gente humilde. Este ir y venir de gente no cesó hasta su muerte.

Don Francisco Ortiz asistió a fray Martín en toda la última enfermedad. El santo, al verle entrar cada día en la celda, le decía:

—Encomiéndeme su merced a Dios, don Francisco.

Este se lo prometió de corazón. Y permanecía con el enfermo largo rato. Los padres que estaban asistiendo a éste, decían a don Francisco:

—Retírese a descansar, que debe de estar muy cansado de tanto estar aquí.

Un día, accediendo a este ruego, hizo ademán de retirarse. Pero antes quiso despedirse de fray Martín. Y se acercó a él diciéndose:

—Por si muriese esta noche, quiero despedirme de él.

Y, llegándose por detrás, le dio un beso en el cuello. Al sentirlo fray Martín, sacó el brazo y le asió fuerte de la cabeza acercándola hacia sí. Y le apretó tan fuertemente que le hizo sudar muchísimo. Pero al mismo tiempo sintió un "olor de cielo tan suavísimo y tan grande que hasta entonces jamás lo había olido ni gustado" (3).

Y llegó el día 3. Al notar él que se acababa su vida, pidió a uno de los religiosos que le asistían una túnica asperísima, que solía ponerse en días de extraordinaria penitencia. Se hallaba colgada de un clavo de la pared. El fraile la cogió, pero antes de dársela salió a la puerta para que la viesen los numerosos circunstantes que había fuera. Mostrándola en alto, dijo:

—Suelen los siervos de Dios apreciar mucho los instrumentos que le ayudaron a merecer.

Y entró para ayudarle a fray Martín a ponérsela. Pero el enfermo, que había oído las palabras del religioso, volviendo el rostro con gesto despectivo, díjole:

—Hermano, tírela a un muladar, que no sirve para nada.

Quedó el fraile extrañado de cambio tan brusco. Pero los demás entendieron enseguida el significado de sus palabras.

Respondía al mismo sentimiento de humildad que le movió a lo contrario en otro momento de la misma enfermedad. Lo refiere el padre fray Fernando de Valdés con estas palabras:

"Estando ya para morir, ordenaron los prelados

y médicos que le quitasen una túnica de jerga basta, de que suelen hacerse las albardas. (La túnica que habitualmente había vestido debajo de la del hábito como única prenda interior). Y fue tan grandísimo el sentimiento que tuvo por ello, tanto por la ocasión que se le quitaba de mortificarse, como por la ocasión de vanagloria que de ahí se le podía seguir al ser vista, que hizo todo lo que pudo para impedirlo. Y los circunstantes, así religiosos como seglares, cedieron de buen grado a sus ruegos al ver la repugnancia del siervo de Dios a que se la quitasen" (4).

En el trascurso del día, cuando fray Martín se hallaba todavía con pleno conocimiento, el padre prior fray Gaspar de Saldaña, según refiere él mismo, impuso al santo el doloroso precepto para que por obediencia le dijese cuántas disciplinas se daba diariamente. Y él, con indecible angustia, se lo dijo, según queda referido.

Esta pesadumbre le hizo agravarse notablemente.

Por la tarde acudió el virrey a verle. Un religioso entró en la celda para avisar al enfermo la visita. Pero halló al santo abstraído, con la mirada fija en la mesa donde había estado el Santísimo, cual si tuviese alguna visión.

Salió el fraile a comunicarle al virrey.

—Esperaré —dijo éste.

Y comenzó a pasear con el padre prior.

Un cuarto de hora después, pasado ya el éxtasis, entró el conde. Postróse de rodillas y, cogiendo una mano de fray Martín, la besó con gran devoción. Y, como no hubiese sitio más apropósito en la celda, tomó asiento en un cajón de la ropa, y rehusó un sillón que minutos después le ofrecieron. Luego, casi unido su rostro con el del enfermo, le rogó con humildad:

—Fray Martín, cuando esté en la Gloria, no se olvide de mí, para que el Señor me ayude y me dé luz para que pueda gobernar estos Reinos con justicia y amor, a fin de que algún día también me reciba a mí en el cielo.

Y, llorando conmovido, dejó caer la cabeza sobre la manta de la cama, reclinándola en el pecho del paciente.

Este le contesta con esfuerzo y lentitud, y en tono de suma humildad:

—Cuando Dios haya tenido misericordia de mí llevándome a su Gloria, como espero, fiado en la Sangre de Nuestro Señor Jesucristo y en la intercesión de la Santísima Virgen y de los santos, me acordaré de vuestra excelencia.

Esto mismo manifestó, aunque en forma más explícita y segura a su ordinario enfermero, el padre fray Antonio Gutiérrez. Lo cuenta él mismo. Por cierto que, incidentalmente, nos descorre un poco el velo de los afectos del santo, que manifestó una especial predilección por él:

El padre prior puso a otro religioso para que asistiese a fray Martín como enfermero en su última enfermedad. Pero el santo le rogó:

—Si con ello no recibiese desagrado, desearía que me asistiese el padre fray Antonio.

—Me place fray Martín. Sea él su enfermero.

Y le asistió, en efecto, hasta el último momento.

En uno de sus ratos de conversación, el padre le dijo:

—Fray Martín, como en vida me ha mostrado un particular afecto, no deje de mostrármelo ahora que va a gozar de la bienaventuranza.

Y respondió:

—Quizá le sirva de más provecho allá que acá.

Como lo comprobó el padre Antonio días después, ya muerto fray Martín, según se verá más adelante (5).

Permaneció el virrey un rato con él, y luego se despidió afectuosamente y salió. Acompañáronle el prior y otros graves religiosos hasta la portería del convento.

Poco después sonaba la campana para ir a maitines, pues ya comenzaba a anochecer. Fueron casi todos, sin quedar en la celda con el enfermo más que el padre prior y algunos padres más.

Entonces, confidencialmente, el padre Gaspar de Saldaña, le dijo:

—Fray Martín ¿cómo ha hecho esperar al virrey?

—Padre —contestó—, entonces tenía otras visitas de más importancia.

—¿Quiénes eran?

—La Virgen Santísima, santo Domingo, san José, santa Catalina virgen y mártir y san Vicente Ferrer.

Se hizo un silencio largo y hondo, que nadie osaba interrumpir, fijas todas las miradas en los menores movimientos y gestos del enfermo.

Eran ya casi las ocho de la noche. La comunidad bajaba del coro al refectorio para tomar la colación. El prior había dejado encargado a los religiosos de vela que avisaran inmediatamente en cuanto entendiesen que comenzaba la agonía.

Quedaron, pues éstos en la celda, inmóviles y mudos, sintiendo a intervalos bruscos escalofríos de espanto al ver los gestos que el enfermo hacía. Les daba la impresión de que luchaba con el espíritu del mal, pues le oían decir:

—¡Quita, maldito, vete de aquí, que no me han de vencer tus amenazas!

Comenzó a estrechar fuertemente contra su pecho el crucifijo, indulgenciado, que tenía el convento para auxilio de los moribundos. Movía la cabeza con gestos rápidos, como negando, y sudaba en abundancia. Las tablas de la cama sonaban cascadas con los movimientos agitados de fray Martín.

El padre Francisco de Paredes, que estaba a su cabecera limpiándole el sudor, le dijo, mientras le pasaba la toalla por la frente:

—Astuto es el demonio fray Martín. No se ponga en razones con él, que sabe mucho; sino firme en la verdad de la Iglesia y fiado en la Sangre de Jesucristo, muera confesando su Fe y esperando su misericordia.

Levantó él sus ojos con sonrisa agradecida y dijo con gracia:

—Padre maestro, esos argumentos los padres doctos los recelen; que, como teólogos, menos que con agudeza de angélica profundidad, no replicará la malicia del enemigo. Mas para un donado barbero e ignorante, es satanás tan soberbio que no querrá valerse de agudezas.

Causó tanta gracia esta salida que los presentes, no obstante lo patético de la situación, no pudieron menos de reír, aunque procurando reprimirse.

Así estuvo en esta lucha interior algún tiempo, abrazado apretadamente con el crucifijo, repitiendo sus movimientos y gestos por tres veces. Tanto que el mismo padre Paredes le dijo:

—Fray Martín, encomiéndese y llame a nuestro padre santo Domingo.

—Aquí está presente —replicó— en compañía de san Vicente Ferrer.

Viendo el padre que el enfermo se cubría cada vez más de sudor y que todos los miembros y huesos, de su cuerpo le crujían, le preguntó:

—¿Tocamos las tablas para que venga la comunidad, para que le ayuden y le hagan la recomendación del alma?

El, que ya no podía hablar, dijo con la cabeza que no.

"Y, a la tercera pelea que pareció tener con el enemigo —refiere este mismo padre— viéndole cubrirse de sudor mortal, asiéndose del santo Cristo, le volví a decir:

—¿Tocamos las tablas para llamar a la comunidad?

Dijo que sí, bajando la cabeza (6).

Salió un religioso a dar aviso.

Poco después sonaban las "tablas" a todo lo largo de los claustros, anunciando que fray Martín entraba en la agonía.

Son las "tablas" un instrumento de percusión formado por dos tablas, una de ellas fija y la otra móvil que golpea sobre la primera con un mazo al agitar el instrumento de arriba abajo en movimientos rápidos. El ruido que produce es adecuado para el fin que se pretende, porque se le oye y distingue claramente de todos los demás, que son de campana.

El padre prior comenzó la recomendación del alma, a la que contestaban los religiosos con monótono y apagado murmullo:

—Amén.

Rezaron luego los salmos, que la liturgia señala como demanda de socorro para el moribundo. Siguió luego la invocación a todos los santos. La comunidad respondía:

—Ora pro eo.

Había terminado la recomendación del alma.

Y durante el rezo del credo, "fray Martín cerró los ojos como quien se echa a dormir", y "expiró" al tiempo de entrarse la estrofa "Homo factus est" (7). Sin embargo el cantor entonó la Salve, que resonó en el claustro en sombras y en la celda del enfermo, alumbrada con velas parpadeantes. Sonaban las voces emocionadas, candenciosas, con leves temblores.

Eran las ocho y media de la noche del día 3 de noviembre del año 1639.

Las lágrimas brotaron, abundantes, de todos los presentes, pensando en el religioso, en el hermano que habían perdido.

Bien refleja esto, lo que dice un testigo seglar, que se hallaba presente, como tantos otros, en los momentos finales del santo. Es don Baltasar de la Torre Manasalvas, quien nos dice de sí mismo que trató con él "con mucha llaneza y amistad" por espacio de veinte años. Y que, por ser vecino del convento, entraba muy a menudo en él. Familiaridad facilitada por la circunstancia de haber sido su padre, Juan de la Torre, mayordomo de la cofradía de Nuestra Señora del Rosario "casi veintiocho años".

Refiere, pues, que a pesar de ser el siervo de Dios "un mero hermano donado y el más humilde, de condición, en la Orden, aquellas últimas horas, antes que falleciese, pareció en la veneración que le mostraron padres y prelados, que le querían acompañar, con las lágrimas y sollozos notables. Pues, además de cercarle la pobre cama en el suelo con las rodillas en tierra, alguno llegó a más. Entre éstos, el muy reverendo padre maestro, fray Juan López, Provincial Catedrático de Vísperas en la universidad de Lima. Este puso los ojos y boca donde el hermano —fray Martín— tenía puestos los pies. Y esto, por tiempo muy dilatado, que parecía un mármol en ellos" (8).

Es el mismo ejemplar varón que dio parecidas muestras de veneración hacia fray Martín antes de que éste cayese en su postrer enfermedad.

El arzobispo don Feliciano Vega, vuelto a los que le rodeaban, dijo entre suspiros:

—Aprendamos todos a morir, pues esta lección, es la más importante y difícil.

NOTAS

(1) Proceso: págs. 295
(2) " " 247
(3) " " 121-122
(4) " " 171
(5) " " 296
(6) " " 105
(7) San Martín de Porres: J. M.ª Sánchez Silva. C. XI
(8) Proceso: pág. 198

CAPÍTULO XV

GLORIA PÓSTUMA

SUMARIO: LA MORTAJA. CURIOSIDAD FEMENINA. OLOR CELESTIAL. FERVOR COLECTIVO. EL NUEVO VIRREY. EFECTO DE UNA ORACIÓN. INTERVENCIÓN DESDE EL CIELO. APARICIONES. EL SANTO ELIGE PRIOR. PROCESOS CANÓNICOS. EXHUMACIÓN. SE CUMPLE UNA PROFECÍA. GLORIFICACIÓN SUPREMA. LA SORPRESA DE JUAN VÁZQUEZ. SAN MARTÍN DE PORRES.

Podemos decir que ya empezó en el instante de morir; pues aparte las ostensibles muestras de reverencia que le tributaron los presentes, en la forma indicada, se cumplió una profecía suya refe-rente a su mortaja, que recoge en su atestado el pa-dre fray Juan de Barbazán.

Llegado el tiempo de amortajarle, buscaron en la celda algún hábito del santo que sirviese a ese propósito; mas no lo hallaron, porque ninguno de los que tenía —"paños viejos, rotos y humildísimos"— lo juzgaron decoroso. Y entonces echaron mano del hábito nuevo de cerdellate. Y "se le puso por mortaja dicho hábito".

Luego, cuatro religiosos le condujeron a la iglesia para velarle allí durante la noche hasta el siguiente día.

Mientras hacían el traslado de la celda al templo, comenzaron a doblar las campanas, anunciando la muerte del siervo de Dios.

Era la primera comunicación oficial que el convento hacía del suceso a los vecinos de la ciudad.

En una casa fueron oídos los primeros toques, tristes y acompasados, por una joven de veintinueve años:

—¿Oyen sus mercedes? —dijo volviéndose a sus familiares.

—Sí, tocan a muerto.

—Las campanas son de la iglesia de santo Domingo.

—Será que ha muerto fray Martín. Voy a verle para venerar su santo cuerpo.

En la calle halló a otras amigas suyas, que habían salido movidas por la misma intención. Se juntó con ellas y se dirigieron a la iglesia del Rosario. Estaba cerrada. Precisamente en esos instantes entraban los frailes en el templo, cuyas puertas no abrirían hasta unas horas después.

La joven se puso a mirar por las rendijas de la puerta. Algo importante debió de ver, pues permaneció un rato sin moverse, sin separar la vista de lo que sucedía dentro. Y era que veía entrar en la iglesia procesionalmente a cuatro frailes llevando en andas el cuerpo de fray Martín. Detrás venían algunos pocos más, los que debían hacer el primer turno de vela. Llegaron al altar mayor y lo pusieron en el presbiterio, amplio y holgado.

Las demás amigas, al ver la inmovilidad de la joven, sintieron deseos de ver y curiosear también.

—Veo —repuso ella sin quitarse— al siervo de Dios que está puesto en la capilla mayor, que le acaban de traer los frailes, los cuales están a los lados rezando.

En esto, Juana de los Reyes se apartó y dio un respiro como si aspirase con agrado algún suave olor. Luego, vuelta a sus amigas, díjoles:

—Una cosa quiero decir a sus mercedes: siento un olor tan suavísimo que me parece no haber otro alguno en el mundo con qué compararlo. Arrímense sus mercedes y vean si sienten lo mismo, no sea ilusión y engaño mío.

Una tras otra, se pusieron todas en la rendija de

la puerta para ver y oler. Y, al cabo de un buen rato, fueron diciendo:

—También siento y huelo lo mismo que su merced.

—Doy gracias a su Divina Majestad por la demostración que hace con estas señales, tan grandes y evidentes, de cuán acepta le ha sido su santa vida.

—Eso mismo pensamos nosotras —replicaron sus amigas (1).

Y, en vista de que no abrían la puerta, se volvieron.

Que este suave olor, del todo sobrenatural, no era ilusión de estas jóvenes, lo corroboraron al siguiente día innumerables personas de toda condición y sexo. Años adelante, doña Ursula de Medina, que testificó en el proceso, evocando aquella gloriosa jornada del 4 de noviembre, diría:

"Siendo de doce años, poco más o menos, me hallé en el entierro de fray Martín, yéndole acompañando con otras mujeres. Y cuando llegué al cementerio del convento, sentí un olor grandísimo que no parecía cosa de la tierra. Y así que entré en la iglesia, miré a todas partes por ver si había alguna cosa que causase dicho olor, y no vi nada. Por donde juzgué que salía del cuerpo del siervo de Dios" (2).

Doña Lupercia González de Mendoza también refiere sus recuerdos de aquel día memorable:

"Cuando le dieron sepultura a fray Martín, vi que cargaron su cuerpo a trechos las personas más principales de esta república".

Y doña Isabel Astorga y Figueroa recuerda sus impresiones:

"Cuando murió fray Martín, que no conocí personalmente, vi grandísimo concurso de gente de todos los estados, que llegaban a besarle la mano, como también lo hice yo. Esto sucedía en la iglesia. Y todos le aclamaban por santo. Y cuando le besé la mano —yo tenía entonces diecisiete años— la tenía tratable, de suerte que parecía estar viva".

Es un detalle éste que destacan varios testigos más (3).

Y es testimonio unánime lo referente al gentío que se reunió en la iglesia para venerar el cuerpo del santo en todas las formas que puede inspirar la piedad y devoción. Juan de Córdoba da testimonio de ello "por haberlo visto":

"Se conmovió grandísimo concurso de gente de todos los estados en la iglesia del convento, sin ser llamados ni convidados. Sino que, luego que se corrió la voz, se sintieron movidos a venerar su cuerpo, y así lo hacían: tocando en él rosarios, besándole las manos y los pies. Y su cuerpo quedó tan tratable y amoroso, que parecía estar vivo, porque le movían las manos y cuerpo como querían. Y el día de su entierro concurrió la misma gente, y la Grandeza de ella, y los dos cabildos, eclesiástico y secular, y muchos señores de la real Audiencia, y el arzobispo de México y obispo de Cuzco, y los prelados de las religiones, y los religiosos graves, entre los cuales, a trechos, cargaban su cuerpo para llevarlo a la sepultura, aclamándole todos por santo (4).

Relato impresionante en su misma sobria sencillez, que completa, en idéntica forma, uno de los religiosos, quien da interesantes pormenores. Es el padre maestro, fray Francisco de Paredes. Y dice así:

"Estuve por orden de los prelados, guardando con otros religiosos el cuerpo de fray Martín hasta que le llevaron a la sepultura. Y vi que desde las cuatro de la madrugada concurrió toda la ciudad; y venía toda la gente de lo más lejos de ella; y tocaban los rosarios en él. Y, aunque pusieron todo cuidado en no permitir que le cortasen ninguna reliquia de su ropa, no fue posible conseguirlo. Y le cortaron muchos pedazos de los hábitos".

Sobre este particular hay un detalle, referido por el padre Cipriano de Medina, quien dice:

"Le hacían pedazos la ropa que tenía, de manera que fue menester vestirlo muchas veces, y pedir guardia especial para el cuerpo".

Añade, luego, una circunstancia:

"Y se resolvió enterrarlo luego aquella tarde para evitar inconvenientes".

Prosigue el padre Francisco su relato y dice que, en parte, este deseo de reliquias obedecía al suave olor que despedía el cuerpo del santo.

Se organizó, pues, el traslado de la iglesia al Capítulo para darle sepultura. Con este motivo volvió a desbordarse el fervor y devoción de la gente de manera increíble, porque todos querían llegar a las andas y llevarlas siquiera fuese un breve trecho, pues "todos tenían a dicha ayudar a llevar su cuerpo" (5).

La Orden, según es costumbre, había señalado cuatro religiosos que, vestidos de blanco, habrían de llevarlo a hombros hasta el sitio de la sepultura. Pero se conformaron con formar escolta al cadáver, porque hubo que ceder el honor a los altos personajes que lo solicitaron. Eran estos don Feliciano de Vega, arzobispo de México, don Pedro de Ortega y de Sotomayor, arcediano de Lima y después obispos de Cuzco, don Juan de Peñafiel, Oidor de la real Audiencia, y "otro señor grave —dice fray Cipriano de Medina— de cuyo nombre no me acuerdo de presente, sin querer dejar las andas desde la iglesia al Capítulo, que hay buen trecho". Ese señor era don Juan de Figueroa.

Pero, aunque solo fuese por breves momentos, hubieron de cederlas a otras personas y padres graves y religiosos de otras Ordenes, pues todos querían participar de ese honor.

Oficiaba de preste el muy reverendo padre prior, fray Gaspar de Saldaña.

Pero hay un testigo, cuyos datos arrojan mucha luz sobre interesantes aspectos de lo que sucedió en aquella procesión por todo el claustro, "con solemnidad notabilísima de música y otros aplausos, que concurren en las muertes de tales santos varones". Las voces de los religiosos, en filas a lo largo de la conducción, apenas se percibían debido a la enorme aglomeración de gente, que seguía empeñada en acercarse al cuerpo para tocar en él "rosarios y demás alhajas que podían" —según dice fray Juan de Medina, fraile cooperador.

Un alto personaje se echa de menos en este clamoroso testimonio de fe, amor y devoción al siervo de Dios: el virrey conde de Chinchón. Ausencia comprensible, porque en la misma noche que fray Martín había muerto, desembarcaba en el puerto del Callao el nuevo virrey, excelentísimo señor don Pedro de Toledo y Leyva, marqués de Mancera, hombre de cámara de Su Majestad.

Hubo, pues, de salir a su encuentro con acompañamiento de nobleza y autoridades y curiosos. Pero —dice Baltasar de la Torre— "sin que al parecer se echase de menos esa gente. Pues no por esta circunstancia dejó Dios de honrar a su siervo con el concurso, aplauso y aclamación de su virtud y santidad".

Esta ausencia forzada del virrey se vio suplida —prosigue diciendo el testigo— "con la asistencia de la mayor parte de los señores de la real Audiencia, alcaldes, ordinarios y cabildo secular".

Añade luego un detalle que habla más en favor de fray Martín, que cuanto se lleva dicho.

Presidían el duelo todos estos graves personajes, civiles y eclesiásticos. Pues bien, en medio de ellos, como en sitio de honor y de preferencia, "iba un pobre hombre, hermano o cuñado del venerable fray Martín. Y aún le dieron asiento en una silla entre los Oidores" (6).

Sin duda que era este "pobre hombre" el segundo marido de doña Juana, hermana de fray Martín, llamado Agustín Galán.

He aquí un rasgo que manifiesta cuánta era la veneración que sentían los más egregios personajes por la persona del Santo.

La conducción del cadáver constituía, pues, una auténtica apoteosis, a la que no faltaron sus imprevistos incidentes, que destacaban más la grandiosidad de esta veneración. Porque, al llegar a la entrada del Capítulo, debido a la enorme aglomeración de gente, si no sostienen sus criados al señor arzobispo de México, le habrían derribado al suelo. Pero advirtiendo el bondadoso prelado que ello obedecía a la piedad de los fieles, deseosos de no apartarse de las andas, exclamó, emocionado:

—¡Así se debe honrar a los santos!

Lo atestigua el padre fray Juan Ochoa de Verástegui, que estaba a su lado (7).

Por fin, después de una penosa marcha a través del claustro, penosa por lenta, aunque llena de gozo para todos por el fervor de que se sentían animados, llegaron a la sala capitular, en donde ya estaba hecha la sepultura, en el suelo, "al lado de otro donado de santa vida, llamado fray Miguel de santo Domingo" —dice el padre Gaspar de Saldaña— entre las sepulturas de los sacerdotes, para honrar con ello la santa vida y santa muerte de fray Martín. "Muerte que fue tan sentida cuanto envidiada de todos" (8).

Las autoridades se quedaron, en medio del gentío que llenaba la sala, hasta que el cuerpo hubo quedado sepultado.

Fue entonces cuando acaeció un percance, que refiere el padre fray Fernando Aragonés. La gente se lanzó a las andas para tocarlas y, tal vez, para llevar reliquias. Lo cierto es que "se hicieron pedazos, de suerte que nunca pudieron servir a otro difunto".

El padre hace a continuación un comentario, viendo en el suceso algo providencial:

"Y fue, sin duda, particular providencia del cielo, que no quiso que andas que sirvieron a cuerpo de tan venerable varón sirviesen a otro ninguno" (9).

Uno de los testigos, ya mencionado —Baltasar de la Torre— concluye así sus impresiones sobre tan memorable jornada:

"Si la sepultura comúnmente es horror de los sentidos, lo dejó de ser en esta ocasión por el buen olor, así de fama como al parecer, fragante, que iba dando el cuerpo de este siervo de Dios, dejando en la superficie de la tierra esculpida una memoria eterna y garantías ciertas de su felicidad gloriosa. Y a todos los presentes, promesas de una intercesión segura (10).

Lo que no sabía este testigo, ni cuantos habían asistido a las exequias y solemne entierro, fuera de unos cuantos religiosos, era que la flexibilidad del cadáver, que tanta admiración causaba en todos, era efecto de una fervorosa oración y de un nuevo milagro de fray Martín.

Refiere el caso extraño el mismo protagonista, fray Cipriano de Medina.

Se hallaba en la iglesia velándole con otros religiosos. Y, hacia las tres de la mañana, tal vez porque advirtiese en el cadáver síntomas de rigidez o algo que le impresionó desagradablemente, "se llegó a él y le tocó". Y le halló tan duro e intratable que, admirado y llevado del amor que le tenía, como quien bien conocía su virtud y vida santa, le dijo en presencia de todos, en voz alta, que muchos de los presentes oyeron:

—¿Cómo hermano, se ha quedado tan yerto e intratable cuando se acerca el día y está la ciudad toda prevenida para veros y alabar a Dios en vos?

Pedidle que ponga este cuerpo tratable, para que le demos muchas gracias por ello.

Caso raro. Apenas pasó un cuarto de hora cuando le reconocimos más tratable y dócil el cuerpo que cuando estaba vivo, y le levantamos y sentamos —dice— como cualquier hombre vivo" (11).

Y así hallaron cuantos, poco después, entraron para venerarle.

Sin desvirtuar en nada lo sobrenatural del suceso, hay que tener en cuenta, sin embargo, un fenómeno de orden natural que ocurre en semejantes casos. El cadáver se mantiene flexible por algún tiempo, mas o menos, un par de horas. Y luego va adquiriendo el característico "rigor mortis", por el cual el cuerpo adquiere una plena rigidez, para volver al cabo de algún tiempo a tornarse de nuevo relativamente elástico.

Esto sin duda que lo sabía el padre Cipriano de Medina y los demás del convento. Y, a pesar de todo, consideró el fenómeno del cuerpo de san Martín como extraño y anormal, en su rigidez, y milagroso en su admirable flexibilidad, de la que dieron testimonio con juramento muchas personas.

Mas no sólo advirtieron este fenómeno singular sino también el aroma extraordinario, más bien sobrenatural, que exhalaba su cuerpo.

Hasta en esto fue semejante a santo Domingo de Guzmán, testimonio claro de su altísima pureza. Porque parece ser que semejante prodigio es patrimonio de almas que vivieron en perfecta pureza de alma y cuerpo.

Este singular carisma no fue advertido sólo en el cuerpo muerto de fray Martín sino también en vida, y en circunstancias bien poco propicias, según refiere el padre fray Juan Ochoa de Verástegui.

Viéndole una mañana ocupado en limpiar "unas secretas del convento", ocupación en la que se empleaba de regreso del palacio del arzobispo de México, don Feliciano de la Vega, le dijo:

—Hermano fray Martín, ¿no es mejor estar en casa del arzobispo que limpiando estas dependencias del convento?

El respondió:

—Padre fray Juan, más estimo un rato de éstos que paso en este ejercicio, que muchos días de los que tengo en casa del señor arzobispo.

Y añade el padre su comentario:

"Y, aunque de ver ocupado al siervo de Dios en semejantes menesteres pudiera considerarle con algún mal olor, siempre le vi como si nunca se emplease en semejantes ocupaciones, con "lindo olor" en su persona, que nunca olió mal, a pesar de traer un saco a raíz de las carnes, y de lo mucho que sudaba en sus continuos trabajos".

Confiesa, incluso, que movido de devoción, le llegó a abrazar muchas veces, y sintió en él siempre "un suave olor de su persona" (12).

El poder intercesor de fray Martín comenzó a manifestarse en la misma noche en que murió, en correspondencia de la fe y devoción que le tenían quienes le invocaban, en la seguridad de ser escuchados.

Se hallaba ya el cuerpo del santo amortajado cuando, de pronto, en el silencio de la noche comenzaron a oírse en la enfermería de los religiosos unos gritos de dolor pidiendo ayuda. Le había sobrevenido al padre fray Juan de Varga "un dolor que parecía mortal". Sus voces eran "tantas, tan continuadas y recias" que varios religiosos acudieron a ver lo que le pasaba. Uno de los que acudieron fue el padre fray Juan de Barbazán. Acercándose al paciente, le exhortó:

—Llame en su ayuda a fray Martín de Porres,

pues le tiene tan a mano. Y bien sabe la mano que Dios le ha dado para sanar a enfermos.

Entonces el enfermo comenzó a gritar:

—¡Fray Martín, fray Martín!

"Y a muy pocos gritos que dio, nombrándole —dice el testigo— se quedó dormido y se le quitó el dolor, sin que le volviese más" (13).

Ocho días después de la muerte de fray Martín, caía enfermo de la misma enfermedad que él uno de los religiosos que le habían asistido, llamado padre fray Antonio Gutiérrez. Este recordaba lo que el santo le había dicho: que le sería más útil muerto que vivo. Pasaron seis días, y como el mal se agravaba, pensó ya que su muerte era cierta y recibió los sacramentos.

Pero en esa noche, después de sacramentado, "estando reposando", vio en sueños que entraban por la puerta de la celda fray Martín de Porres, la Virgen Santísima, santo Domingo y santa Catalina mártir. Fray Martín hizo una inclinación al sitio en donde se había puesto el altar para administrar el viático al enfermo, se llegó a la cama y le dijo al paciente:

—Con esta visita estará bueno, hermano fray Antonio.

Este despertó al momento... "y no vio cosa alguna de las que había visto en sueños". Volvió a dormirse y no despertó hasta el día siguiente. Cuando vinieron a verle, le hallaron sin calentura. Pidió de almorzar.

Al cabo de unos cuatro o seis días estaba ya del todo bueno y se pudo levantar. "Lo habría hecho el mismo día de no haberse hallado tan flaco —tan debilitado— por la enfermedad pasada" (14).

El padre fray Cipriano de Medina, tantas veces mencionado, refiere otra curación de fray Martín obrada en su persona, tres años después del fallecimiento del siervo de Dios.

De regreso de un viaje a España, cayó enfermo con grave dolencia, aquejado de fuertes dolores en brazos y piernas, "como si le punzaran con agujas". Desahuciado por los médicos, el padre maestro, fray Gaspar de Saldaña le envió un rosario que siempre había traído al cuello fray Martín, rogándole que se lo pusiese al cuello y se encomendase a él.

Así lo hizo.

Hacia las nueve de la noche, vuelto el enfermo a la pared en un continuo dolor, vio a los pies de la cama a fray Martín, sentado, con las manos dentro de las mangas del hábito. Y con su continua modestia le miraba y le sonreía. Fray Cipriano le dijo:

—¿Dónde está su amor, fray Martín? ¿Cómo me olvida tanto? Atiende sólo a la comodidad que tiene con Dios en la gloria y me deja sin amparo ninguno acá en la tierra, padeciendo lo que ve, y tan cercano a la muerte que juzgan no viviré de aquí a mañana.

Los religiosos presentes se miraban unos a otros:

—¡Pobre! Está delirando.

El santo movió negativamente la cabeza, como diciendo:

—No morirá fray Cipriano, por ahora.

El enfermo esbozó una sonrisa y se quedó dormido.

—¿Han visto sus reverencias? —preguntó uno—. Se ha dormido.

—Parece un milagro.

—Hace varios días —aclara el enfermero— que no dormía nada.

—No hay duda. Fray Martín acudió a la llamada del enfermo.

—Saben bien sus reverencias el mucho aprecio en que le ha tenido siempre a fray Cipriano.

—Pues bien saben que ya le curó en otra ocasión, estando aún fray Martín en vida.

Los frailes, al ver dormido al enfermo, se retiraron en silencio, refiriéndose una vez más el caso:

Era por el año 1636. Por entonces ya fray Cipriano ejercía el cargo de Lector de teología en el convento y era gran predicador en la ciudad.

Cayó entonces gravemente enfermo, hasta el punto de darle los sacramentos, pues nada menos que cinco médicos le habían desahuciado.

"Apretado una noche, entre las tres y cuatro de la mañana, le extrañaba que no acudiese fray Martín a visitarle. Y, juzgando que habría llegado ya su hora, rogó a los religiosos que le asistían y velaban que fuesen en busca del santo enfermero.

En este instante, se abrió la puerta y entró fray Martín.

Fray Cipriano comenzó a quejársele:

—¿No ve mi necesidad? ¿Cómo no acudió antes? Los médicos ya me han dicho que no tengo remedio y que me moriré esta noche.

Mas él "con aquella paz y modestia que siempre manifestó a todos", le respondió:

—Por eso mismo había de entender vuestra paternidad que no se había de morir; porque cuando yo menudeo la celda de los enfermos, es mala señal. No se aflija, porque, aunque ha llegado a este estado la enfermedad, con todo, no ha llegado a hacer curso; más le ha de apretar, mas no se ha de morir, porque quiere Dios que viva, para que le sirva y honre a la religión.

"Dentro de pocos días —refiere de sí mismo el padre Cipriano— comencé a mejorar, y me ha dado Dios salud para que me ejercitase en la enseñanza en las cátedras y continuase la predicación por espacio de veintiocho años".

Un caso parecido narra el padre fray Jacinto de los Olivos, que vio al santo, como entre sueños, en una grave enfermedad de calentura. Al invocarle con suma confianza, le pareció que le decía:

—No se aflija, que Dios será servido de darle salud.

La confianza en la intercesión poderosa de fray Martín, desde el cielo, iba en aumento entre los frailes, hasta el punto de pedirle soluciones en las dificultades que surgían en la vida conventual. Un ejemplo bien sintomático es la "elección de prior" que hizo. Quien refiere el suceso es nada menos que el arzobispo de Nueva Granada, fray Juan de Aguinao.

Siendo éste provincial de la provincia de san Juan Bautista del Perú, se hallaban de elección los frailes de santo Domingo de Lima y no acababan de elegir prior, con gran pena suya. "Afligido grandemente —dice— porque no salía con toda paz el prior", se volvió a fray Martín de Porres, ya difunto, y le pidió, invocándole por su nombre, con grande afecto, que intercediese ante Dios con ese fin.

Poco después, hallándose en la portería, que estaba cerrada durante la elección, se le acercaron algunos vocales del capítulo electivo diciéndole que había sido elegido el padre fray Cipriano de Medina.

El provincial vio en ello la pronta mano de fray Martín, y sonrió agradecido (16).

Pasaron algunos años. Y, aunque el recuerdo de fray Martín permanecía vivo, tanto fuera como dentro del convento y de la Orden, ésta no había iniciado los pasos necesarios para promover la beatificación.

El pueblo seguía encomendándose a él. Una prueba, entre tantas, es ésta:

Doña Isabel Ortiz, gran devota del santo, el año 1648, se vio enferma de grandes calenturas, "habiéndole sobrevenido un gravísimo accidente, del que llegó a estar sin sentido y totalmente privada". Al volver en sí, invocó a san Martín con gran confianza. Sabiendo que un vecino suyo tenía un retrato del siervo de Dios, pidió que se lo enviasen.

Cuando lo tuvo en sus manos, se abrazó a él exclamando:

—Padre mío, pues sois mi médico, y otras veces me habéis dado salud, dádmela también en esta ocasión.

Al momento se sintió mejor. Y al día siguiente se levantó buena y sana (17).

Al fin llegó la fecha de iniciar una investigación oficial de su vida, con vistas a un proceso diocesano o sumario. Fue el año 1656, día 15 de junio. El primer testigo fue don Juan de Figueroa. En el mes de diciembre ya habían declarado unos treinta más, lista en la que figuran los principales personajes de la misma.

Pero, al darse cuenta de una "incorrección" canónica en el modo de tramitar el proceso, hubieron de comenzar de nuevo. Como se hizo en el año 1660. El padre fray Antonio de Estrada fue quien obtuvo los nuevos permisos. En el día 13 de junio, clausura del mismo, habían desfilado por el tribunal sesenta y cinco testigos.

El 2 de diciembre de 1664, el padre Lorenzo Muñoz pedía permiso para su reapertura. Después de recoger y revisar las declaraciones de once testigos más, el 5 de diciembre daba por cerrado el proceso diocesano.

Era la condición previa para que iniciasen el proceso apostólico. Pero éste es algo muy serio que necesita gran cantidad de documentos y requisitos. Mas, después de superadas las dificultades propias de estos asuntos, el 23 de octubre de 1686 fue oficialmente cerrado. Y la copia hecha, sellada y enviada a la sagrada congregación de Ritos.

Constaba el proceso de unas ocho mil páginas, sin contar un pequeño volumen en rústica que contenía la investigación sobre el carácter de los testigos. Y finalmente, una relación del reconocimiento oficial de la tumba y restos de fray Martín.

En efecto, en el mes de marzo del año 1664, los sagrados restos fueron sacados de su sepultura primera, en el Capítulo, para trasladarlos a otra en la capilla de la enfermería del convento, en la que hay un santo Cristo.

Los testigos del traslado unánimemente afirman una serie de sucesos, calificados de milagrosos, coincidentes en destacar la gloria que Dios concedía a su siervo: Al ser exhumados los restos, el cuerpo permanecía como intacto, con abundante carne. Al levantarlo en sus manos el religioso que excavaba la sepultura, halló que el cadáver tenía sangre fresca. Y que exhalaba un suave olor como de rosa seca muy intenso.

El padre maestro, fray Francisco de Oviedo, que presidía la exhumación, como vicario de la comunidad, en función de superior, iba recibiendo los huesos y colocándolos en la caja nueva. Y, como le quedase algo de sangre en las manos, se las lavó, sin que por ello se le quitase el olor de rosas.

Para cerciorarse de este misterioso fenómeno, dio a oler sus manos a los demás religiosos:

—Díganme sus reverencias, ¿perciben algún olor?

Ellos, después de oler unos momentos, decían:

—El olor que despiden es a rosas.

—La fragancia que exhalan, sin duda que procede de los huesos del siervo de Dios, fray Martín.

—Demos gracias a Dios, que así glorifica a sus santos.

El mismo religioso ofició en la iglesia, delante de los venerables restos.

Concluídos los oficios, y a punto ya de conducir los restos procesionalmente al lugar de su nueva sepultura, se llenó la iglesia de gente, que acudió para venerar al santo. Se repitió la escena del día de su muerte. Y lo sorprendente del caso es que no habían dado aviso a nadie, excepción —suponemos— de las autoridades, que acudieron puntualmente. Y lo que no pudo suceder en el primer sepelio, acaeció en este segundo: la personal asistencia del virrey, conde de Santisteban, que quiso llevar los restos a hombros, junto con algunos oidores de la Audiencia.

Seguían luego todas las corporaciones de la ciudad y numeroso gentío que, con entusiasmo, aclamaban santo a fray Martín (18).

Mas lo curioso del caso, y que habla más en honor del bienaventurado mulato, es que la capilla del santo Cristo, en que le enterraron de nuevo, era la celda en que había vivido él. Con lo que venía a cumplirse literalmente lo que dijo en cierta ocasión a su amigo don Juan de Figueroa, según cuenta éste mismo:

Estaba cierto día hablando con fray Martín en su celda. Y, como no tenía secretos para él, le comunicó:

—¿Sabe vuestra reverencia, padre fray Martín, que tengo el propósito de comprar una capilla, bóveda, entierro y asiento en el convento de Nuestra Señora de la Merced? ¿Qué me dice vuestra reverencia?

El respondió:

—Compre sólo el asiento, porque aquí —en esta celda en que estamos— nos enterraremos los dos.

Don Juan hizo lo que le aconsejó el varón de Dios. Sucedía esto el año 1637.

Pasados dos años, moría el santo.

Unos dieciséis años después —prosigue diciendo don Juan— trataron los religiosos de transformar en capilla la celda de fray Martín, para trasladar a ella su cuerpo. El padre fray Gaspar de Saldaña, sabiendo la gran amistad que el caballero había tenido con aquél, le comunicó la resolución adoptada:

—¿Querría vuestra señoría —le pregunta— hacerse cargo del patronazgo de dicha capilla y tener en ella enterramiento?

Ante el gesto de sorpresa que puso don Juan de Figueroa, preguntóle de nuevo el religioso:

—Veo que pone cara de extrañeza. ¿Acaso le desagrada?

—Mi extrañeza y pasmo, padre, obedece a otra cosa, bien peregrina por cierto. Con sumo gusto acepto el patronazgo y la sepultura.

—¿Qué es, entonces, lo que motiva su espanto?

—Ver cumplida fielmente una profecía de fray Martín, que hace años, dos antes de su muerte, me habló de esto mismo.

Y le refirió el caso.

—Me alegro mucho de ello y me place que así sea —replicó el padre.

Y termina su relato don Juan con estas palabras:

"Con sumo gusto dispuse labrar dicha capilla. Y Dios mediante, no la dejaré hasta ponerla en toda perfección y trasladar los huesos de mi devoto amigo, y poner los míos en su compañía en la bóveda que tengo labrada para mi entierro y el de los míos. Y la he de poner por cabeza de mi mayorazgo" (19).

Tal fue la segunda sepultura, tan gloriosa como la primera, hasta que, al fin fueron sus restos llevados en preciosa urna a la iglesia en donde actualmente se veneran.

Una serie de percances hicieron que el proceso apostólico se viera interrumpido, hasta que el 27 de febrero de 1763, el Papa Clemente XIII proclamaba, "ante la faz de la Iglesia", sublimes y heroicas las virtudes del santo.

Casi un siglo después, el 19 de marzo de 1836, Gregorio XVI aprobaba los dos milagros requeridos para la beatificación, que realizó el mismo Papa un año después, día 29 de octubre.

Con este reconocimiento oficial de la santidad

de fray Martín, la devoción hacia él prosiguió, con renovado fervor. Del Perú se extendió a toda la América Hispana, y de ahí, a los Estados Unidos; llegó a Europa, saltó al continente africano, y su nombre sonó en Asia.

En España, prendió la devoción con rapidez desde hace unos años.

El tercer centenario de su muerte se celebró en el Perú con gran resonancia, presidido por el presidente de la República, mariscal don Oscar Benavides. Acto que constituyó un renovado impulso cuya meta fue ya la de su canonización.

Desde entonces para acá, una serie de circunstancias, en las que parece verse claro el designio de Dios, han difundido su nombre, su encantadora figura, su santidad, a todos los rincones de la tierra.

El clamor en pro de su canonización se ha ido haciendo cada vez más universal, hasta el punto de afirmar el "L'Osservatore Romano" que nunca se han recibido tantas y tan reiteradas peticiones de canonización de un santo.

La Iglesia esperaba dos milagros para elevarle a los máximos honores de los altares. Dos milagros entre los innumerables que, desde el momento de su muerte hasta el día de hoy, en una gesta "heroica" de más de tres siglos, ha realizado en favor de la pobre humanidad.

Según veremos en el capítulo siguiente, él sigue prodigando sus favores, a manos llenas, a cuantos le invocan con fe. Sigue siendo el instrumento de Dios para manifestar su omnipotencia, su sabiduría, su inagotable bondad.

Fray Martín, como se verá, bajó muchas veces a la tierra, para hacer sentir su presencia y manifestar que si quiere su glorificación, no es por ser "suya" —ni en el cielo deja de ser "humilde"—, sino por ser un reflejo de Dios.

Lo que decía, moribundo, al padre prior —"cuando Dios fuere servido, se descubrirán las cosas"— lo dice ahora: quiere que sus virtudes se hagan manifiestas a la faz del mundo. Por eso riñó severamente a su antiguo confidente Juan Vázquez, según éste cuenta de una manera encantadora:

Estaba declarando ante don Francisco Blanco, notario público. Y éste, cansado ya de escribir tantos informes de testigos, le rogó:

—Abrevie lo que pueda en su declaración.

Así lo hizo él. Y se fue a su casa.

Y sucedió que, poco antes de la oración vespertina, hallándose con un hijo en brazos, oyó que le llamaban clara distintamente, "con voz formada", por dos veces:

—¡Juan Vázquez, Juan Vázquez!

Salió a la puerta y vio en ella a dos religiosos dominicos.

Se volvió a meter, sin darle importancia. Y volvieron a llamarle:

—¡Juan Vázquez!

Volvió a salir, un tanto preocupado. Y díjole uno de los religiosos:

—Juan Vázquez, ¿no me conoces?

Fijándose entonces en él, reconoció a fray Martín de Porres, que le decía:

—¿Cómo andas tan corto?

Y él respondió:

—¿En qué, padre fray Martín?

Y le dijo:

—Declara lo que sabes y viste en el tiempo que estuviste en mi compañía.

Juan Vázquez se retiró enternecido a su casa.

Sucedía esto en 1660. Once años después, que es cuando hace esta declaración, en 1671, habiendo sido llamado para que declarase lo que sabía de parte del padre Bernardo de Medina, fue al convento. Y, al entrar por el cementerio a la iglesia, por la puerta que está debajo del coro, vio a fray Martín de

Porres con el mismo compañero de la vez pasada, y le dijo:
—Declara lo que sabes.
Así lo hizo (20).

En el cielo ya no hay peligro de vanagloria y orgullo. Por eso fray Martín no rehuye la glorificación en la tierra, porque es un medio de glorificar a Dios en él. Y Dios, que le ha visto ocultarse en vida, le quiere ensalzar ahora del todo, como lo ha hecho por su Vicario en la tierra el Papa Juan XXIII, que le canonizó solemnemente, en una ceremonia grandiosa, en la basílica vaticana, llena de toda clase de gentes congregadas del mundo entero, de toda raza y color, de toda lengua y nación.

A las nueve de la mañana del día 6 de mayo del año 1962, el Padre Santo, después de escuchar la súplica del cardenal Prefecto de la Congregación de Ritos, pronunciaba las palabras de la canonización:

"En honor de la Santísima Trinidad, para exaltación de la fe católica y difusión de la religión cristiana, con la autoridad de Nuestro Señor Jesucristo, de los apóstoles Pedro y Pablo y Nuestra... decretamos y definimos que el beato Martín de Porres es santo y le inscribimos, por lo mismo, en el álbum de los santos estableciendo que su memoria se celebre con piadosa devoción todos los años en el aniversario de su muerte, esto es: el día 3 de noviembre. En el nombre del Padre y del Hijo y del Espíritu Santo. Amén".

En la homilía pronunciada con este motivo hizo un resumen de la vida del santo, perfilando su fisonomía en estos términos:

"Nuestro corazón y el de todos los que profesan la fe de Cristo, está pendiente del importante acontecimiento que es el concilio ecuménico Vaticano II;

en el cual están puestas las esperanzas de un rejuvenecimiento con mayor vigor del Cuerpo Místico de Cristo, la Iglesia. A esto tienden especialmente en estos momentos nuestras tareas y actividades, que el Redentor Santísimo de los hombres nos encomendó, aquí en la tierra, para gobernar y dirigir a su esposa incontaminada.

"Por esta razón el rito solemne, que ahora con gran majestad se realiza en la basílica vaticana tiende, de una manera especial, a este mismo fin; pues al inscribir en el número de los santos del cielo, con gran solemnidad, a un varón insigne y de singulares virtudes, hemos pretendido estimular un nuevo acicate a los hijos de la Iglesia para una vida mejor.

"Martín, con el ejemplo de su vida, nos demuestra que es posible conseguir la salvación y la santidad por el camino que Cristo enseña: si ante todo amamos a Dios de todo corazón, con toda nuestra alma y con toda nuestra mente; y, en segundo lugar, si amamos a nuestro prójimo como a nosotros mismos (Mt. XXII, 36-38).

"Por lo cual, ante todo, Martín, ya desde niño, amó a Dios, dulcísimo Padre de todos: y con tales características de ingenuidad y sencillez que no pudieron menos de agradar a Dios.

"Posteriormente cuando entró en la orden dominicana, de tal modo ardió en piedad que, varias veces, mientras oraba, libre su mente de todas las cosas, parecía estar arrebatado al cielo. Pues tenía en su corazón bien fijo lo que santa Catalina de Sena había afirmado con estas palabras: "Es normal amar a aquel que ama. Aquel que vuelve amor por amor puede decirse que da un vaso de agua a su Creador". (Carta número 8). Después de haber meditado que Cristo padeció por nosotros..., que llevó en su cuerpo nuestros pecados sobre el madero (I Pet. II, 21-24), se encendió en amor a Cristo crucificado, y al contemplar sus acerbos dolores, no podía dominarse y lloraba abundantemente. Amó también con especial caridad al augusto sacramento de la Eucaristía al que, con frecuencia escondido, adoraba durante muchas horas en el sagrario y del que se nutría con la mayor frecuencia posible. Amó de una manera increíble a la Virgen María, y la tuvo siempre como una Madre querida.

"Además, san Martín, siguiendo las enseñanzas del Divino Maestro, amó con profunda caridad, nacida de una fe inquebrantable y de un corazón desprendido, a sus hermanos. Amaba a los hombres porque los juzgaba hermanos suyos por ser hijos de Dios; más aún, los amaba más que a sí mismo, pues en su humildad juzgaba a todos más justos y mejores que él. Amaba a sus prójimos con la benevolencia propia de los héroes de la fe cristiana.

"Escusaba las faltas de los demás; perdonaba duras injurias, persuadido de que era digno de mayores penas por sus pecados; asistía complaciente a los enfermos; proporcionaba comida, vestidos y medicinas a los débiles; favorecía con todas sus fuerzas a los hombres, a los negros y a los mestizos que en aquel tiempo desempeñaban los más bajos oficios, de tal manera que fue llamado por la voz popular "Martín de la Caridad".

"Hay que tener también en cuenta que en esto siguió caminos, que podemos juzgar ciertamente nuevos para aquellos tiempos, y que pueden considerarse como anticipados a nuestros días. Por esta razón ya nuestro predecesor de feliz memoria Pío XII nombró a Martín de Porres patrono de todas las instituciones sociales de la República del Perú (Carta apostólica del 10 de junio de 1945).

"Con tanto ardor siguió los caminos del Señor que llegó a un alto grado de perfecta virtud y se inmoló como hostia propiciatoria. Siguiendo la vocación del Divino Redentor, abrazó la vida religiosa para ligarse con vínculos de más perfecta santidad. Ya en el convento no se contentó con guardar con diligencia lo que le exigían sus votos, sino que tan íntegramente cultivó la castidad, la pobreza y la obediencia que sus compañeros y superiores lo tenían como una perfecta imagen de la virtud.

"La dulzura y delicadeza de su santidad de vida llegó a tanto que durante su vida y después de la muerte ganó el corazón de todos, aun de razas y procedencias distintas; por esto nos parece muy apropiada la comparación de este hijo pequeño de la nación peruana con santa Catalina de Sena, estrella brillante también de la familia dominicana, elevada al honor de los altares hace ya cinco siglos: ésta, porque sobresalía por su claridad de doctrina y firmeza de ánimo; aquél, porque adaptó sus actividades durante toda su vida a los preceptos cristianos.

"Venerables hermanos y queridos hijos. Como ya hemos afirmado al comienzo de nuestra homilía, juzgamos muy oportuno el que este año en que se ha de celebrar el concilio, sea enumerado entre los santos Martín de Porres. Pues la senda de santidad que él siguió y los resplandores de preclara virtud con que brilló su vida, pueden contemplarse como los frutos saludables que deseamos a la Iglesia católica y a todos los hombres como consecuencia del concilio ecuménico.

"Porque este santo varón, que con su ejemplo de virtud atrajo a tantos a la religión, ahora también, a los tres siglos de su muerte, de una manera admirable, eleva nuestros pensamientos al cielo. No todos, por desgracia, comprenden cómo son precisos estos supremos bienes, no todos los tienen como un honor; más aún, hay muchos que, siguiendo el placer y el vicio, los desestiman, los tienen como fastidiosos, o los desprecian. ¡Ojalá que el ejemplo de Martín enseñe a muchos lo feliz y maravilloso que es seguir los pasos y obedecer los mandatos divinos de Cristo!

"Venerables hermanos y queridos hijos. Tenéis trazada a grandes rasgos la imagen de este santo celestial. Miradla con admiración y procurad imitad en vuestra vida su excelsa virtud. Invitamos a esto especialmente a la juventud animosa que hoy se ve rodeada de tantas insidias y peligros. Y que especialmente el pueblo peruano para Nos tan querido emule sus glorias en la religión católica, y por la intercesión de san Martín de Porres, produzca nuevos ejemplos de virtud y santidad. Amén, Jesús".

Un mes antes, el día 12 de abril, en el Consistorio Semipúblico, decía el Papa a los cardenales:

"Venerables hermanos: El motivo de esta solemne reunión es comunicaros noticias verdaderamente agradables. Se trata de considerar la elevación a la categoría de los santos al beato Martín de Porres.

"Ninguno de nosotros desconoce las principales virtudes de este piadosísimo varón, pues privadamente habéis podido conocer la mayoría los rasgos de su vida, y además hace poco que os han enviado unos breves comentarios que hablaban de sus preclaros méritos.

"Habréis podido admirar la acendrada piedad del beato Martín al Divino Redentor del género humano, tanto oculto en la Eucaristía como elevado en la cruz, y a la Virgen María reina celestial. También habéis admirado su sencillez en la continua disposición a obedecer y servir a todos, considerándose siempre el más inferior.

"Finalmente habréis conocido su casta, religiosa y santa caridad que le hacía, por amor a Dios, Padre de todos los hombres, abrazar los dolores, tristezas y preocupaciones de todos sus prójimos, y enforzarse en buscarles remedio, de un modo tal, que no dudamos llamar nuevo y del todo singular en aquellas circunstancias.

"Sin embargo, aunque gran parte de todo eso lo

conocéis, nuestro querido hijo Arcadio Larraona, prefecto de la sagrada congregación de Ritos, nos expondrá breve y claramente los puntos más principales. Después de oír sus palabras, si no hubiere nada de particular, cada uno de vosotros, señores cardenales u obispos, según el grado de vuestra dignidad, iréis emitiendo vuestro voto.

(Realizada la votación, el Sumo Pontífice manifestó su augusta satisfacción con las siguientes venerables palabras):

"Escuchado vuestro parecer, nos alegramos de que todos vosotros deseéis lo mismo que Nos: que a este celestial beato lo contemos en el número de los santos con Nuestra Apostólica autoridad. Lo que haremos con sumo gusto; y determinamos esta solemne ceremonia para el día 6 del próximo mes de mayo.

"No queremos poner fin a nuestras palabras sin daros las gracias por el esfuerzo y diligencia que habéis puesto en el examen y discusión de esta cuestión, exhortándoos al mismo tiempo a que no ceséis de elevar preces a Dios para que ilumine Nuestra mente para sancionar felizmente esta grave causa, a la que está unida la gloria de Dios, el esplendor de la santa Iglesia y la salvación eterna de los hombres".

Al día siguiente de su canonización, en su discurso a los peregrinos, trazó la semblanza del santo en unos rasgos magistrales:

"Amadísimos peregrinos: Una flor de primavera se abrió ayer en la Iglesia. Un humilde hermano de la orden de predicadores, aquél que recibiera las aguas bautismales en la misma pila de santa Rosa de Lima, ha obtenido ya la glorificación suprema de la Iglesia. Que toda la tierra alabe al Señor, admirable en sus santos, pues Nos ha concedido esta alegría que es, además, manera de demostrar nuestro amor al Perú, nación de tantas promesas y virtudes.

"Nuestras felicitaciones más cordiales a nuestro amadísimo señor cardenal, arzobispo de Lima aquí presente, a los demás miembros del episcopado, a las altas autoridades peruanas y españolas, a los padres dominicos, a los numerosos peregrinos venidos del Perú y de otras tierras.

"Al trazar el elogio de nuestro santo queremos espigar algunos rasgos que conservan inalterable su aroma de santidad al cabo de cuatro siglos:

"En la vida de fray Martín hubo tres amores: Cristo crucificado, Nuestra Señora del Rosario, santo Domingo. En su corazón ardieron tres pasiones: la caridad, particularmente con los pobres y enfermos; la penitencia más rigurosa que él estimaba como "el precio del amor", y, dando aliento a estas virtudes, la humildad. Permitid que en ésta especialmente paremos nuestra atención para deleitarnos contemplándola en el alma transparente de fray Martín.

"La humildad reduce la visión que el hombre tiene de sí mismo a sus límites verdaderos, según la regla de la razón. Sobre ésta viene a perfeccionar el alma el don del temor de Dios, por el cual el cristiano, consciente de que sólo en Dios está el sumo bien y su auténtica grandeza, le tributa suma reverencia y evita el pecado, como el único mal que lo puede separar para siempre de El. Tal es la clave de la sabiduría práctica que regula la vida de los hombres prudentes y discretos. "Sabio amaestramiento de la vida es el temor de Dios", nos dice el Libro Sagrado (Prov. 15, 33).

"La humildad precede a la gloria". Martín de Porres era el ángel de Lima: los novicios se le confiaban en sus dudas, los padres más graves pedíanle parecer, él avenía matrimonios, sanaba las enfermedades más rebeldes, concertaba enemistades, dirimía contiendas teológicas y daba su opinión definitiva sobre los negocios más difíciles. ¡Oh, qué sabiduría, qué equilibrio, qué bondad atesoraba su corazón! No era un sabio, pero poseía la ciencia verdadera que ennoblece el espíritu, ese "lumen cordium" con que Dios asiste a los que le temen, "la luz de la discreción" que diría santa Catalina de Sena (Lett., 213). En su alma reinaba el santo temor de Dios, base de toda educación, del auténtico progreso espiritual, y, en definitiva, de la civilización misma: "Initium sapientiae timor Domini" (Ps., 110, 10). (El principio de la sabiduría es el temor del Señor).

"Al verlo en la gloria de los altares, admiramos a Martín de Porres con el embeleso de quien contempla un deslumbrante panorama desde la cumbre de la montaña.

"Mas para subir a tales alturas no se ha de olvidar que la humanidad es el camino: "Gloriam praecedit humilitas" (Prov., 15, 33). Cuanto más alto es el edificio, más profundo debe ser el cimiento. "Fabrica ante celsitudinem humiliatur, et fastigium post humiliationem erigitur" (S. Ag., Serm., 10. De Verbis Domini). No es otra la lección práctica de san Martín.

"A él va nuestro himno de alabanza y con éste, nuestra plegaria. "Laudemus viros gloriosos et parentes nostros in generatione sua. Sapientiam ipsorum narrent populi et laudem eorum nuntiet Ecclesia" (Eccli., 44 1, 15). Que él bendiga al Perú, la patria que lo vio nacer; a España, portadora de la fe cristiana a las Americas; a la ínclita orden de predicadores. Que la luz de su vida ilumine a los hombres por el camino de la justicia social cristiana *y de la caridad universal sin distinción de color o* raza. Todo esto se lo pedimos mientras a vosotros, a vuestros familiares y personas queridas otorgamos de corazón nuestra bendición apostólica".

Juan XXIII

Fray Martín, al escuchar estas palabras del Vicario de Cristo, parecía sonreír como diciendo que sí, que haría lo posible para que fuera realidad tan santo deseo...

Desde la gloria, él miraba a sus fieles devotos, que le aclamaban enternecidos. Y él, con su rostro moreno, con su escoba en la mano, sonreía, sonreía, cual si el haberse encaramado tan alto fuese una jugarreta más, una de aquellas que había realizado en la tierra, cuando se levantó hasta el rostro de Cristo crucificado y se abrazó estrechamente con él.

Después de todo, la canonización significa que él sigue en el cielo abrazado para siempre con Dios. Y que, desde ese trono de gloria, que es el pecho de Cristo, sigue escuchando el clamor humano de súplica y de júbilo, de amor y de fe y de esperanza en su intención poderosa.

—¡San Martín de Porres, ruega por nosotros!

NOTAS

(1) Proceso: págs. 160
(2)   "   "   141
(3)   "   "   191, 262, 271-273, 295
(4)   "   "   312-313
(5)   "   "   104-106, 91
(6)   "   "   198-199
(7)   "   "   116
(8)   "   "   98
(9)   "   "   156
(10)   "   "   199

(11)	"	"	91-92
(12)	"	"	116
(13)	"	"	110
(14)	"	"	295
(15)	"	"	88, 295
(16)	"	"	260
(17)	"	"	164
(18)	"	"	353-358, 365-371
(19)	"	"	82-83
(20)	"	"	403

CAPÍTULO XVI

SU ESPIRITUALIDAD

SUMARIO: SÍNTESIS. SU VOCACIÓN: CARACTERES. CARIDAD. HUMILDAD DE DIOS. ORACIÓN. ASPECTOS. LECCIÓN DE SU VIDA. SENTIDO DE SUS PATRONAZGOS.

En el transcurso de la biografía hemos ido perfilando la personalidad espiritual de san Martín conforme íbamos narrando los episodios de su vida. Creemos, sin embargo, de interés hacer ahora como una especie de balance que sea como la síntesis de cuanto hemos dejado traslucir en este aspecto y la explicación de su mismo vivir.

Recordemos, primeramente, su vocación. Esta es el sello con el que Dios ha querido marcarle para Sí, haciendo de él como un "signo" para el mundo. Es, a todas luces, un "predestinado", es decir: un escogido por el Señor para cumplir unos designios providenciales en su plan de expansión de su obra redentora. Es necesario tener en cuenta esta vocación de san Martín, que define su misión y, en consecuencia, su misma espiritualidad. Una espiritualidad característica inconfundible. Y en esto advertimos cómo se diferencia de todos los demás santos, aunque, por necesidad coincida con ellos en "serlo", esto es: en acusar la acción visible de Dios en él.

Pero esta acción divina se mimetiza en el santo según sus caracteres humanos y conforme con la finalidad que Dios se propuso al escogerlo. Y estos dos aspectos, fundiéndose en el santo, hacen de él algo personal e inconfundible.

Su vocación tiene unos rasgos muy suyos, porque

Dios le quería para un fin determinado. Era "fraile cooperador" en la orden dominicana, pero donado de color. Y sabía lo que esto significaba en él.

Como fraile cooperador, entendía que su misión en el convento era, como indica su nombre, estar al servicio de los sacerdotes como auxiliar de ellos en todo lo que fuese facilitarles cumplir con su ministerio de las almas, librándoles de toda ocupación material que no fuese la de su ministerio sacerdotal: ministerial y docente. De aquí su hondo sentido de subordinación a quienes tenían ese carácter sagrado. Subordinación en lo referente al respeto a su dignidad, aunque consciente de que los frailes cooperadores se hallaban, en cuanto al estado religioso, por los votos, al mismo nivel que los sacerdotes.

En san Martín de Porres no había el menor servilismo en su reverencia por el sacerdocio, sino una clara conciencia de lo que éste significa. Veía en él un destello del carácter sacerdotal eterno de Jesucristo. Por eso mostraba hacia los sacerdotes una reverencia tan profunda y delicada, de cuyas manifestaciones hemos hablado ya en páginas precedentes, como era su costumbre de besar la mano, de rodillas, al primer padre que veía en el convento por la mañana. Y los desvelos que se tomaba por los sacerdotes seglares indigentes, a quienes socorría con una caridad llena de veneración.

Toda su gran actividad en el convento traslucía la conciencia de su vocación como fraile cooperador: Un religioso consagrado a Dios con la total ofrenda de sí mismo por el voto de la obediencia.

Pero, en él, la vida religiosa tenía un rasgo más concreto: era donado de color. Era un mulato aceptado en el convento en calidad de tal. En aquel marco histórico en que la Providencia le situó, eran "donados" exclusivamente los negros y mulatos y nativos. Por consiguiente, se hallaba en una situación inferior desde el ángulo jurídico. San Martín se da cuenta de su situación. Y, aunque después los superiores le admiten a los votos religiosos en idénticas condiciones que los demás religiosos, tanto cooperadores como predicadores, él conservará siempre su hábito de donado. Y como donado le considerarán toda la vida.

El veía normal esta situación, porque su condición de "mulato" le colocaba en ese plano. No aspiró a más, aunque hubo intentos por elevarle de posición social dentro del convento. El había pedido entrar para ser donado y eso quiso ser toda la vida, seguro de que no otra cosa quería el Señor de él. Le había hecho nacer con un color moreno y, con ese sello en el rostro, Dios le había escogido para Sí. Por algo sería. Estaba, pues, muy conforme con lo que la Divina Bondad quería de él. Que fuese un "donado", en el pleno sentido de la palabra. Y él centró todas sus aspiraciones en convertir en realidad ese deseo de Dios: ser un donado suyo dándose por entero a la religión, en el marco de la Orden de predicadores en aquel siglo XVII.

El nunca se sintió humillado, por más que en algunas ocasiones, alguien pretendiese abatirle con el mote de "perro mulato". Podría dolerle la frase, pero interiormente sabía que no era ninguna deshonra ser mulato, puesto que Dios lo había querido para él. Y Dios le amaba. El entendía que haber nacido mulato, era un signo de que Dios le quería humilde. En el marco de la sociedad de la época comprendía que pertenecía a una clase o estrato social inferior. Y que, como tal, debería ocupar un puesto sin relieve, sin aspiraciones mundanas. Tenía la conciencia de que su raza negra estaba destinada a ser la servidora de la clase superior. Eran prejuicios de la época que, por otro lado, no impedían el considerarse con derecho a llamarse "hijos de Dios" y a vivir de esta grandeza sobrenatural.

Así, pues, fray Martín vivía del todo consagrado

a llenar de contenido su vocación de fraile cooperador donado, consciente de que Dios le quería al servicio de todos como un medio de conseguir estar plenamente, en su interior, al servicio de Dios.

Este hondo sentido de servicio a sus hermanos de religión, y luego a todos sus prójimos, era para él una especie de sacerdocio que realizó en grado sublime, conforme se ha ido viendo en los capítulos precedentes. Un sacerdocio que, de algún modo, imprimió "carácter" en su vida religiosa, hasta el punto de ver todos cómo el Señor manifestaba su presencia en él de modos tan maravillosos.

Era el "sacerdocio" de la "representación" de Cristo. San Martín había llegado a ser como una copia viviente de Él, hasta el punto de que habían llegado a invertirse los papeles de manera asombrosa: él besaba las manos a los sacerdotes por el carácter que veía en ellos. Y éstos, en más de una ocasión, llegaron a besar las huellas de sus pasos, porque veían en ellas las del mismo Jesucristo.

Y es que la santidad es una especie de sacerdocio para todos, puesto que viene a ser el resultado de ese carácter que se recibe en el bautismo. La vida cristiana, en esencia, es eso: un sacerdocio regio que llega a manifestarse en todo su esplendor en los santos. El sacerdocio no es un medio directo de santidad propia sino de santidad para los demás.

El sacerdote no es sacerdote para sí sino para el prójimo, al que debe servir. En cambio el estado religioso, con su consagración a Dios por los votos religiosos, tiene un carácter personal directo, de santificación propia, aunque indirectamente y como redundancia haga bien a los demás con su apostolado, fruto de la santidad que lleva dentro.

Esta fue, precisamente, la misión especial de san Martín: como religioso, en el marco de sus votos de donado, santificarse a sí mismo, trabajando por ser aquello que Dios quería de él. Y, luego, como necesidad vital de su misma santidad, de la gracia de Dios en él, comunicarse a sus prójimos en todas las formas a su alcance, como desbordamiento de su caridad. Esa caridad suya, que era el amor de Dios vertido a través de él en los necesitados de todo orden.

Y era posible en él esa caridad sublime, porque había llegado al despojo de su egoísmo, lo cual es un hecho cuando se llega a la posesión de la humildad en su más hondo y perfecto sentido.

Y la humildad humana, para que sea verdadera, debe ser como una derivación de la humildad divina, de la humildad de Dios. Jesucristo dijo de Sí Mismo: "Aprended de Mí, que soy manso y humilde de corazón" (Mt. XI, 29). Humildad mostrada en el lavatorio de los pies a sus discípulos (Jn. XIII, 4 ss). Y Cristo dijo que quien ve al Hijo ve al Padre. En Cristo, pues, vemos la caridad y la humildad de Dios. Sí, Dios es humilde: es la humildad personificada, viviente. Y esta humildad de Dios consiste en un movimiento —inclinación de respeto— hacia lo que a sus ojos —o conocimiento divino— es nada. Pero que llegará a ser algo por lo que Dios pone en esa nada de Sí Mismo, de su grandeza.

La Virgen cantó admirablemente la humildad de Dios al decir que "miró —con benevolencia— la bajeza o nada de su esclava".

Dios es humilde, se inclina hacia lo pequeño y lo ama. Todo ante Dios es pequeño, porque, de suyo, es nada o no ser. Y en lo que "es", a Dios lo debe.

Y, porque Dios es humilde, magnánimo, idéntico a Sí Mismo, respeta hasta el sumo a su criatura. Dios está plenamente seguro de Sí mismo. Por ello sabe que al descender a la criatura con el acto creador primero, y con la Encarnación después, no pierde nada, no se rebaja. Antes bien, ennoblece y eleva a la criatura.

Así, pues, la humildad del hombre consiste en

aceptar esa grandeza recibida de Dios y en adorar con entero rendimiento a este Dios humilde. La humildad humana, nacida de la adoración a Dios —del reconocimiento amoroso de que su grandeza le nace de la humildad divina— tiene el efecto de volverse hacia el prójimo y apreciar en él lo que hay de Dios. Y así se inclina a lo pequeño, a imitación de Dios —niños, indigentes, pecadores— con gesto magnánimo, lleno de sencillez y amor, sin miedo ninguno a rebajarse, sin temor a perder nada de su personalidad; porque en lo que ésta tiene de grande, lo tiene anclado en Dios. Por eso el humilde nunca se rebaja a sí mismo ni rebaja —"humilla"— a lo pequeño al tratarlo, porque permanece fiel a sí mismo: fiel a lo que tiene de Dios.

Esta humildad, profundamente vivida, es el fundamento de la santidad de fray Martín y el secreto de su caridad y de todo cuanto hizo.

Pero a esta humildad, profunda, "esencial", no se llega sin una intensa vida interior, sin trato íntimo y perseverante, con Dios: sin oración. Una oración que es el aliento espiritual de la vida de fray Martín desde los albores de su razón hasta su último aliento. Una vida entera consagrada a este supremo objetivo: ser donado de Dios, ser "de El" por una identificación permanente de vida, por una total inmersión en la presencia de Dios.

Cuanto se lleva dicho a lo largo de esta biografía carecería de sentido, sería inexplicable, si no tuviésemos en cuenta esta oración viviente. El Espíritu Santo hacía en el alma de san Martín maravillas similares —salvada la debida distancia— a las que hizo en el alma de la Virgen María. También el santo podía cantar en cada momento su "magníficat". Y qué estrofas más sublimes salían, en ocasiones, de su corazón inflamado en amor a Dios.

Hasta sus piadosos "excesos" tienen explicación,

entendiendo su vida de unión con Jesucristo. Aquellos abrazos, aquellos besos ardientes a la imagen de Jesús crucificado son válvulas de escape del amor nacido de la luz sobrenatural que clareaba su alma por obra del Espíritu Santo.

En su momento se habló de los caracteres de su oración. Aquí basta dar a entender que si fray Martín tenía una humildad tan viva y operante, se explica perfectamente por el conocimiento que tenía de su condición de criatura, que debe aspirar a ser todo y sólo lo que Dios quiere que sea.

Para él, ser mulato, ser el último del convento, era un medio de glorificar a Dios, que eso, y no otra cosa, quería de él. Pero como entendía que Dios quería hacer de él un santo, un instrumento de santificación en sus manos divinas, se consagró a ello sin reservas, con todo el impulso de su corazón.

Ya hemos visto cuáles eran los medios de intensificar esta oración, este amor a Dios: los que usaron todos los santos. Pero en él, estos mismos medios adoptaron un admirable mimetismo con su personalidad, con sus cualidades, con su modo de ser: el amor a la Eucaristía, a Jesús crucificado, a la Virgen María, a santo Domingo de Guzmán.

Amor a la Eucaristía, comulgando con devoción entrañable, para la que se preparaba con la recepción frecuente del sacramento de la penitencia, con abundancia de lágrimas y dolor sentidísimo de sus pecados. Y su adoración al sacramento del altar por largo espacio durante la noche o durante el día.

Amor a Jesús crucificado, que fue uno de los rasgos de su santidad, aprendido, sin duda, de su padre y fundador, fray Domingo de Guzmán. Aquellos vuelos hasta el rostro de Cristo, aquellas penitencias que constituían en él un ansia de copiar en sí al vivo la pasión del Señor, hasta hacerle dar voces por los claustros, sin poder contener las fuertes efusiones de su alma enardecida.

Amor a la Virgen María, a quien aprendió a conocer, honrar y amar de labios de su madre Ana Velázquez, con el rosario en los labios y en el corazón y en las manos. Y, a quien servía, después, en el convento, como paje amante con el toque diario del ángelus mañanero. Y el rezo del rosario, que llevaba siempre al cuello.

El amor a santo Domingo, a quien tomó como modelo para llegar al secreto del amor a Jesucristo.

Toda la espiritualidad de san Martín se podría resumir, para acabar, en la humildad, secreto de toda su vida y de su patronazgo sobre numerosas instituciones y oficios, tanto de carácter religioso como simplemente profano.

Un instinto sobrenatural parece que ha movido a esos gremios sociales a elegirle como patrono de sus actividades laborales. Y un patrono no es simplemente un adorno decorativo; envuelve una finalidad más alta, cual es tomarle por guía y protector. Guía para dar al trabajo un valor superior al exclusivamente humano. Es guía para conducir a sus protegidos hasta Dios, punto de referencia de toda humana actividad. Guía y ejemplo.

Así, pues, como el patrono, en este caso san Martín de Porres, trasformó su vida entera en una vocación, en una misión de servicio a Dios en la condición modesta de religioso donado entregado a oficios sin brillo exterior y con no pequeño sacrificio, también los protegidos han de ver en su ocupación un medio de glorificar a Dios en el oficio manual al que consagran su vida.

El santo, con su humildad, supo elevar a la máxima grandeza cuantos oficios hubo de cumplir en su vida, que define los designios de Dios sobre él mientras vivió en la tierra. La humildad de san Martín tenía un sello propio: el que Dios había querido imprimir en él para cumplir una vez más lo que había sido motivo de alabanza de Jesucristo a su

Padre celestial: "Te doy gracias, Padre mío, porque has ocultado todas estas cosas —la santidad: los misterios de Dios— a los sabios y las revelaste a los pequeños. Sí, Padre, gracias, porque así te plugo".

Y es que sólo podemos ser humildes en la medida en que tenemos conciencia de la grandeza inherente a nuestra persona y a nuestro destino. Grandeza que sólo debemos a una gracia de Dios.

La humildad, situándole en Dios, le hizo desempeñar todas sus variadas actividades con un abierto y alegre espíritu de caridad. Porque la humildad tiene la virtud de situarnos en Dios y, por consiguiente, de hacernos vivir de su amor. De aquí que para san Martín no hubiese funciones bajas, sino que todas quedaban elevadas a la máxima grandeza, cual es ver en ellas un medio de situarse en el punto en que Dios le quiere.

A semejanza suya, eso vienen a querer hacer cuantos le han escogido por patrono de sus características actividades sociales.

Sobre tres clases de instituciones ejerce él su patronazgo, imprimiendo en sus devotos ese mismo sello de santidad —que es grandeza—:

Los frailes cooperadores de su misma orden religiosa. De este modo éstos entienden que su misión es la misma que él desempeñó en la tierra: ejercer el "sacerdocio" de su propia santificación, valiéndose como cauce de las ocupaciones en que la obediencia religiosa los emplea. Todas han de ser medio de ejercer este "oficio" litúrgico de santificarse. De este ejercicio, el supremo de la vida religiosa, brotará el hacer con espíritu y con sentido de equilibrio —de profunda conformidad— cuanto hagan. No de otra forma se santificó san Martín de Porres.

También es patrono de la "Justicia Social". Este aspecto envuelve un doble carácter: el racial y el de las escalas sociales. Él, como mulato, se hallaba en condiciones de apreciar que no era menos noble a los ojos de Dios que los demás. Sentía que todos los hombres, por ser redimidos por Jesucristo y creados por el mismo Padre celestial, gozaban de la misma grandeza ante Dios y ante los hombres en lo que hay en el hombre de fundamental. Su santidad personal borra las artificiosas fronteras que los hombres, con sus prejuicios, han creado a lo largo de los siglos. ¿Qué significan estas minúsculas diferenciaciones humanas vistas desde el pedestal en que san Martín se halla situado? Nada. Como nada significan tampoco las escalas sociales que los hombres crean en el mundo de sus mutuas relaciones.

El santo es patrono de la "Justicia Social" porque han visto en él, como Santo, una caridad abierta y sin medida que borra todas las líneas divisorias clasistas. La caridad, al ser amor nacido de Dios, iguala a los hombres por lo más elevado y profundo, por lo más auténticamente humano, cual es lo que hay de Dios en ellos. Sólo la caridad —como decimos en la Introducción— suprime el problema social en lo que es posible suprimirlo.

He aquí la profunda razón de por qué san Martín de Porres es patrono de la Justicia Social. La justicia social que se basa en la humildad y no en el orgullo, en la caridad y no en la envidia.

Por último, es patrono de muchos gremios de oficios y carreras relacionados con las actividades que el santo desempeñó con tanto amor en su vida mortal. Ello quiere decir que sus patrocinados están dispuestos a poner amor en el desempeño de sus peculiares ocupaciones y a trasformarlas en un medio de santificarse.

Tal es el mensaje que nos trae san Martín de Porres con su humildad, con su caridad, con su sacrificio, con su abnegación: con su santidad...

CAPÍTULO XVII

EN EL CIELO...

SUMARIO: INSTRUMENTO DE DIOS. BAÑO SALUDABLE. EL NIÑO POBRE. AVISO OPORTUNO. ORIGINAL DETECTIVE. UNA CONVERSIÓN. UN MILAGRO. FRAY MARTÍN Y LOS NEGROS. MECÁNICO PRODIGIOSO. MÉDICO INESPERADO. MÁS ALLÁ DE LA CIENCIA. OTRO MILAGRO. FRAY MARTÍN "HINCHA DEPORTIVO". UN ATASCO OPORTUNO. LLUVIA PROVIDENCIAL. EXTRAÑO MENSAJERO. UN HOMBRE CON CARA SUCIA. UNA LLAVE TALISMÁN. FRAY MARTÍN RELOJERO. PAGA UNA DEUDA. FRAY MARTÍN EN SEVILLA. CURACIÓN TOTAL. UN AVISPERO EN FUGA. FRAY MARTÍN BUSCA PISO. COSAS DE FRAY MARTÍN. UNA TRAVESURA. SAN MARTÍN DETECTIVE. CERRAJERO. AVIADOR. MÉDICO. LOS CUATRO MILAGROS CANÓNICOS. UN DIBUJO DE MINGOTE.

En el cielo..., como en la tierra.

Queremos decir que san Martín de Porres sigue interviniendo activamente, desde la gloria, en favor de los seres humanos. Los fieles no han cesado de encomendarse a él con una fe auténticamente evangélica. Y su acción bienhechora abarca a la Iglesia y al mundo entero, como si fuesen una sencilla prolongación de su mundo de entonces. Algo así como si el cielo, fuese, para él, un espejo de la tierra, en el que se reprodujese todo lo realizado en ésta por él.

Y no puede extrañar, porque fray Martín parece ser hoy un instrumento en las manos de Dios para un designio providencial: unir en la Fe y en la Santidad a las razas y culturas antagónicas, de coloración distinta en su piel. Fray Martín, por su estirpe, por sus padres, por su tierra nativa, junta en sí lo que hay de vario en las razas y pueblos.

Y a todos llega su acción. Y todos levantan a él su fe y confianza, y a todos acoge, como en aquel Lima del siglo XVII recibía, en su convento, a españoles, criollos, indios, negros y mulatos. Para él, sólo eran almas que salvar y cuerpos que sanar.

Y, como en su vida mortal, sigue obrando prodigios del mismo estilo y forma. Interviene en la vida humana con asombrosa naturalidad, casi diríamos, con travesura santa, que desconcierta a las personas serias y sensatas. Igual que hacía por los claustros y dependencias de su convento, por las calles de la ciudad limeña y por los alrededores, en las campiñas.

Desde el cielo, su poder de "bilocación" es más "eficaz" aún que en la tierra. Y si entonces aseguraban que, sin salir del cenobio, se mostraba en remotos países para ejercer labor misionera y remediar indigencias, ahora más aún.

Se diría que, "añorando" su actividad terrena, juega a hacer el bien sin tasa, sirviéndose del poder ilimitado que Dios pone en sus manos.

Los casos que relatamos en este capítulo son verdaderos. Aunque no nos atrevemos a decir que sean todos milagros. Algunos, los últimos, son posteriores a su canonización. Son pocos, escogidos, a modo de antología, que muestran lo cierto de la afirmación: "En el cielo como en la tierra".

Están casi todos sacados de la publicación "Conozca a fray Martín", editada por el Secretariado de Propaganda del santo, que la orden dominicana estableció en Palencia (España) hace ya varios años. Naturalmente que les hemos dado nueva redacción, y hemos puesto cierto orden en ellos. Un orden claro, muy relativo, y en conformidad con el fin que pretendemos.

Son casos representativos, similares a muchos de los que obró el Señor por sus manos entonces, cuando vivía en su cuerpo mortal. Terminaremos la serie con los cuatro milagros oficialmente reconocidos como tales por la Iglesia, y que han decidido la beatificación y la canonización del santo.

Mas queremos empezar con un hecho, más bien una anécdota, de cuando aún era "Fray Martín, el mulato". Viene a ser como símbolo de su acción en las almas al través de la curación de los cuerpos:

dejarlas puras, limpias, en la presencia de Dios.
Y ocurrió que...
Fray Andrés Martínez Ponce de León, estudiante en el convento de santo Domingo de Lima, un muchacho casi de unos diecisiete años —1630— enfermó de calenturas tan grandes que desconfió de recobrar la salud.
Pero un día le vio fray Martín y le dijo:
—No se desanime, hermano. Si quiere curar, vaya esta noche a la pila que hay en el claustro del noviciado y dese un baño.
Por toda respuesta, el novicio echóse a reír:
—Vaya remedio que me da, fray Martín.
—Le digo, hermano —insiste— que sanará de su mal si se baña.
Quedó vacilando. Y, para asegurarse, preguntó a sus compañeros:
—No hagas tal, que no ha de aprovechar —le disuadieron.
Mas pensó que por hacer la experiencia no perdía nada; y que tal vez fray Martín tendría razón.
Fuese, pues, al pilón aquella noche. Mas antes de meterse, la tocó; y, al sentir que estaba muy fría, desistió por dos veces de darse el zambullido. Al fin, tuvo un arranque y se metió desnudo. Dio un grito, por la fuerte impresión del agua fría, y se quedó entumecido. Acudió un fray, quien, al verle, le sacó de la pila y le llevó a la cama.
Con el calor de la ropa reaccionó y se quedó dormido hasta las tres de la tarde del siguiente día.
Cuando despertó, se sintió del todo sano. Y dio muchas gracias al Señor por ello (1).
Los favores que, a diario prodiga desde el cielo fray Martín son como reacciones fuertes, para que las almas sacudan de sí la fiebre de los vicios y pecados y queden en gracia, glorificando a Dios con una vida santa.
Saltando el tiempo, nos trasladamos a este siglo

de hoy para ver las maravillas que fray Martín sigue haciendo.

En la ciudad de Lima. Comienzos del siglo XX.
Era un niño muy pobre, hijo de madre viuda. Había pasado el día sólo con una taza de té y un poco de pan. En su casa no encontró más. Al regreso del colegio por la tarde, su piadosa madre le dijo:

—Hijo mío, tú sabes que nuestra situación es difícil; la despensa está vacía, no tengo ni un centavo; no hay forma de prepararse la cena. Pero no te desesperes, Dios es grande. Vete a pedir a fray Martincito el pan que necesitamos.

El niño, obediente a la insinuación, se encaminó a la basílica del Rosario y fue a postrarse ante las reliquias del santo. Permaneció largo rato repitiéndole en diversas formas, entre sollozos, su demanda. El templo se encontraba casi vacío. Eran las nueve de la noche.

Mas, estando el niño próximo a retirarse del templo, sintió que la puerta que da del convento a la iglesia se abría suavemente. El niño miró hacia el fondo y vio a un fraile que le llamaba con una seña. Secándose las lágrimas, se acercó y fue conducido a través de los claustros hasta la sala del comedor, que se encontraba profusamente iluminado.

El religioso le invitó a sentarse; se ausentó por breve tiempo y de pronto apareció con un plato colmado de diversas porciones de exquisitos alimentos y con bastante pan. Mientras el niño comía con avidez, el fraile salió un momento.

Comió hasta saciarse y guardó para su madre pan y un poco de la pitanza. En esto entró de nuevo el fraile cooperador y lo condujo por el mismo camino hacia la iglesia, donde le despidió con una sonrisa.

El niño salió de la iglesia presuroso y se dirigió a su casa, donde contó a su madre lo sucedido, a la vez que le hacía participante del regalo.

Por la mañana del siguiente día, la madre acompañada de su hijo, se presentó en la portería del convento e hizo llamar al fraile despensero para darle gracias por tan oportuno favor. Mas él declaró que no tenía la señora que agradecerle nada, pues él no había dado comida a nadie; que a esa hora ya se había recogido a su aposento, dejando el refectorio cerrado.

Para cerciorarse mejor, hizo llamar a los cuatro cooperadores restantes del convento y todos declararon unánimes que ninguno había dado de comer a nadie a esa hora desacostumbrada, tanto más cuanto que el padre prior tenía prohibido introducir personas en el refectorio de la comunidad. Y el niño tampoco pudo reconocer en ninguno de los cinco religiosos a su bienhechor de la noche precedente.

—Aquel —dijo el niño—, era alto de cuerpo, un tanto anciano, y bastante trigueño.

Tanto el niño, ahora capitán de ejército —1958—, como su anciana madre están convencidos de que aquel buen fraile no fue otro que fray Martín de Porres, el amigo de los niños pobres...

Sabido fue en todo el Perú, y aún lo recuerdan los testigos, el siguiente caso:

En el año 1920 celebró dicha República el centenario de su independencia. Era entonces Presidente del Perú el excelentísimo señor don Augusto B. Leguía, excelente patriota, buen cristiano y distinguidísimo caballero.

Unos días antes de la solemne recepción que había de ofrecer al cuerpo diplomático y representantes de otras muchas naciones y de la sociedad peruana, se hallaba don Augusto trabajando en su despacho con tres ministros. Inesperadamente y sin avisar, entró en la habitación, donde estaba solo el Presidente, un *cholito*, (llaman "cholos" a ciertos mestizos, que sirven en algunas casas ricas); y sin más saludo y con la llaneza que acostumbraban a tratar aún a los superiores, le dijo:

—Augusto, no vayas a la recepción, por lo que pueda ocurrir.

—Bueno, hombre, bueno, —le contestó el señor Presidente, sin dejar su ocupación—.

Poco tiempo después, nueva visita y nuevo aviso del *cholito*. Y recibe igual contestación. Por tercera vez volvió a entrar diciendo:

—No te olvides: no vayas a la recepción, porque te sucederá algo malo.

—Bien, bien, —contestó Leguía— lo tendré en cuenta; y gracias por el aviso.

Intrigado, más que por el aviso, por la insistencia repetida, preguntó, a la salida del trabajo, a los ministros, que a quién servía el *cholito* que había entrado a hablarle.

Su extrañeza subió de punto cuando le dijeron que ellos no habían visto a nadie y que, de haberlo visto, no le hubiesen permitido entrar a interrumpir al señor Presidente.

Reflexionando sobre el caso, se fue a su residencia, y por lo que pudiera tronar, decidió no asistir a la recepción; y mandó su automóvil con el distintivo y las insignias de su autoridad y él fue por otro lado distinto del anunciado.

¡Cual no sería su asombro cuando, a los pocos momentos, supo que una bomba, disparada por manos criminales, había convertido el coche presidencial en astillas!

Dos días después, quizá presintiendo quién había sido su protector, visitaba la iglesia de los dominicos, en compañía del prior. Y, deteniéndose ante

el altar, donde se venera la imagen de san Martín de Porres, dijo:
—"Este *cholito* se me apareció y me habló a mí el otro día y me dijo esto. Yo le prometo cien soles mensuales para ayudar a su canonización".

Don Carlos Pereyra Ocampo, destacado escritor y locutor deportivo nicaragüense, es quien refiere este singular favor personal:
—Tú me cuidas aquí, Martín.
Así me dirigí en voz alta al beato Martín de Porres, del que somos devotos en mi hogar, al abandonar mi oficina la tarde de un sábado. Era aquél el nuevo local de mi oficina, y no ofrecía mucha garantía. De eso me había venido a dar cuenta cuando ya lo ocupaba. El dueño me había prometido poner una protección en la puerta y pared de vidrio, pero no lo había hecho todavía. Y yo temía cualquier cosa.

La tarde del sábado siempre es de asueto. Por tanto solamente llegué a escribir una carta urgente. Al terminarla, salí de la oficina con la petición con que inicio este relato. Cerré las puertas y me dirigí a casa. Eran las 5,30 p.m. Debía llevar a mi esposa en el automóvil nuestro y visitar a dos personajes por asuntos particulares, que vivían muy lejos del lugar de nuestra oficina. Ya no tenía nada que hacer en dicha oficina, a la que no volvería hasta el lunes siguiente.

Inexplicablemente, manejando el auto, había tomado la calle de la oficina. De pronto me vi cerca de ella, y comentando con mi esposa que por qué tontería había ido a parar allí, cuando íbamos a lugares muy distantes y en diferentes direcciones, le dije:
—Ya que estamos aquí, voy a traer la carta que había dejado dentro y que tenía que depositar en correos la mañana del domingo.

Sorpresa. Al querer introducir la llave en la cerradura, la puerta se abrió. Estaba rota la cerradura, y quebrado el pasador, con señales en la puerta de haber sido forzada con un hierro.

Lo primero que supusimos fue que la habían dejado preparada para la noche y que todo había sucedido en menos de media hora, desde que cerré la oficina hasta que volví... Surgió, como era lógico, la consiguiente alarma.

Un carpintero que inesperadamente encontré, nos puso la cerradura. Habiendo notificado a la policía el hecho, se hizo el plan, se dejaron dos miembros a la orilla de la acera opuesta, a cierta distancia y donde no podían ser vistos...

Entre las 10 y las 12 de la noche cuatro de la banda cayeron en manos de la policía. Confesaron sus planes y nos vimos libres de un robo que nos hubiera dejado arruinados.

Convicción absoluta de que Martín de Porres me había hecho el favor. Oyó mi ruego hecho de corazón...

¿Por qué tomé la calle que no tenía por qué tomar?

¿A qué eso de bajar y entrar en la oficina? Lo que a mí me pareció acto incosciente, ¿no fue obra de Martín?

Sucedió en Managua el mes de agosto de 1957.

Una vecina de casa, cuya vida escandalosa era conocida en todo el barrio, se encontraba gravemente enferma, víctima de un cáncer de riñón. La pobre mujer, se encontraba abandonada de todos. Solamente su hija la cuidaba.

Unos gritos agudos de la enferma fueron causa de que los vecinos se enterasen de su situación. Supieron por su hija que el médico daba el caso por perdido, y que su muerte era cosa de días.

Se pensó inmediatamente en prepararla para ese

trance. Un sacerdote que pasó a verla salió desolado diciendo que se negaba a contestar a cuantas preguntas le había hecho sobre su vida. Cuantas veces volvió sobre este tema, profería insultos contra los sacerdotes.

Una mañana, en que fueron, como de costumbre, a visitarla, comprobaron que se encontraba casi en la agonía. Vistas las reacciones anteriores ¿quién se atrevía a hablarle de confesión? Vueltos a casa, una vecina puso el asunto en manos de fray Martín, encendió una vela ante su imagen, y fue nuevamente a visitar a la enferma.

La encontró rodeada de algunos parientes, y en un estado grave de excitación, profiriendo insultos y gritando sin cesar. Fueron a buscar un sacerdote y le pusieron en antecedentes durante el camino. Introducido éste en la habitación de la enferma, a las pocas palabras la confesó sin que ella pusiera la menor resistencia, y quedó en volver para administrarle los últimos sacramentos.

Pocos minutos después llamaron urgentemente a la vecina a la cabecera de la enferma; y apenas si tuvo tiempo de asistir a la muerte de la pobre mujer, a quien llamó el Señor entre atroces dolores. Mientras tanto, en casa rezaban ante la imagen de fray Martín para agradecerle el favor hecho; y, ante la mirada atónita de los presentes, la vela encendida se apagó de repente. Se puede afirmar que la vela se apagó simultáneamente con la vida de la pobre mujer.

Fray Martín quería indicar así que su misión había terminado.

Le habían pedido que la enferma no muriera sin confesarse y les escuchó al pie de la letra.

Sucedió esto el año 1958.

Un día se presentó en el convento de Guatemala don Carlos Luis Reyes, preguntando por el padre que predicó el triduo de san Martín en santo Domingo.

—Padre, deseo comunicarle un gran favor, recibido por intercesión de san Martín.

El 10 de noviembre notamos que mi hijita de año y diez meses, que nació muy sana, y así seguía, sentía molestias de estómago bastante agudas, haciéndonos sospechar una infección intestinal. Para combatirla, además de otras medicinas, le inyecté cloromicitina, específico contra infecciones intestinales. ¿Cuál fue mi sorpresa y susto, pues a los 5 minutos la niña tuvo una reacción anafiláctica, produciéndola un shock con anulación completa de las funciones circulatoria y respiratoria, con la consiguiente rigidez y palidez. Sepa, padre, que estoy en quinto año de medicina, y por lo tanto estaba en condiciones de apreciar el estado grave de mi hija.

Por ser domingo era difícil encontrar un médico y medios adecuados para el tratamiento. Usando de los conocimientos que podía tener, intenté reanimarla haciéndole la respiración artificial, pero con resultado nulo.

Apurados, llamamos a un taxi, para llevarla al hospital. Todos creíamos que estaba muerta, y dudábamos si entrar de nuevo en casa o seguir. Ya de camino, le dije a mi esposa:

—Judith, éste es un caso perdido. Vista la palidez, rigidez y frigidez que presenta la niña, sólo san Martín de Porres puede salvarnos.

Saqué la estampa que tenía, toqué a la niña con ella el pecho y espalda, con una fe tan grande, padre, que al instante vi la recompensa: La niña se incorporó, y se sentó sobre mis rodillas, y a su modo comenzó a cantar.

Al llegar al hospital y verla restablecida, regresamos a casa con la alegría consiguiente, dando gracias a Dios y a san Martín de Porres por el gran milagro que nos había hecho.

No tengo ninguna duda de que esto sea un milagro, pues para mí, mi hija estaba muerta, y por otra parte es tanta la fe que tengo en el poder de san Martín de Porres, que no tengo ninguna duda.

Desde Santa Isabel (Fernando Poo) que es país de negros, escribe el padre Parrilla, C.M.F., una carta muy graciosa, en la que cuenta las maravillas obradas por la invocación de san Martín de Porres.

"San Martín de Porres —dice— no fue aragonés, pero yo sí lo soy y mi genio no desdice de la raza. Como el santo mulato parece que se puso de espaldas, pues no me ha dado cosas materiales para la misión, que mucho necesito, me puse algo *mosca* con él y pensaba hacer con su imagen lo que ciertas monjitas con san José bendito y con san Antonio. Y parece que el bendito mulato me entendió la idea, a juzgar por el resultado.

El 27, día de nuestra señora de Monserrat, patrona de Rehola, uno de los pueblos mayores de la isla, tuve que ayudar al padre párroco por la mañana y por la tarde. Para estas gentes, el acto principal es la procesión de la tarde. Siempre es una novedad para los forasteros que trabajan en las fincas.

Estando todo preparado, con un gentío enorme, dados los toques y la afluencia cada instante mayor, de repente se puso todo negro, con un viento fortísimo, truenos y relámpagos como vienen aquí las tempestades que llaman "tornados", o sea: un pequeño ciclón. Todos dijimos espontáneamente que no era posible sacar la procesión.

Yo me dirigí a los niños y les dije:

—Rezad un Padrenuestro al beato Martín, que es vuestro hermano, moreno como vosotros.

Yo le recé y me fui a la iglesia.

El resultado fue tan repentino como si en un escenario corriesen el telón y apareciese un cuadro completamente distinto. En un momento paró de llover y tronar, cesó el viento y vino una completa calma.

Rezamos el santo Rosario con un gentío enorme, salió la procesión por un suelo completamente seco y con una concurrencia y un entusiasmo cual no se recuerda otra en estas tierras.

Otro caso acaecido en Basaato, pueblo que está a mi cuidado, y es en categoría el cuarto de la isla de Fernando Poo. Digo que, si no es una resurrección, mucho se le parece:

El día dos, como a las cinco de la tarde —refiere el mismo misionero— estando yo en mi casita del pueblo, o del bosque como aquí decimos, oigo ruidos y gritos, lloros y corridas de gentes. Salgo y digo:

—¿Qué pasa?

—Que se muere la señora Carmen.

Corro al lugar de la escena; y, viendo a la mujer como en trance de expirar, la exhorto al arrepentimiento y le doy la absolución.

Vuelvo corriendo a casa por los santos óleos y al volver junto a la enferma la encuentro como muerta. Todo hacía creer que había exhalado el último suspiro. Los familiares gritan, lloran, se tiran por el suelo. Yo saco las cosas de la bolsa y comienzo a ponerle la Extremaunción. Pero, al sacar lo necesario, también saqué unas cuantas estampas con la reliquia de san Martín. Y puse dos o tres sobre la almohada de la moribunda tocando su cara, y mentalmente le hice una súplica al santo.

Todos nos dijimos:

—Ha muerto.

Sin embargo, como el pueblo tiene un hospital y en él un practicante blanco, le avisamos.

Vino, le puso una inyección y se fue creyendo que todo había terminado. Recé las últimas oraciones y me volví para casa. Recé el Rosario con el pueblo, volví a la casa de la mujer y a las 10 o las 11 me retiré.

Aquella noche descargó un tornado con mucha lluvia y viento espantoso. Era domingo el día siguiente, tuve muchas confesiones. Y, cuando terminé, pregunté al sacristán:

—¿Quién hace el entierro de la señora Carmen?

—Tiene una hija, me contestó.

—Vete —dije— a saber la hora.

Y ¡cuál no sería mi sorpresa cuando vuelve diciendo que vive y que habla! Terminé todo, incluso unos cinco bautismos, y fui corriendo a ver el prodigio.

Al entrar, me dice su hija:

—Padre, vive y come. Yo lo atribuyo a san Martín. Allí tiene su estampa.

Rezamos a san Martín todos los presentes, dando gracias por tan extraordinario favor.

Y el padre añade:

"Ahora el santo Martín tiene la palabra. Y puesto que tanto puede, a ver si me manda muchos dólares o pesetas para comprar tantas cosas como necesito para mi iglesia; ni umbela, ni palio, ni custodia, etc. Si no me lo manda tendré que seguir barriendo como él la casa de nuestro Amo Jesucristo, a quien sea dada toda gloria".

Desde Australia, escribe una monjita lo siguiente:

"Desde que sor Fidela vino a trabajar conmigo en el lavadero, excitó en mí la devoción a san Martín de Porres; y pronto experimentamos su protección.

Hace unos quince días vino el fogonero a decirnos que el calentador estaba roto por cinco partes y que el agua caía directamente sobre el fogón. Yo me quedé disgustada, porque nuestra ropa, después de lavada, se pone a secar en parrillas, que reciben el calor central de la máquina secadora; y con tal avería no podríamos disponer del calor necesario. El obrero avisó a un mecánico; pero éste no vino.

Yo puse el negocio en manos de san Martín; y sor Fidela y yo le suplicamos que nos sacase del apuro. Y ¿qué pensáis que sucedió? El agua, que durante varios días había estado cayendo del depósito, dejó de correr de repente. Yo encendí el fuego; y desde entonces no ha sido menester más ni fue necesaria compostura alguna.

Nuestros dos fogoneros no se lo explicaban. Los dos están confundidos.

Ha sido un verdadero prodigio; y, para recordarlo, yo he colgado en el lavadero un cuadro con la imagen de san Martín de Porres.

Refiere una madre:
"El día 16 de noviembre de 1952 mi hijo de cuatro meses, enfermo desde su nacimiento, se puso grave.

El médico diagnosticó tuberculosis pulmonar avanzada y que sufría una complicación en todo el organismo. Caso desesperado.

Mi situación económica no era buena y no podía, por tanto, pagar los honorarios del médico. Le expuse mi situación al doctor.

Este muy bueno y muy caritativo, me dio una tarjeta a fin de poder ser atendido en un consultorio, abonando la mínima cantidad de cinco soles por consulta.

Cuando llegué a mi casa, leí la tarjeta y vi que decía en ella: "Protección debida a san Martín de Porres para sus pobres".

Desde ese día sentí una gran confianza y comencé a invocar al santo.

La segunda vez que acudí al consultorio del doctor Berroa Pinto —que es el facultativo que atendió a mi pequeño—, fui acompañada de mi hermana.

Comentábamos las dos tristemente, la enfermedad de mi hijo, cuando se nos acercó un hombre moreno, en el cual no habíamos reparado al entrar en el consultorio.

Se nos acercó, y saludándome amable, me dijo:
—Tu pequeño ya está completamente curado.

Yo me quedé sorprendida de la afirmación de aquel hombre, y contesté:
—Ojalá fuese su boca de santo y fuera cierto lo que me dice.

El hombre moreno extendió su mano; y, tomando a mi pequeño, le hizo la señal de la cruz en la frente, santiguándole tres veces con un rosario que tenía en sus manos. Después añadió:
—Ten fe en éste.

Y me señaló el cuadro de san Martín que hay en el consultorio del doctor Berroa. Consolándome, además, me dijo que no llorara por mi hijo, que iba a ser un gran médico.

Mi asombro no terminó aquí, porque al volver la cabeza hacia el buen hombre, desapareció rápidamente de nuestra presencia, sin darme lugar a poderle decir nada.

Cuando me tocó el turno y entré en el consultorio del dotor Berroa, éste comenzó a examinar minuciosamente al pequeño; y, entre incrédulo y admirado, me dijo:
—Pero, ¿qué le has hecho a tu hijo?
—Nada, doctor, absolutamente nada —le contesté.
—Es pasmoso —contestó él—; puedo decirte que tu hijo está completamente curado. Sus pulmones están sanos, y todo su organismo como si nunca hubiera estado enfermo.

Desde entonces han pasado cuatro años; mi hijo está perfectamente bien de salud, es un robusto muchachito y nunca más ha tenido que preocuparse de su pasada dolencia y gravedad. Gracias a la protección portentosa de san Martín de Porres.

Que la fe mueve montañas y que el hombre que cree es más feliz que el ateo o indiferente, lo ha demostrado recientemente el peregrino Billy Morehouse, de los Estados Unidos.

Morehouse era inválido. Sus dos piernas, casi inútiles. Torcidos los tobillos, dislocadas las piernas en las rodillas, ofrecía un impresionante aspecto cuando andaba.

Pero ha sido la fe la que le ha llevado al Perú. Dice él mismo:

—Nací con mis piernas totalmente inútiles. Eran como un trapo viejo, que no me servían para nada. Tanto me molestaban, que en ocasiones pensé cortármelas y colocarme unas piernas ortopédicas. Al comienzo "caminaba" en una silla de ruedas, y en ella era conducido de un sitio a otro. Como no quería ser inútil, aprendí música y me hice saxofonista y formaba parte de algunas orquestas.

¿Sabe usted a lo qué se dedica un hombre que no puede bailar ni caminar como los demás mortales? A la lectura y a toda actividad en que se desarrolla la mente.

Leía todo lo que caía en mis manos. El ansia viajera me ha hecho conocer muchos países. Del Perú sé más que un peruano. ¿Cree usted que me causó sorpresa la llegada a Lima?

Un día cayó en mis manos un libro. Era la vida de un mulato del Perú, a quien llamaban fray Martín de Porres. Como todo libro que llegaba a mis manos lo "devoré". Pedí más detalles y datos. Me ayudaron algunos sacerdotes amigos; y de todos los lugares del mundo me escribieron los devotos del santo mulato. Yo le pedí, cuando me hube "empapado" bien de su historia, que me alcanzara mover las piernas.

¡Y se obró el milagro! Comencé poco a poco a caminar. Ahora ando solo, sin muletas, sin ayuda de nadie. Me paro, camino, me siento y voy al sitio que deseo. Mi andar no es perfecto, pero no estoy en sillas de ruedas. Yo le había pedido a Martín de Porres que pudiera mover las piernas. ¿Cómo no voy a creer?

He aprendido a andar, a conducir automóviles, y en general, todo lo que es capaz de hacer un hombre normal. Ahora mis piernas solamente son deformes, pero caminan por todos los senderos del mundo.

Eloy Company Sánchez, ha sido otro agraciado. La prensa señala que la ciencia no pudo curarlo en 29 años consecutivos y con tratamientos ininterrumpidos. Eloy Company anuncia públicamente que durante 29 años padecía, según dictamen médico, de un aneurisma en la arteria carótida, situada en el cuello, ocasionada por un balazo. Siete médicos le trataron durante este tiempo. Según el propio interesado, rezó fervorosamente a fray Martín, confiando en su protección milagrosa. Días después la tumoración desapareció y puede realizar trabajos que antes le era imposible hacer por su enfermedad.

Consultando a un médico sobre lo maravilloso del caso, respondió que un aneurisma es imposible remediarlo sin una difícil intervención quirúrgica. Se trata de la dilatación de las paredes de las arterias, y es difícil conseguir su normalidad. Antes, la operación no era posible. Hoy, en Alemania, se ha efectuado con gran éxito, pero parece indudable que la desaparición del aneurisma, sin intervención, es increíble.

Esta curación se efectuó el año 1957.

En el atrio de la iglesia conventual de san Jacinto, en el barrio de Triana, un grupo de gitanos, comenta con encendido entusiasmo y viva devoción, los prodigios y maravillas de su celestial protector y abogado, fray Martín de Porres, mientras espera que el sacristán abra las puertas del lugar sagrado.

En corro aparte se encuentran sus "medias naranjas" sosteniendo sobre las caderas a sus pequeños churumbeles y llevando en sus manos velas y rosas para adorno del altar del mulato peruano.

—Que yo te digo a ti —afirmaba un gitano grandullón de pelo endrino, color de bronce y con ojos encarpintados—; que este "arajav y fulchero" (fraile médico) es el que realiza los mayores milagros en bien de sus devotos y singularmente de los pobres menesterosos.

—Pero, Rafaé de mi arma, eso que me dices tú, ¿es verdad o son figuraciones tuyas?

—Te lo juro, por la gloria de mis chorreles, que esto es más fijo que el sol, y que me vea yo en las manos del bulchó (verdugo), si no te digo la Misa, y que aquí en Triana y en los campos andaluces saben ya hasta los gatos que ese moreno gracioso, con el rumbo y salero de su "jalaballí" (escobita), fue el que le quitó la "temblaera" a Perico el Cañamón, y curó de la "tizi" al Merengue, de la "ruma" a la mujer del operaó don Casimiro Cañadas; y esos milagros no se consiguen ni con los polvos de la zeñá Rita ni con la hierba de las siete pintas. ¡Mi palabra de "honó"!

—¡Cállate, Rafaé, que me has convensío y me parese que estoy escuchando al sabio Salomón.

—Pos aún quedan guindas pa er pavo, porque aquí sabemos por "esperiensia" que desde que vinimos a contarle nuestras "ducas" y llevamos su reliquia en este lao de pericardio ya nos miran con respeto esos del tricornio con las patas añaías, y que no nos ha fartao ningún día de la semana la "jallipén" (comida) aunque sólo sea con un buen plato de "lolés pisjundis" (tomates con pimientos), y como por aquí sabemos diquelar y somos agradesíos, ahí lo tienes ya en la Hermandad de los Gitanos, con su escultura de oro pelucón paseándose por Sevilla y en el mismo "paso de Nuestro Padre Jesús de la Salud". Pero lo que tiene rumbo y salero, porque eso es una química que le gatea por el cuerpo, es que ahora se ha hecho furbolista y ¡de los béticos!, de los que nos lavamos "la fila y los zancais" (cara y ojos) en el mejor río de España.

—Explícate, compare de mi arma, que me tié ya ignotizao y me parese que voy a salir bailando más que san Pascual.

—Tú sabes, y es de to er mundo conosío, que nuestro equipo sevillano, ¡er Betis, señor!, se encontraba desde hace algunos años en segunda división, mu alicaío y desplomao, con una endeblé que paresía un palomo en pelusas; pué ahora, de buenas a primeras y desde que puso sus duquitas en manos de Martinico peruano, ha dado un revoltío y ahí lo tienes en primera división, codeándose con los grandes, defendiendo nuestra puerta como er "Sí" Campeador y metiendo más goles que un cura loco.

Pero lo más grande es que hace unas semanas tuvo que enfrentarse con el Atlético de Bilbao, ese partío que siempre lleva los malignos "mengues" en la barriga; y por aquí lo veíamos venir como una lluvia de pedrisco. Pero ¡pa qué te voy a contá! Dos horas antes der partío se presentó por aquí una señora, que por lo visto es más bética que la Torre del Oro, se arrodilló ante su altar y le dijo sobre poco más o menos:

—Mira, mi arma, santito moreno, haz un "poé" de los tuyos y "currela" al lao de los nuestros, que "vi" a traé un par de cirios más altos que la Giralda y toitas las rosas del Parque y de los jardines de Sevilla, que tú tié cara de buena persona y no perderán tus pobres y necesitaos".

Y, pa colmo de la recomendasión, se llevó de la sacristía una reliquia y una escobita para cada uno de los jugadores, que salieron con ella al estadium con más ánimos y confianza que David ante Goliat. El resultado ya lo saben hasta los marcianos. ¡Cuatro a cero a favor de los calés! ¿Hay quién dé más?

—Pos mira, Rafaé —le argumenta el "Viruta", que también forma parte de la cofradía—, en Barcelona perdieron los béticos en la competencia; y esto no se pué negá.

—Porque tenía que ser así, so "malage". ¿No ves que allí estaba de por medio la MORENETA, y er vasallo no debía quedar por ensima de su Reina y Señora? Pero quita de por medio a la Virgen con cara morena y ya te convenceré de lo que es capaz este mulatico gitano. ¡Y que te digo yo, mi menda!

Refiere el siguiente suceso un sacerdote peruano.

El año 1924 vivía en Morrojón, provincia de Ayavaca, departamento de Piura, en la República del Perú.

En el mismo lugar vivían dos jóvenes, hombre y mujer. El, empleado como mecánico en el ingenio Buenos Aires.

Un día le robaron cuatro yeguas que tenía a su cuidado; y, por más indagaciones y reclamaciones que hizo ante las autoridades, nada logró averiguar.

La hermana rogó al sacerdote que hiciese un triduo, con procesión por las calles, en honor del santo, pidiendo su protección en este negocio.

Así lo hizo por complacerla.

Al tercer día su hermano resolvió reanudar las pesquisas, y montando en una camioneta, emprendió el viaje a Piura, para suplicar al Prefecto que ordenase nuevas averiguaciones. Al llegar a Chulucanas, que está a la mitad del camino, se descompuso el motor y no hubo más remedio que esperar dos horas a que lo compusieran. Y decía el mecánico desalentado y en son de queja:

—Ahora sí que san Martín de Porres me deja bien aporreado. ¡Ahora lo voy a encontrar todo y sin trabajo!

Pero entonces, cuando él menos lo esperaba y cuando se disponía a continuar el viaje, fue cuando se verificó el prodigio. Por el mismo camino que él iba a seguir, vio aparecer sus cuatro yeguas solas en dirección a la querencia de su antiguo establo. Digo solas, en aquellos momentos, porque el ladrón que las arreaba, al darse cuenta de la presencia cercana del dueño, huyó.

"Este suceso —termina el narrador— me obligó a entrar en la cofradía de los devotos y admiradores de san Martín de Porres, cuya protección muchas veces tengo bien experimentada".

El siguiente suceso aconteció también en el Perú no hace mucho.

"Estaba cortando un lote de caña de azúcar de mi propiedad —cuenta el favorecido— y por un descuido de los obreros, se suscitó un incendio en los cañaverales.

Era el mes de junio, época de completa sequía. El sol, reverberante; el cielo, sin rastro de nubes. Las llamas, atizadas por el viento, devoraron en un instante la primera chacra y comenzaron a invadir la otra. Los obreros que eran en número de cincuenta, hicieron cuanto pudieron para cortar el fuego; pero el mar de llamas avanzaba incontenible y amenazaba consumir las tres chacras restantes.

En medio de la desesperación, no hice otra cosa

que arrodillarme con los brazos en cruz, y llamar al bendito Martín, mi protector, diciéndole:

—Fray Martín, defiende mis sembríos. Tú sabes que es lo único con que contaba este año para el pan de mis hijos... Intercede ante la Virgen y ante Jesucristo por mí.

¡Estupendo prodigio! Pasados escasos minutos, se desencadenó una lluvia torrencial que apagó el incendio en un momento. Los obreros, llenos de admiración por cosa tan estupenda, no hicieron otra cosa que buscar dónde guarecerse.

El que relató este caso se llama Víctor Bazán, sencillo y honrado, digno de toda fe.

"Por donde pueden ver los lectores —concluye con gracia el recopilador— que fray Martín, aquí, en su patria, aspira al patronazgo de los bomberos". Y no hay duda de que lo merece, añadimos.

Es curiosa la manera que tiene san Martín de anunciar a algunos de sus devotos la obtención de la gracia pedida.

Cuenta un comunicante:

"Hay hombres y mujeres por todo el mundo que aseguran, bajo palabra, que cuantas veces piden un favor a san Martín, y él se lo alcanza, ven un ratón. Estos animalitos —aseguran— intervienen simplemente como mensajeros. Esto desde luego, ha ocurrido a personas a quienes no causan sensación especial los ratones. Las personas que se asustan al verlos, no son nunca molestadas, por delicada atención de san Martín. Si ven un ratón, no es uno de sus mensajeros.

Un conocido mío —prosigue— fue llevado al hospital de Pembroe, Ontario. (Canadá), en la mañana del 29 de febrero de 1948. Fue auscultado por el doctor.

—El corazón —dijo— le puede fallar antes de 20

minutos. Puede también seguir latiendo durante 20 años.

La mujer del enfermo, sentada junto a su cabecera a la mañana siguiente, oyó un ruido extraño en una papelera. Miró con curiosidad y vio un ratoncito encaramado en unos papeles y tratando vanamente de escapar.

Era imposible que hubiera saltado dentro desde el suelo. La papelera, por otra parte, estaba colocada de tal forma que hacía imposible se hubiese dejado caer desde la mesa, silla o algún otro mueble cercano.

Inclinó el cesto hacia ella. El ratón de san Martín corrió bajo el radiador y desapareció. La mujer se alegró: sabía que su marido tenía más de veinte minutos de vida. Fray Martín se lo decía por su mensajero.

Las monjas y enfermeras, y el doctor también, le dijeron que era imposible que ningún roedor entrara en el hospital. No les hizo ningún caso. Ella bien sabía lo que había visto y oído".

Miguel Galway, el juez de Natal, Suráfrica, cuando tenía dos años, sufrió una caída que lesionó seriamente su cabeza. Desde aquel día, el chico, necesitó de una asistencia médica periódica y de toda clase de cuidados, que le impedían su juego favorito: trepar a los árboles.

Desde los cuatro años, su salud comenzó a empeorar progresivamente. Cada vez que el doctor lo veía, lo que ocurría con mucha frecuencia, Miguel le preguntaba si algún día podría volver a trepar a los árboles de su jardín.

El doctor Crane, de Johanesburgo —especialista del cerebro— llegó a la conclusión de que la única esperanza de salvar al chico, era la de efectuar una operación.

Hecha ésta, los padres fueron advertidos de que el pequeño no viviría más de seis semanas.

Por aquel entonces, hablando un día con una mujer de color, la señora Galway le contó su desgracia, a lo cual la mujer respondió:

—¿Y no ha hecho Vd. la novena de san Martín de Porres?

La señora Galway, que nunca había oído hablar de san Martín, prometió rezar la novena en compañía de la buena negra.

A poco de empezarla, Miguel empeoró, perdió el conocimiento y fue necesario llevarle al hospital.

Llegado el último día de la novena, el chico reaccionó y pidió de comer. Esa misma tarde lo llevaron a casa; y, al día siguiente, ante el asombro de todos sus familiares, se le halló trepando a un árbol del jardín.

Miguel sólo dio esta explicación:

—¡Bah, Martín me dijo que ya podía trepar a los árboles!

—¿Quién es Martín?, le preguntaron.

—Un hombre con la cara sucia, que vino a verme al hospital —contestó el niño.

Y, queriendo saber más aún, le preguntaron:

—¿Cómo vestía?

Y la respuesta les dejó aún más sorprendidos:

—Una bata marrón como la de papá.

A mediados del año 1953, Miguel ya de 16 años, iba al colegio de los jesuitas en Grahamstown y era un muchacho que gozaba de una admirable salud.

Con toda seriedad y citando tres testigos, don Oscar Ponce de León, desde Lima, contaba el siguiente caso:

Perdió un llavero con varias llaves de los muebles de un dormitorio. Refirió el caso a tres amigos, quienes le ayudaron a buscarlo con toda prolijidad.

Al no encontrarlo, una de sus amigas, devota de san Martín, le dijo, al despedirse, que pediría al santo mulato que apareciesen las llaves. También el interesado le encomendó el asunto, a fin de no tener que descerrajar los muebles, que eran varios.

Al día siguiente se fue a afeitar al cuarto de baño, y en la caja donde guardaba las cuchillas, encontró una llave completamente mohosa, y para él desconocida, que le causó no poca sorpresa, pues jamás se le había ocurrido guardar allí sus llaves.

Inmediatamente probó abrir el ropero con ella; y, con admiración, vio que lo abría; y lo mismo sucedió con los otros cajones. En fin, que no sólo pudo abrir una caja, sino varias con la misma llave. ¿Quién la puso en aquel sitio?

Esto para él, es un caso inexplicable si no es por la protección de san Martín de Porres, cuyo favor atestiguan con sus firmas los que fueron testigos del suceso. Por lo cual un coplero lo expresó en este pareado:

"Fray Martín tiene una llave
Que todas las puertas abre".

Una religiosa de clausura escribe el hecho siguiente:

Tenía, con permiso, un despertador desde hace muchos años, el cual ya sólo quería andar acostado. Aún así, con frecuencia se paraba, con molestia para ella que, por ser cocinera, tenía que levantarse algo antes que la comunidad.

Una persona amiga se ofreció a pagar el arreglo. Le costó siete pesetas. Pero duró poco el remedio, porque, además de no querer andar, si no tendido, al fin se paró definitivamente.

De nuevo se ofreció la amiga a costear la reparación, y le dijeron que le faltaba una pieza, y que costaría ocho duros la nueva compostura.

No quiso aceptar la monja este nuevo dispendio.

Entonces se acordó de "nuestro hermano" san Martín de Porres y, después de ofrecerle un sacrificio muy grande para ella, le dijo:

—A ver: ¿somos hermanos o no somos?

Puso al lado del despertador dos escobitas de las bendecidas en su nombre (que con tanta confianza usan sus devotos), en forma de cruz, y, cosa singular, empezó el despertador a andar. Y andando sigue, después de que llevaba más de un mes en huelga completa. Y lo mismo anda acostado que de pie.

La madre maestra de novicias, que supo el caso, le trajo un despertador, que también se le paraba.

Lo puso frente a la estampa del santito y le rezó, para que igualmente lo compusiese. Y, en efecto, comenzó a andar y andando sigue como el otro.

El caso siguiente sucedió en Lima:

Una pobre mujer se vio en tan extrema necesidad que no tenía dinero para pagar los alquileres de la casita en que vivía. Cansado de esperar, se le presentó un día el dueño reclamando sus derechos y diciendo que, de no pagar, tendría que abandonar la casa. La pobre mujer le suplicó por última vez una prórroga. Si vencía sin haberle pagado, abandonaría la casa.

Como se llegó el plazo y la necesitada no pudo reunir el dinero necesario, ella misma se presentó un día al dueño con intención de entregar las llaves de la casa.

Cuando el señor la oyó, quedó sorprendido.

—Señora —le contestó—, ya me han pagado los alquileres pendientes. Llegó un día un fraile del convento de santo Domingo, llamado fray Martín y abonó toda su cuenta.

La mujer conoció entonces que era el santo, el amigo de los pobres y necesitados, el que la había socorrido en su necesidad. Y corrió a su sepulcro a dar las gracias por el favor recibido.

La gitana María del Dolor, y su "cuñá", Sacramento Vargas, enfilaron por los Remedios la calle Pagés del Corro en Sevilla en busca del pan que Dios ofrece diariamente de balde a los pajarillos del campo.

Al emparejar con el monasterio de las Mínimas la Sacramento se topó con un señorito golpeándose una mano con unos guantes nuevos de cabritilla.

—Anda, miste Marsá, que bien se conoce que eres millonario. Dame lo que sea pa soplarle al estómago siquiá una ruea de "calentitos", que lo tengo entoavía en paro forzoso y como un globito desinflao.

—No tengo —contestó él con sequedad de esparto.

—¿Pero cómo va a tener? —terció María del Dolor—. ¿No estás viendo que lo ha gastao to en guantes?

Ya torcían para el Altozano, cuando vieron salir de san Jacinto a un grupo de señoras. Se acercaron:

—"Ven pa cá Sacramento, que éstas son de verdad. Mira ésta, no vayas tú a creer, tiene el pelo blanco porque está de moda, pero a to reventar lo más que tiene son treinta primaveras".

La viejecita agradecida, le dio cincuenta céntimos.

—Ya podía su mercé completá lo que falta pa la gracia de Dios amasá en un bollito.

—¿Verdá, Sacramento, que le tiene que tocar a la Infanta? Porque el aire real que le gatea por tó el cuerpo, es capaz de llevársela en volandas".

La viejecita se hizo cargo, y completó "pa er bollo".

Y así entraron en san Jacinto. Los churumbeles por poquito se lavan en las pilas de agua bendita de cristianos que eran. Se santiguaron a su estilo lo mejor que pudieron, y se acercaron al grupo de devotas, que admiraban la imagen recientemente adquirida de san Martín de Porres, ofreciendo a Triana su primera limosna de pan y de amor. El padre Bienvenido lo presentaba en sociedad. La Sacramento rompió el fuego:

—"Mira, María er Doló, y qué güen mozo. Po de sangre reá tiene que ser, ¿verdá osté pare? ¿Es gitano? ¿Es también de los nuestros?"

—Sí, éste es el de los que llevan sangre de reyes en la palma de la mano, de la dinastía nada menos que de los Faraones —dijo el padre—. Por parte de su padre era hijo de un maestrante español, militar, de apellido Porres, porque era tan valiente que le daba un mamporro por un quítame allá esas pajas al lucero del alba; y que estaba al servicio de un virrey del Perú. Y por el lado materno, fue hijo de una mulata muy virtuosa y muy bella, que tenía vuestro color bronceado, y un apellido Velázquez que podía codearse con todos los Vargas, Heredías, de los reyes de Padul de la progenie gitana. Todos estos apellidos corrían como luceros "inflamaos" por su sangre azul de nobleza. Se pasó la vida dando todo lo que podía, y poniendo de acuerdo al perro con el gato, al gato con los ratones, y a los hombres con Dios.

—¿Tú lo viste, Sacramento? Como que ná más que lo vide, se lo dije a ésta: Vamos pa aquel santo, que me dá er corazón que es calé. Porque míalo. Dando y más dando pan, —¡olé su mare!—. No como los otros que sólo dan pan pa currelar. Y lo que es los apellidos, es que lo meten de lleno en la familia.

Y, volviéndose al padre, le piropeó de firme:

—Po osté, pare e mi arma, tampoco que digamos anda muy alejao de la raza. No hay más que ver el percá. Ande osté, santo varón de Arimatea, y jaga osté el milagro de que el pan que mo quié dar el santo se ablande y caiga en los estómagos soliviantados de las criaturas. Mírelo osté: con ca ojo como un túnel na ma que de ver el pan duro y to; y escurriitos como lombrices embalsamás.

El "milagro" se hizo.

Así fue como san Martín dio su primera limosna en Sevilla.

Ante el foso de la antigua fábrica de tabacos y junto al lugar donde hasta hace unos años estuvo emplazada la Pasarela, tenía instalado su puesto de caramelos y de almendras garapiñadas Rafael Gavira. Sobre el carrito ambulante en que ofrecía sus mercancías, tenía instalada una escultura del santo mulato. Allí acudían a diario multitud de devotos, entre los cuales ponían una nota de regocijo y alegría las cigarreras de Triana y del barrio de la Macarena, que le ofrecían las mejores rosas de sus patios y de sus macetas. Allí depositaban sus modestas limosnas en una hucha de barro, se hacían los comentarios de sus milagros y maravillas, y se oían los piropos y requiebros más salerosos, en prueba de cariño al santo mulato.

—¡Toma esta flor, saleroso, que tienes cara de virrey y emperador de las Indias!

—¡Bendita sea la mulata calé que le trajo al mundo, que nos tienes levantá la tapaera der sentío y tienes más atractivos que el escaparate de una confituría!

—Porque pusiste a mi madrecita buena y le quitaste el "ruma", te doy este beso. Y este otro por mi niño, y otros dos para que me sigas favoreciendo.

Aún está reciente el prodigio que allí se obró no hace mucho y que ha sido para acrecentar su devoción entre los muchos que presenciaron el caso:

Apoyada en brazos de dos gitanas, hija y nieta, acertó a pasar por el puesto la señá Rosío Vargas de los Reyes con una cara de tristeza que parecía una papeleta de defunción.

—Pero, ¿qué le pasa a Vd., comadre de mi alma, que cualquiera creería que tenemos aquí una dolorosa "desconchá?"

—¡Cállate, Gavira de mis entretelas, que no sé ni dónde me encuentro; y lo veo todo dando más vueltas que una revolera. Que me siento muy "esmoresía" —aterida— y me parese que llevo dentro del cuerpo los malignos mengues. Ya me he tomao dos tazas de "alvavismo" y tres aspirinas, y como si ná.

—Pero, ¿qué me está diciendo? Póngase Vd. aquí de rodillas, ante este santo negrito. Récele con mucha fe un Padrenuestro; y ya verá lo que es un milagro al minuto.

La anciana gitana aunque con mucha dificultad, debido a los años y achaques, se arrodilló, fijó sus ojos en la esculturita de san Martín, juntó sus manos y comenzó su oración. Y, mientras esto acontecía, el simpático vendedor Gavira le pasaba la escobita por la frente con reverencia de rito sagrado.

Al terminar con las palabras de "Santa María", la vieja lanzó un grito de sorpresa y agradecimiento exclamando:

—¿Pero qué has hecho conmigo que parece mesmamente que me has "untao" con la "pringá" del buen Samaritano de Jericó, y me siento totalmente curada, como si tuviera medio cuerpo en la gloria?

—Son las cosas de san Martín —repuso Gavira, alborozado.

El secretario general de la orden dominicana es testigo y protagonista de un milagro obrado por el santo:

"Era el 6 de agosto de 1950... Agotado por tanto trabajar en la viña del Señor, caí enfermo de importancia. Nada más mirarme por rayos x, el médico diagnosticó:

—En el pulmón derecho hay una mancha del tamaño de un duro con un "infiltrado".

Se hicieron análisis de sangre. La velocidad de sedimentación subía a 32. Era mucho. El caso presentaba características graves.

Pero la palabra última la dijeron varios médicos notables de Madrid. Después de examinar seriamente los datos concluyeron:

—Es una tuberculosis con todas las de la ley.

Y comenzó el tratamiento.

Pero las décimas no cedían. Tampoco se quitaba la tos. Hice entonces la promesa de escribir una reseña biográfica de su vida si el bienaventurado Martín obtenía que en el primer reconocimiento hubiese desaparecido todo. Le pedí y supliqué insistentemente. ¡Era tan fuerte ver derrumbarse todas las ilusiones de mi apostolado incipiente!

A los ocho días me llevaron al médico. Y, nada más colocarme ante la pantalla, el doctor exclamó, admirado:

—Pero ¿qué ha pasado aquí...? No tiene Vd. nada ya. No hay ni señales.

Me miraron por un sitio y por otro. Me hicieron respirar de todos los modos imaginables, y me encontraron curado.

—De todas formas para más asegurarnos —dijo el doctor— esperaremos a los análisis.

Y el resultado fue maravilloso. La velocidad de sedimentación era normal.

Desde aquel día me han vuelto a mirar por rayos x muchas veces y siempre me han encontrado extraordinariamente bien, sin señales de haber estado enfermo. He predicado muchísimo, he hecho esfuerzos enormes y no me he resentido de nada. Por eso creo sinceramente en una intervención piadosa del "Piadoso Moreno".

En un caserío vasco. De entre las muchas cosas que se hablan en una visita, salen a plaza las avispas.

—Mire Vd. —dicen— es un animal que no debiera existir.

—No enmiende la plana del Creador.

—Todo lo que Vd. quiera, pero mire, uno por uno todos los de la familia hemos sido víctimas de sus picaduras.

—¿Y ahora no lo son?

—No, pues verá: Teníamos un avispero cerca del alero del tejado, que no lo podíamos descastar. Por más que lo fumigamos varias veces, no podíamos con él; y sus picaduras eran cada vez más frecuentes. ¿Se acuerda de una estatuíta de san Martín que nos regaló?

—Sí.

—Pues un día se me ocurrió colocarla cerca del avispero y me retiré rezándole un Padrenuestro. Fui al día siguiente, y el santo mulato había desaparecido, pero las avispas no. Mucho me costó el encontrarlo, pero lo hallé al fin, derechito como un huso, sobre una berza.

Entonces, besándolo, lo vuelvo a colocar más cerca aún del avispero. Pensé para mí que el santito se echó sus cuentas y se dijo:

—Estas buenas gentes me han castigado a meterme en un avispero. Ayer me escapé y no me ha valido. Me han castigado de nuevo; esto no puede ser. ¡O ellas o yo!

Y debió de decirlo con tal empaque que las avispas, atemorizadas, optaron por huir, y tan lejos debieron de marchar que no han vuelto.

Un matrimonio joven con una hija pequeña, vivían desde hacía seis años, en una casa modesta, con parsimonia, pero sin mayores apuros, gracias al sueldo que el marido ganaba como empleado de la RENFE. Pero, cuando menos lo esperaban, les comunicó el dueño que debían desalojar el piso, porque él lo necesitaba. Y, como no tenían contrato escrito, y el dueño del inmueble tenía mano con las autoridades, se les comunicó que, de no dejar el piso en el improrrogable plazo de ocho días, tendría que ir el pobre obrero inquilino a la cárcel por tres meses.

El apuro era gravísimo. En aquella ciudad no se encontraba un piso, ni siquiera pagando *primas* elevadas.

En este trance la pobre mujer fue a contar sus apuros, llorando, a una familia amiga, la cual trató de consolarla lo mejor que pudo. Una señorita de aquella familia, que es muy devota de san Martín, le dijo textualmente:

—No te acongojes, mujer, que a lo mejor fray Martín te busca otro más cerquita y mejor.

—Sólo un milagro —contestó— puede arreglarlo, pues tú sabes que no hay un piso vacío, ni para los que ofrecen *prima*.

Esto era muy cierto. Pero también lo era que, tres días antes de cumplirse el plazo, vinieron a ofrecerles, de parte de un señor, una casa nueva con muy buenas vistas, que él tenía alquilada para una hija que se iba a casar, y en el mismo precio que les costaba la tenían que dejar.

Ya les dieron la llave y la habitan, muy agradecidos a san Martín, y asombrados de que él les resolviese tan bien y tan a su gusto el negocio.

Un coche llega a un sanatorio de la ciudad de Palencia. Sucedió hace pocos años. Bajan de él en brazos una niña de ocho años. Al subirla se acerca una religiosa y pregunta:

—¿Qué pasa a la niña?

—Es una apendicitis, según ha dicho el doctor —responde el padre de la pequeña.

Bueno —dice la monjita— confíen en el Señor y no olviden que hoy una apendicitis es una cosa sencilla: tantas se operan al día y todas salen bien. No se entristezcan, que la voy a encomendar al buen Jesús y a un santito...

La operación se prolonga.

Al fin llega el camillero con la niña. La monjita se apresura a decir:

—No se impresionen. Está bajo los efectos de la anestesia.

Los padres la miraban sin hablar.

Llega el nuevo día y la niña no se recobra.

Segundo día de operación y la niña continúa igual. A media tarde, llama la enfermera a la religiosa, diciéndole:

—Madre, esa niña se muere, no tiene de vida más de una hora. Avise al padre capellán.

La monjita, cumple el encargo, y le cuenta el caso a la Superiora, quien por toda respuesta, le entrega la reliquia de san Martín, que coloca a la cabecera de la enferma.

En la habitación no se oyen más que sollozos. La monjita, sermoneando, les dice:

—Comencemos a rezar el santo Rosario y encomendémosla a san Martín. Por la señal de la santa Cruz... Misterios dolorosos del Stmo. Rosario...

Al tercer misterio, llega la enfermera llevando en su mano una jeringuilla. Pone una inyección a la niña.

Terminada la letanía, comienzan las preces a fray Martín. Apenas termina la última invocación, vuelve el rostro la niña y, entreabriendo los ojos, dice:

—Tengo hambre, mamá.

Todos clavaron los ojos en la niña, llorando de emoción.

Volviéndose el padre a la monjita le pregunta:

—¿Qué ha sido esto?
La religiosa, sonriendo con dulzura, responde:
—Cosas de fray Martín.

Dos religiosos miran a la vez el reloj:
—¡Faltan diez minutos para el tren!
—No se apuren, que ahora mismo viene el taxi —dice la Priora.
Porque la despedida es en la portería de un convento.
Y la reverenda madre llamó al teléfono. Intento vano, en sucesivas llamadas. No había taxi disponible.
—¿Qué hacer ahora, Dios mío? —pensaba la religiosa—. Por no hacerle esperar, me quedo sin él.
—Adiós, Madre. Vamos a ver si hallamos alguno en la calle, y sea lo que Dios quiera.
Y los padres, cogiendo las maletas, salieron aprisa.
En un rincón del vestíbulo había una imagen diminuta de san Martín de Porres con su carita sonriente y su escoba entre las manos. La religiosa volvióse a él con ese sentimiento de suma confianza, que recuerda la promesa del Señor si se tuviese fe como un grano de mostaza:
—Mira, fray Martín: como no me arregles este lío, me voy a enfadar contigo. Arréglatelas como sea, pero que esos padres no pierdan el tren.
Era éste un automotor de los que ya van abundando en las líneas férreas españolas.
La monja, mirando al santo con ternura, añadió:
—*Confío en ti que no me dejarás en mal lugar.*
Le rezó un Padrenuestro y, llena de nerviosismo, fue al teléfono para llamar a la estación:
—¿Es la estación?
—Sí. ¿Qué desea?
—¿Ha salido el automotor?
—En estos momentos sale.

La monja instintivamente miró su reloj y comprobó que salía con diez minutos de retraso.
—¡Oiga!
—¡Qué desea!
—¡Por favor! ¿Han llegado dos padres ahí?
—Sí. Ya han montado ahora mismo.
El empleado oyó por teléfono un gran respiro de alivio.
—¿Qué ha pasado entonces?
—Que se interpuso una máquina que hacía maniobras y no dejó paso libre al automotor hasta estos momentos.
—Muchas gracias.
Y colgó.
Después la religiosa volvió al vestíbulo y le dio al santo negrito un beso de devoción y gratitud:
—Gracias, fray Martín.

Sucedió en Roma en los comienzos del año 1963.
Una muchacha está esperando un taxi en el borde de una acera. Se presenta uno:
—¿Dónde quiere ir?
—A tal sitio.
—Al momento.
Se abre la puerta. Ella entra y el coche parte, raudo, hacia las afueras dando vueltas por la ciudad. La chica se inquieta:
—¿A dónde me lleva usted?
El chófer contesta:
—No se apure. Ya llegaremos.
Y sigue dando vueltas por las calles, pero acercándose cada vez más a las afueras. Al fin, se detiene. Se vuelve hacia la joven y, encañonándola con una pistola, dice:
—¡Es mía!
Esta, instantáneamente se da cuenta de la situación. Se encomienda interiormente a san Martín y besa con angustia una medalla del mulato. Pero,

a la vez, haciendo tiempo, pide al chófer explicaciones. Mientras él intenta ser más explícito, se presenta un coche del que descienden dos policías. Se dirigen al taxista:

—¡Venga con nosotros a comisaría!

—¿Por qué? —pregunta, confuso y derrotado, el conductor.

Los agentes, mientras le introducen en el coche celular, le dicen:

—Un religioso dominico nos acaba de avisar que se había producido ,un secuestro. Nos ha dado las señas del auto, que coinciden con el taxi.

Interviene entonces la muchacha:

—¿Cómo era el religioso?

Ellos le detallan las señas personales.

—¿Como éste? —inquiere ella enseñando una estampa de san Martín.

—Sí, el mismo —le dicen.

El coche arrancó con los policías y el detenido.

La chica volvió a besar la estampa y la medalla con un fuerte beso de gratitud.

Don Luis Allaiza y Paz-Soldán narra en la "Rosa del Perú" —revista limeña— una experiencia personal interesante, que le condujo a la Fe que había perdido en su juventud.

Nacido en un hogar profundamente católico, en él recibió las primeras enseñanzas que una hermana suya le daba. Era ésta una joven piadosa que ingresó en el convento cuando Luis empezó la enseñanza media, cuyos estudios cursó en los padres jesuítas.

Era, pues, un ferviente católico, hasta el punto de sentir alguna vez impulsos de seguir la vida religiosa. Pero a los dieciocho años ingresó en la escuela nacional de Agricultura, en donde, influenciado por el ambiente, perdió la fe. Le parecía que todo lo que enseñaba la religión era fábula. Que todo se explicaba con la materia.

Diecinueve años después marchó a Francia.

Su hermana Rosa, como recuerdo, y deseosa de avivar en él la fe perdida, le dio una estampa de fray Martín diciéndole:

—Te pido que la conserves siempre, siquiera porque soy tu hermana.

La guardó por complacerla.

Cierto día, ya en París, organizó con unos amigos —dos novios y una muchacha— un viaje para visitar a Lixieux. En el trayecto, pasaron por delante del castillo —chateau— de Bateille, propiedad de la novia. El galán dijo a ésta:

—¿Te parece que nos detengamos para enseñar el castillo a nuestro amigo Luis?

Accedió ella de buen grado y se dirigieron al palacio. Atravesaron el gran patio de entrada y avanzaron hacia la puerta. Comenzaron a buscar a los guardianes, pero no había nadie. Habían ido a una romería cercana. Intentaron abrir las puertas, pero en vano.

Entonces el novio, un verdadero atleta por su corpulencia, dijo a su prometida:

—Si me lo permites, yo la abriré.

Y trató de forzar la cerradura. Fue inútil su esfuerzo. Cambió de táctica: contrayendo todos los músculos, se arrojó contra la puerta. Tampoco tuvo éxito.

La condesita, dueña de la señorial morada, dijo:

—Renunciemos a ver el castillo.

Luis entonces, con cara seria y rostro grave, le propuso:

—Si usted me autoriza, yo abro la puerta.

La joven hizo un gesto de duda y extrañeza. El prosiguió, mostrándole la estampa de san Martín de Porres:

—Este es fray Martín de Porres, santo mulato, que hace todo lo que le mando.

Nuevo gesto de sorpresa de la condesita.

El, encarándose con la estampa, dijo en tono autoritario:

—¡Fray Martín, yo te lo mando: abre!

Tras unos segundos, se volvió a la chica diciéndole:

—Está listo. ¡Abra usted la puerta!

Aunque un tanto incrédula, la damisela cogió con sus finas manos el tosco perillón, dióle media vuelta y la puerta se abrió lentamente.

Luis Allaiza sintió que sus cabellos se ponían de punta. "Confieso —narra él mismo— que tuve miedo. Aquello reavivó mis dudas sobre religión, pues no podía dejar de enfrentarme con lo sobrenatural".

Desde entonces comenzó el martirio de cavilaciones de quien se empeña en descubrir si hay Dios y si la Religión es cosa seria. Cinco años le duró su tortura espiritual. Cierto día en que se debatía pensando en su problema, saltó de pronto de la cama, se vistió y acudió a la iglesia de san Isidro, su parroquia. Pidió un sacerdote para confesarse. Lo hizo con el padre Toribio, el más anciano y el que confesaba a los niños.

"De regreso a casa —sigue escribiendo— hice votos de no admitir que persona alguna me hablase de interpretaciones religiosas, pues estaba resuelto a profesar mi religión con la fe del carbonero".

San Martín de Porres —¡cerrajero inesperado!— le había abierto las puertas del palacio de Bataille... y las de la fe.

He aquí otro ejemplo de la poderosa intercesión del santo mulato, acaecido no hace mucho en el Perú. Refiere el suceso milagroso el mismo favorecido. Es el teniente de aviación Víctor Velázquez.

Junto con el alférez Luis Matheus, después de cumplir una misión, regresaba a su base.

En el trayecto encontraron una fortísima tempestad que no les permitía avanzar. Tampoco podían acuatizar en ningún río por tratarse de un avión. Se había consumido completamente la gasolina del tanque izquierdo y el avión volaba sobre una zona pantanosa. Cuando la aguja del marcador de gasolina llegó a la marca en rojo, no quedaban más que diez minutos de vuelo. Después sobrevendría la catástrofe.

Viendo el peligro inminente, el teniente invocó a san Martín. Y rezó un padrenuestro.

Con plena angustia vio que la aguja marcaba el cero. De un momento a otro, el motor debería pararse. Pero el avión continuó volando, hecho a todas luces inexplicable... El aviador sintió que le invadía una gran serenidad, como si le hubiesen dado un calmante para los nervios.

Continuó volando, sin gasolina, hora y media, tiempo suficiente para salir de la zona pantanosa. Divisó entonces un terreno firme muy pequeño, con árboles caídos; enfiló el avión y comenzó a descender hasta chocar con los árboles. El avión quedó destrozado. Sin embargo, teniente y alférez salieron ilesos, sin el menor rasguño, lo que parecía increíble, pues el choque había sido violento.

Al primer golpe, se destrozó el ala izquierda y el tren de aterrizaje. Al segundo, se destrozó el ala derecha y el avión dio tres vueltas de campana...

Cerca del lugar del accidente vivían unos indios, únicos moradores de esa zona interior de la selva, que les proporcionaron alimentos y canoa.

El avión fue conducido al Arsenal Central para ver si podía ser reparado. Pero los técnicos opinaron que era imposible.

El narrador no duda de que san Martín escuchó su ruego y les libró, a él y a su compañero, de una muerte cierta.

Una enferma cuenta una intervención de san Martín de Porres en su favor, muy característica del santo:

Llevaba ya cuatro o cinco meses en el Asilo Hospital de Rentería cuando el médico le dijo que no le convenía el sitio, pues necesitaba una ventana abierta para la respiración, por su grave afección cardíaca, pues se hallaba en una sala corrida de ancianas, quienes no podían resistir el frío del invierno con una ventana abierta.

Se trataba, pues, de que le dieran o hiciesen para ella una habitación adecuada. Los amigos de la paciente se comprometieron a sufragar los gastos. Pero ni con eso lograron su propósito.

Entonces ella puso en manos de san Martín de Porres la solución de su caso. Hizo repetidamente el triduo al santo con esta intención.

Pasaban los días y la negativa de los directores del establecimiento seguía persistente y el santo parecía no hacer caso de las oraciones de la doliente.

Pero un día se desató un viento fuerte. En otras ocasiones había soplado también, pero sin consecuencias. Pero esta vez, con la fuerza del viento, se derrumbó el tabique de una habitación contigua a la que ella ocupaba. Era una pieza grandecita, en la que solían pasar el rato las ancianas. Había en el momento del accidente algunas ancianas y una religiosa, pero ninguna sufrió nada. Simultáneamente con el viento y lluvia, estalló un trueno y se abrió una ventana tapiada. Y cayeron más escombros.

El susto fue general. La enferma se acordó de san Martín y pensó que sería cosa de él. No se equivocaba. Pues el sacerdote, que antes había hecho las gestiones infructuosamente, vio a la madre superiora y ésta le dijo:

—Ya pueden prepararle la habitación a su recomendada.

Y señaló el sitio que la enferma había pedido

tantas veces infructuosamente.

Le han hecho un cuarto muy bonito. Pequeño, pero suficiente. Tiene una hermosa ventana desde donde disfruta del paisaje, que es precioso. Ella, contenta, dice:

—Fray Martín tiró la casa por la ventana.

Por una vez, el santo ha hecho el oficio de maestro de obras.

Hemos recibido una carta de Sevilla con fecha 17 de mayo de 1964. En ella incluye la remitente un certificado médico del estado del paciente, cuya curación atribuye, con fundamento, la firmante a san Martín.

Trascribimos, primero, el certificado. Luego copiamos lo que se juzga de interés de la carta.

"Diputación Provincial.— Centro de Cancerología.

Sevilla, 18 abril 1964.

Señor médico encargado de la asistencia de Luis López Rosales.

Distinguido compañero:

El joven fue tratado por mí hace un año de linfomatosis fímica, de la que estaba prácticamente curado.

El 12 de abril tuvo un cuadro febril gripal. Unos días después comenzó con vómitos biliosos. El día 14 se comprobó un tinte subhistérico. Y se comenzó el tratamiento hepático protector. El día 16 comenzó un amodorramiento, indicando una evolución desfavorable. Desde anoche, está en coma y con delirio y agitación.

Por existir una pequeña epidemia en Sevilla, de la cual conozco dos atrofias fulminantes de hígado, estoy muy pesimista en cuanto a la evolución del cuadro. Sospecho que el agente causal es el virus de la fiebre linfomonocítica, aunque no tenga más dato que el epidemiológico y una linfocitosis.

Estamos pendientes de las aglutinaciones. Le doy todas las medicinas de que dispongo y un plan de tratamiento que le adjunto, por si a usted le parece indicado y quiere seguirlo. Naturalmente, con las modificaciones que estime oportuno.
Un saludo.
Firmado, doctor E. Stiefel
Y ahora la carta.
Reverendo padre:
El motivo de estas líneas es para comunicarle que, habiendo tenido un sobrino gravísimo, pues ha estado cuatro días en estado de coma, y no teniendo esperanza de salvación ni de parte de los médicos que le asistían, nos encomendamos a san Martín de Porres. Y al otro día hizo crisis la enfermedad. Y, gracias a él, lo tenemos entre nosotros ya en franca convalecencia".
Firma la carta Carmen Rosales.
Sin reconocer en el hecho un milagro, no hay por qué negar la intervención del santo. No requiere que sean todas milagrosas. Basta que escuche, aún por medios naturales, a sus devotos que confían en su mediación poderosa ante Dios Todopoderoso.

Como este favor, habrá otros innumerables.

El Señor se vale de ellos para avivar la devoción hacia el santo y cumplir sus designios de misericordia sobre el mundo...

Y ahora, con un salto atrás de casi dos siglos, vamos a referir en pocas palabras los dos milagros de la beatificación. Acaecieron ambos en la ciudad de Lima.

Una mañana de tantas, fresquita, se levantó doña Elvira Moriano y se fue a la ventana para coger un tiesto. Pero, al cogerlo por el borde, se le rompió y cayó haciéndose trizas. Un fragmento saltó a su ojo derecho, que lo perdió, transformado en una masa gelatinosa e informe.

A los gritos que dio, acudieron las vecinas. Estas avisaron, por encargo de la accidentada, al cirujano don Pedro de Urdanibia.

—Doctor, ¿hay remedio para mi ojo? —preguntó ella angustiada.

El médico la examinó con detención; y, mirándola tristemente, le dijo:

—Sólo Dios con un milagro puede devolverle el ojo perdido.

Llegó el suceso desgraciado a oídos del padre Jerónimo de Toledo, religioso del convento de santo Domingo, que remitió a la enferma un huesecito de fray Martín de Porres, con el encargo de que pusiera la reliquia en el ojo vacío.

Así lo hizo ella con viva fe, invocando con fervor al santo.

Al momento sintió como un suave cosquilleo en la parte afectada, a la vez que somnolencia. Dejándose llevar del suave sopor que le invadía, durmió por espacio de una hora.

Al despertar, le dio la impresión de que sentía en la cavidad ocular algo así como una cosa dura, que le hizo sospechar un feliz resultado.

Volvió a dormirse hasta el día siguiente. Cuando despertó, con una sensación de alivio, se levantó al momento de la cama y se fue al espejo. Con gozo indecible, vio su ojo derecho entero y sano.

Comenzó a llorar de gozo y a dar voces, para comunicar la grata noticia. Acudieron de nuevo las vecinas y el médico, quien, al ver el caso insólito, comenzó a decir a voces:

—¡Milagro, gran milagro de Dios Omnipotente, que es gloriosísimo en sus santos!

Es inútil decir los parabienes que recibió doña Elvira de sus vecinas.

El segundo caso tiene la ternura de un milagro

que se realiza en un parvulito. Por las circunstancias, parece que nos hallamos aún en la época colonial, tal vez en los albores del siglo XIX.

La servidumbre se hallaba haciendo la limpieza de la casa de doña Inés Vidal. Y, para facilitar el aseo, iba amontonando los enseres en un patio de la escalera.

Pero, en un descuido de los que le vigilaban, un bebé de dos años, negrito, hijo de una de las esclavas negras de la señora, jugueteando, se quiso encaramar en lo alto del montón. Ya estaba casi arriba cuando se derrumbó todo e hizo caer al niño de una altura de "treinta y seis palmos". La caída le ocasionó un golpe contra la piedra viva de un saliente o poyo.

A los gemidos de la criatura, acudió su madre desolada y vio que el pequeño Melchor Vanda tenía abollada la cabecita y sangraba por boca, nariz, ojos y oídos.

Quedó enseguida el parvulito sin conocimiento.

A todo correr fueron a buscar un cirujano. Acudió prontamente el doctor don Pedro de Utrilla, quien dijo que no había nada que hacer en lo humano. Pero se podía invocar al siervo de Dios fray Martín. Y ofreció una estampa a la madre para que se la pusiera al hijito en la cabeza.

Así lo hizo ella, invocando al bienaventurado fray Martín, con viva fe:

—¡Santo Porres, santo de mi alma, amigo mío: sáname a este niñito!

Los gemidos y ruegos se prolongaron algún tiempo más. Luego llevó al chiquillo a la cama.

Tres horas después, el niño, sano, fuera de todo peligro, volvía a trastear por la casa, como si nada hubiera ocurrido.

El cirujano, que vio tal portento, no pudo contenerse y fue por toda Lima contando, emocionado, el prodigioso suceso.

Se hizo proceso canónico del hecho, con numerosos testigos que juraron ser verdad.

Así fue cómo la curación de un negrito de dos años decidió ante la Santa Sede la beatificación de fray Martín.

Este debió de emocionarse en el cielo al ver cómo el Señor le concedía ese milagro, tan de su agrado. El, que tanto había amado a los pequeñuelos...

Para terminar esta serie de relatos sobre las intervenciones maravillosas de fray Martín en favor de los seres humanos, narraremos brevemente los dos milagros aprobados para la canonización.

El primero se obró en 1948, en favor de doña Dorotea Caballero, residente en Paraguay. Padecía una enfermedad intestinal que, unida a sus muchos años, degeneró en obstrucción del intestino.

Los médicos juzgaron necesaria una intervención quirúrgica, aunque la consideraban peligrosa, por las condiciones físicas de la paciente. Pero, antes de proceder a la operación, lo pusieron en conocimiento de una hija de la enferma, residente en Argentina.

Aquella, toda apenada, pasó la noche precedente a la operación, suplicando a san Martín de Porres que ayudase a su madre.

Y la escuchó:

A las cuatro de la mañana, la enferma se hallaba en perfecto estado de salud. Los médicos no salían de su asombro. Y testificaron que era un milagro.

El segundo caso es la curación de un niño de cinco años que tenía un pie aplastado, o poco menos, por un bloque de cemento de treinta kilos de peso, cuando jugaba en la finca de sus padres. Aconteció este accidente el 25 de agosto de 1956, en Tenerife.

Trasladado urgentemente a una clínica, se declaró la gangrena. Hubo que pensar en la amputación del pie. Sus padres estaban desconsolados.

En estas circunstancias, un amigo de la familia —don Adolfo Duque—, en su deseo de hacer algo por el niño, y, "sinceramente hablando —dice— más bien por ofrecer algún consuelo a su madre, se me ocurrió darle la estampa del beato Martín, que siempre llevo conmigo, ponderando su probada eficacia".

La madre colocó la estampa junto al pie del niño, y se encomendó al santo con el mayor fervor. Lo mismo hizo el amigo.

Al amanecer, el milagro se había realizado. Al ir a tomar al niño para llevarle al quirófano, vieron todos, asombrados, que el pie estaba caliente.

Fue el principio de la curación.

Después de muchas investigaciones médicas para tratar de aclarar el proceso de curación, el 29 de noviembre el niño es dado de alta. El pie está perfectamente curado y anda normalmente. Las únicas señales del mal, extinguido milagrosamente, son unas huellas parecidas a las producidas por las quemaduras de la piel.

Se llama el niño Antoñito Cabrera Pérez.

El niño tiene ya —año 1964— trece años. Y se ha convertido en todo un "personaje": Ha estado en Roma en la canonización del santo, en donde se hizo motivo periodístico para la prensa y el nodo. Ultimamente, fue invitado por los devotos del santo en Lima para asistir a una serie de actos celebrados en la ciudad de los Reyes, hecho el centro de todas las atenciones. Era como el "embajador" de san Martín; prueba viviente de su poder.

Dos casos de curaciones en los dos extremos de la vida: en la vejez y en la infancia. Como si Dios quisiera mostrar que todas las fases de la vida humana caen bajo la acción taumatúrgica que El concede a su siervo san Martín, el mulato.

El lector conoce al genial y sutil dibujante

madrileño Angel Antonio Mingote. Este ocurrente mago de la pluma tiene, en dibujos, una vida de san Martín. Y la cierra con un dibujo lleno de simbolismo, en la simplicidad de unas líneas.

Representa un ángulo de una habitación, en el que se apoya una escoba. Un graciosísimo ratoncillo, uno de aquellos admirablemente adoctrinados por el bienaventurado fray Martín..., mira curiosamente la escoba y estira su hociquillo olfateador, como si oliera todavía en ella el perfume de santidad que el santo negrito dejaba en cuantas cosas tocaba.

Pero creemos que el ratoncillo expectante no contempla sólo la escoba, sino algo que hay enredado en la parte superior del mango y sostenido por la pared; un rosario. Un rosario de sencillas cuentas negras, con su cruz de madera. Un rosario, como aquél que fray Martín llevaba al cuello, siempre que no lo tomaba en las manos para rezar.

El minúsculo roedor parece estar como ensimismado contemplando la escoba y el rosario, cual si recordara, por medio de esos dos símbolos, la vida entera de san Martín de Porres, que supo comunicar a todas las criaturas los efluvios de su divina caridad. A todas las criaturas, incluso a ellos insignificantes animalejos, a los cuales el bondadoso negrito dio abundante alimento en la huerta por espacio de muchos días.. Debajo del dibujo, el artista pone la palabra "fin".

En él ha sabido encerrar, como síntesis, la enorme variedad de matices, de virtudes y sublimes cualidades humanas que el negrito encierra: la escoba y el Rosario, trabajo y oración, que se funden en una palabra: *Amor*. Con ella ponemos fin a esta biografía...

NOTAS

(1) Proceso: pág. 360

ÍNDICE

PRÓLOGO, por José A. Martínez Puche   5

I. UNA FE DE BAUTISMO   9

El notario curado. Una partida de bautismo. Semblanza moral de los colonizadores españoles: sus objetivos. Don Juan de Porres y doña Ana Velázquez. Nacimiento de Martín y Juana. Lima. Fervor y caridad de Martín.

II. PRIMEROS AÑOS   29

Guayaquil. Confirmación. Barbero. Ingreso en la Orden de los Frailes Predicadores.

III. ESCLAVO POR AMOR   45

Donado. El convento. Vida intelectual y litúrgica. Culto. Rasgo sublime. Barbero otra vez. Una escena. Don Juan y su hijo. Profesión religiosa.

IV. BUEN SAMARITANO   71

Enfermero. Curaciones carismáticas. Táctica del santo. Ropero solícito. Epidemia conventual. El caso de fray Francisco Velasco. Amenaza cumplida.

V. HOSPITAL DE DIOS 95

La olla milagrosa. La portería, cita de caridad. Fray Martín Barragán. Una orden "incumplida". Respuesta inesperada.

VI. SU FAMILIA 109

Muerte de sus padres. Su hermana Juana. Su sobrina Catalina. Reprensiones, beneficios y milagros del santo en favor de su familia.

VII. ORACIÓN CARISMÁTICA 123

Oración prolongada. El gato llamador. El ángelus. Carismas luminosos.

VIII. PROTEGIDOS 157

Fray Cipriano el "feo". El patacón. A vueltas con el maligno. Novicios tentados. El hijo del contador. Los dos "inocentes". Trueque de zapatos. Niñez desamparada. Juan Vázquez, confidente del santo. Obras de caridad. Delincuentes salvados.

IX CARIDAD INGENIOSA 177

Siembra de plantas y árboles. Un dibujo simbólico. Curaciones "mágicas". Bromas y avisos en serio. "Viaje" a México. Curación de Juan Vázquez.

X. EXTRAÑOS REMEDIOS 193

Parche de cuero. Escalfador. Dos ladrillos. Hoja de plátano. Agua abundante. Ventosa. Terrón de azúcar.

XI. AMIGOS 217

Beato fray Juan Macías, dominico. El padre Juan Vázquez, jesuíta. Fray Juan Gómez, franciscano. Santa Rosa de Lima. Despedida de Juan Vázquez.

XII. MAGO DE DIOS 235

La mula sanada. San Francisco de Asís y san Martín. Inocencia paradisíaca. Perros, novillos y toros. Los ratones. Un conjuro eficaz.

XIII. AUREOLA DE SANTIDAD 249

El conde de Chinchón. Visión retrospectiva. Intimidad con fray Martín. Indulto inesperado. Don Juan de Figueroa. Don Baltasar Carrasco. Testimonios. Obediencia singular. Prelados amigos. Mano milagrosa. Concepto de sí mismo.

XIV. FELIZ TRÁNSITO... 273

El hábito nuevo. La última enfermedad. El viático y la unción. La túnica despreciable. Fuerte abrazo. Visita del virrey. Luchas finales. Dulce fin.

XV. GLORIA PÓSTUMA 287

La mortaja. Curiosidad femenina. Olor celestial. Fervor colectivo. El nuevo virrey. Efecto de una oración. Intervención desde el cielo. Apariciones. El santo, elige prior. Procesos Canónicos. Exhumación. Se cumple una profecía. Glorificación suprema. La sorpresa de Juan Vázquez. San Martín de Porres.

XVI. SU ESPIRITUALIDAD 319

Síntesis. Su vocación: caracteres. Caridad. Humildad de Dios. Oración. Aspectos. Lección de su vida. Sentido de sus patronazgos.

XVII. EN EL CIELO 331

Instrumento de Dios. Baño saludable. El niño pobre. Aviso oportuno. Original detective. Una conversión. Un milagro. Fray Martín y los negros. Mecánico prodigioso. Médico inesperado. Más allá de la ciencia. Otro milagro. Fray Martín "hincha deportivo". Un atasco oportuno. Lluvia providencial. Extraño mensajero. Un hombre con cara sucia. Una llave talismán. Fray Martín relojero. Paga una deuda. Fray Martín en Sevilla. Curación total. Un avispero en fuga. Fray Martín busca piso. Cosas de fray Martín. Una travesura. San Martín detective. Cerrajero. Aviador. Médico. Los cuatro milagros canónicos. Un dibujo de Mingote.

CENTRO DE DIFUSIÓN DE SAN MARTIN DE PORRES

PALENCIA
Secretariado San Martín de Porres
Apartado 143
Tel.: 979 74 27 37
34080 PALENCIA